# Der Weg

## zur wahren Zufriedenheit

H.-D. Sonntag

# Der Weg
# zur wahren Zufriedenheit

- ein Wegweiser zum b e s s e r e n Leben -

## Band 1

## L e b e n s h i l f e n

- Was der Mensch eigentlich wissen sollte -

**Der Weg zur wahren Zufriedenheit**
- Ein Wegweiser zum besseren Leben -

**Band 1: „Lebenshilfen"**

1. Auflage März 2012 • ISBN 978-3-00-036001-5
© Verlag Sonnenschein • Kamp-Lintfort

**Band 2:** „Der Tote stand an seinem Grab"     (in Vorbereitung)

**Band 3:** „Von der geistigen Vergangenheit
bis zur Zukunft der Menschheit"     (in Vorbereitung)

**Band 4:** „Erwachen und Entwicklung
im Jenseits"     (in Vorbereitung)

Die Inhalte der Bücher wurden sorgfältig recherchiert. Dennoch kann keinerlei Gewähr für Verluste oder Schäden, die jemandem direkt oder indirekt durch die darin enthaltenen Informationen und Ratschläge entstehen könnten, übernommen werden.

# Band I
# Lebenshilfen

| Inhalt | Seite |
|---|---|
| Vorwort | 7 |
| 1. Der Mensch zwischen Welt und Geist | 9 |
| 2. Vom Ursprung des Bösen | 41 |
| 3. Das Jenseits aus irdischer Sicht | 59 |
| 4. Die Reise nach innen | 79 |
| 5. Über die menschliche Seele | 135 |
| 6. „Tod" - wo ist dein Stachel? | 167 |
| 7. Der Kampf zwischen Licht und Finsternis | 187 |
| 8. Die Bedeutung von Leid, Not, Krankheit und Heilung | 205 |
| 9. Bittet, so wird euch gegeben | 245 |
| 10. Die Hauptaufgaben des Menschen | 265 |
| 11. Was der Mensch sät, das wird er ernten | 335 |
| Nachwort | 361 |

Das Leben wäre einfach,

wenn wir Menschen

es nicht so kompliziert

gestalten würden!

# Vorwort

Der Mensch lebt nicht nur um des Lebens willen. Ein jeder hat auf Erden eine bestimmte Aufgabe zu erfüllen, die er suchen soll. Und diese Aufgabe kann er nur finden, wenn er auf das Leben in seiner Gedankenwelt achtet.

Da das Sprachrohr seines Inneren aber sein Gewissen ist, erhält er des öfteren gefühlsmäßig oder intuitiv auch bestimmte Anregungen, die ihn auf etwas aufmerksam machen, das er nun tun oder lassen soll. Weil solche Impulse jedoch stets sehr leise sind, um seinen Willen nicht zu beeinflussen, werden sie von ihm auch leicht überhört.

Deshalb müssen oftmals Schwierigkeiten, Not oder sogar Krankheiten mithelfen, den Menschen zu veranlassen, in sich zu gehen, damit er die Anregungen wahrnimmt, auf die ihn sein Innerstes aufmerksam machen möchte.

**Wir Menschen können uns aber einige Unannehmlichkeiten ersparen, unser Leben verbessern und zur wahren Zufriedenheit gelangen, wenn wir uns die Erkenntnisse und Ratschläge aus diesem Buch zu Herzen nehmen.**

## 1. Der Mensch zwischen Welt und Geist

Seit eh und je verspüren die Menschen eine große Sehnsucht in sich, etwas von dem Übernatürlichen zu erfahren, das in ihrem Inneren verborgen ist. Daher herrscht insbesondere in den letzten zwei Jahrhunderten auf der Erde ein besonders großer Wissensdurst, der ernsthafte Wahrheitssucher bis heute dazu bewegt, hinter die Kulissen der Unsterblichkeit schauen zu wollen. Dies kann aber nur denen gelingen, die unvoreingenommen sind und sich bemühen, ein liebevolles Leben zu führen.

Weil die meisten Menschen heutzutage jedoch in ihren jungen Jahren nicht mehr zu einem Leben in wahrer Nächstenliebe angeleitet werden, erliegen sie in starkem Maße auch den Reizen dieser Welt. Deshalb verhalten sie sich stets egoistischer, so dass sie letztendlich mit ihrem Leben oftmals nichts Vernünftiges mehr anzufangen wissen. Somit ist es auch nicht verwunderlich, dass mir vor einigen Monaten ein Zettel mit folgendem Inhalt auf den Tisch flatterte:

Ich bin ein Zeitgeist und mache jeden Blödsinn mit, weil ich nicht weiß, warum ich hier auf diesem Planeten herumlaufe.

Haben Sie eine Ahnung?<br>
Wissen Sie es?<br>
Hat Ihr Leben einen Sinn?

Sehen Sie, Sie wissen es auch nicht. Darum ist es die Hauptsache, dass wir genug Spaß haben. Wozu soll das Leben denn sonst nützen?"

Auch Sie haben sich bestimmt schon einmal Gedanken über den Sinn und Zweck Ihres Lebens gemacht. Ganz bestimmt sind Sie dabei jedoch nicht zu solch einem geringschätzigen Ergebnis gekommen. Daher kann nur derjenige eine solche Schlussfolgerung ziehen, der den Ernst des Erdenlebens noch nicht kennengelernt hat.

Vielleicht halten solche Aussagen aber dem einen oder anderen von uns die Gleichgültigkeit vor Augen, mit der einige Menschen das derzeitige Weltgeschehen betrachten, weil sie **den Grund ihres Hierseins** nicht zu erforschen vermögen. Wer weiß es denn schon, dass seine Seele bereits seit unendlichen Zeiten existiert und sich vor ihrer Inkarnation (Menschwerdung) mit der Entwicklung seines jetzigen Lebens einverstanden erklärt hat? Und wer kennt schon seine Verpflichtungen, die er für seine Erdenlebenszeit übernommen hat?

Manche Menschen ahnen jedoch, dass wir uns in einer Zeit befinden, in der sich eine Weltenwende anzubahnen scheint, denn nie zuvor wurden der Menschheit die Folgen ihres Denkens und Handels so deutlich vor Augen geführt wie heutzutage. Dadurch verzweifeln so manche bereits jetzt an sich oder ihrer Umwelt, weil sie die wahren Hintergründe nicht kennen, die das derzeitige Weltgeschehen bewirken. Was machen sie aber erst, wenn es demnächst auch in ihren Regionen so ernst wird, wie es in anderen bereits ist?

**Da ein jeder Mensch jedoch dazu in der Lage ist, seine Zukunft mitzubestimmen, möchte ich Sie nun zu den Erkenntnissen führen, die Ihnen den Sinn und Zweck Ihres Lebens verständlich machen sollen, damit Sie es zu Ihrem Besten gestalten können.**

Die meisten Menschen jagen einem Scheinglück nach, solange ihnen das Erdenleben noch etwas bieten kann. Dadurch halten sie sich an die Welt und ihre Freuden, trotzdem diese nicht ewig währen. Wer es aber gelernt hat, die Erde und das Leben mit offenen Augen und einem gewissen Ernst zu betrachten, der weiß, dass **alle Materie** einem ständigen Werden und Vergehen unterworfen ist. Und wer aufmerksam die Natur beobachtet, wird festgestellt haben, dass dieser ständige Umwandlungsprozess nicht willkürlich vor sich geht, sondern nach ganz bestimmten Ordnungsprinzipien abläuft, die wir Menschen jedoch durch unseren Egoismus durcheinander gebracht haben.

Eines dieser Prinzipien erkennen Sie z. B. daran, dass ein jeder Same den Trieb in sich trägt, aus der Dunkelheit der Erde ins Licht der wärmenden Sonne zu gelangen, um stets nur das aus sich zu entwickeln, aus dem er stammt. Ein weiteres Ordnungsgesetz können Sie an dem jährlichen Ablauf der vier Jahreszeiten erkennen, der sich allerdings in letzter Zeit durch den eigenwilligen und unmäßigen Eingriff der Menschen, also durch die hausgemachte Umweltverschmutzung, Abholzung der Regenwälder usw., immer unberechenbarer äußert.

Doch nicht nur an dem kontinuierlichen Wandel in der Natur und der stetigen Verwitterung der Materie können Sie die weise Ordnung beobachten, die diesen Vorgängen zugrunde liegt, sondern auch an den Geschehnissen im Universum, in dem sich unsere Erde und unendlich viele Himmelkörper bereits seit Jahrmilliarden stets in den gleichen präzisen Bahnen bewegen. Und wenn Sie nach dem Untergang der Sonne die vielen, nach und nach am Himmel aufleuchtenden Sterne betrachten, werden Sie bei ihrem Anblick auch das Majestätische verspüren, das der Schöpfung dieser Wunderwerke zugrunde liegt. Hinter diesen Abläufen muss sich daher eine überaus intelligente und weise Kraft verbergen, die nicht nur alles Leben erhält und lenkt, sondern es vor unendlichen Zeiten auch erschuf.

Daher schrieb bereits **Isaak Newton**, der Entdecker der Gravitationsgesetze: *„Die wunderbare Einrichtung und Harmonie des Weltalls kann nur nach dem Plan eines allwissenden und mächtigen Wesens zustande gekommen sein. Das ist und bleibt meine letzte und höchste Erkenntnis."* Und **Johannes Kepler**, Entdecker der Bewegungsgesetze der Himmelskörper, bemerkte: *„Astronomie heißt, die Gedanken Gottes nachzulesen."* Auch der Begründer der modernen Geologie, **Sir**

**Charles Lysell**, sagte hierzu: *„In welche Richtung wir auch immer unsere Nachforschungen anstellen, überall entdecken wir die klarsten Beweise einer schöpferischen Intelligenz, ihrer Vorsehung, Weisheit und Macht."*

**Die Wissenschaft** hat also bereits frühzeitig erkannt, dass eine gewaltige, alles umfassende Kraft das Leben erschaffen, ordnen, erhalten und leiten muss. Erst in letzter Zeit hat man festgestellt, dass in unserem Universum verschiedenartige Gesetze herrschen und sämtliche sich darin befindenden materiellen Körper - also auch der menschliche - von unterschiedlichen Schwingungen zusammengehalten werden. Nach neuesten wissenschaftlichen Erkenntnissen begreifen wir unsere Welt und das Leben darauf nämlich nur deshalb, weil **die menschlichen Sinne auf Schwingungen reagieren**, durch die Schall- und Lichtwellen sowie andere Kräfte erzeugt werden, wie z. B. Elektrizität oder Erdbeben. Hierbei handelt es sich um eine **Energie, die zwar überall vorhanden ist**, deren Ursprung aber wissenschaftlich nicht nachgewiesen werden kann. Sie wirkt jedoch in feinster Form auf unsere Nervenenden ein, so dass wir dadurch sehen, hören, riechen, schmecken und fühlen können.

Durch die Erforschung dieser Erkenntnisse konnten die Wissenschaftler ebenfalls nachweisen, dass sich unsere körperlichen Schwingungen erhöhen, sobald wir **positive Gedanken** sowie Gefühle von Freude und Glück hegen. Diese Schwingungen **vermindern** sich aber erheblich, wenn wir mit Schwierigkeiten und Problemen, Zank oder Streit, also negativ belastet werden. Sobald wir unseren Willen also negativ ausrichten, verändert sich auch unsere innere Harmonie zur Disharmonie, die wiederum körperliche Blockaden verursacht und auf die Dauer krank machen kann.

Weil der Mensch jedoch ein Gewissen besitzt, mit dessen Hilfe er ohne weiteres bewerten und beurteilen kann, was für ihn gut und was schlecht ist, kann er nicht von sich behaupten, nichts davon zu wissen, wenn er seinen Willen positiv oder negativ ausrichtet. Somit entscheidet er also im Grunde durch die positive oder negative Art seiner Gedanken, in welcher Schwingung er leben und wie gesund oder krank er nunmehr sein wird.

Die von unseren Gedanken ausgehenden Schwingungs-Energien beeinflussen zwar in starkem Maße unser Gemüt, aber auch ein wenig die Mitmenschen, um die sich unsere Gedanken drehen, sofern sie dafür empfänglich sind. Deshalb leben **solche** Menschen unbeschwerter und gesünder, die in allen Lebenslagen positiv denken, niemanden verurteilen und ihre Gegner freundlich behandeln. Sie glauben an das Gute im Menschen und versuchen, es durch eigenes Gutsein zu vermehren.

Schon das einstige „Universalgenie", **Johann Wolfgang von Goethe,** sagte deshalb bereits vor ca. 200 Jahren ganz richtig: *„Alles ist geistgeboren!"* Goethe hatte bereits erkannt, dass die Materie nicht aus sich selbst existieren kann. Und durch die Forschungen in der Atomphysik wissen wir heute, dass es eigentlich **keine Materie** nach unseren Vorstellungen gibt, denn in den riesenhaften Vergrößerungen unserer Elektronenmikroskope löst sie sich in Hohlkörper auf. Erst die Kraft der Elektronen und deren immense Schwingungen um ihren Kern geben der Materie ihre unterschiedlichen Formen und halten sie zusammen.

Allein schon wegen dieser Unterscheidungsmerkmale ist es unlogisch, sich die Entstehung des Lebens aus einem Nichts oder, materiell betrachtet, aus einem sog. „Urknall" vorzustellen. Jedermann weiß doch, **dass aus einem Nichts auch nichts entstehen kann**, und erst recht weder Materie noch Leben. Hätte es vor unendlichen Zeiten eine derart gewaltige Explosion gegeben, wie manchmal behauptet wird, wäre - nach logischem Ermessen – zudem ein Chaos entstanden, jedoch niemals die Ordnung, die wir kennen. Wer aber jetzt noch an den Urknall glaubt, der könnte ebenso die absurde Ansicht vertreten, dass durch die Explosion einer Bibliothek ein Lexikon entstehen würde.

Um den Beweis eines vorweltlichen Urknalls zu erbringen, haben einige Physiker mit weltweiter Unterstützung im Genfer Kernforschungszentrum "Cern" eine milliardenteure Anlage bauen lassen, in der sie im März 2010 mit Hilfe bisher unerreichter Energie zwei Atomkerne aufeinander schossen. Diese Teilchenbündel wurden für die Kollision nahezu mit Lichtgeschwindigkeit durch die ringförmige unterirdische Röhre gejagt. Bei ihrem Zusammenstoß entstanden angeblich winzige Teilchentrümmer, die nun in den Detektoren des Teilchenbeschleunigers ausgewertet werden. Mit den Experimenten, die ca. zwei Jahre dauern sollen, wollen die Forscher die physikalischen Bedingungen herstellen, wie sie nach ihrer Meinung auch kurz nach dem Urknall entstanden sein sollen.

Einem Menschen, der logisch und folgerichtig denken kann, müsste jedoch einleuchten, dass sich hinter einem solchen "Knall", wenn er überhaupt stattgefunden hätte, eine unendliche Energie oder Kraft verbergen muss, die eine solche Explosion erst bewirkt. Das beweist schon das Schweizer Experiment, das mit einer bislang **unerreichten** gebündelten Energie erfolgte und doch nur **winzige** Teilchentrümmer hervorbrachte.

Was muss das aber für eine gewaltige Kraft sein, die nicht nur unsere Erde, sondern auch die Planeten in unserem Universum erschaffen hat?! Und da aus dieser Energie auch noch das Leben entstand, das wir kennen, so kann es sich hierbei nur um eine ungeheuer kraftvolle Intelligenz handeln, die seit Urzeiten auf unserer Erde wie auch im gesamten Universum die geordneten Strukturen schuf, die unsere Wissenschaftler seit langem zu erforschen versuchen. Diese universelle Intelligenz muss durch die ihr innenwohnende unendliche Kraft also auch die Ordnungsprinzipien geschaffen haben, aus denen sich nun stufenweise das unterschiedliche Leben nach der uns bekannten naturgesetzlichen Ordnung entwickelte. Ohne eine solche Intelligenz wäre sonst unweigerlich ein Chaos entstanden.

Für manche Menschen ist es jedoch nicht von Bedeutung, wie das Leben entstanden ist. Da aber Leben existiert und das Leben Kraft ist, muss es irgendwo auch einen Ursprung dieser Kraft geben. Doch den Nachweis über das Wesen der Lebenskraft ist uns die Wissenschaft bisher schuldig geblieben, trotzdem erwiesen ist, dass sie existiert.

Zwar hat die Forschung die Welt der Atome erkannt, aber über deren Herkunft kann sie uns ebenfalls nichts Konkretes sagen. Die Lösung der mit dem Leben zusammenhängenden Fragen ist nämlich nicht Aufgabe der Wissenschaft, sondern eine Sache des Gefühls, der Intuition und des Glaubens. Daher kann eine solche Lösung nur dann vom Menschen in Angriff genommen werden, wenn er sich ernsthaft auf die **Suche nach der Wahrheit** begibt. Nur durch die Erkenntnis der Wahrheit kann er auch zugleich zu seiner Bestimmung finden und zur **Erfüllung seiner Lebensaufgabe** gelangen.

**Weil das Universum, unsere Erde und das vielfältige Leben darauf also nicht von allein entstanden sein können, muss sich eine unendlich machtvolle, intelligente, erschaffende, ordnende und lenkende Kraft dahinter verbergen, die alles bewirkt und er-**

**hält.** Und wer sich schon gefragt hat, woher es kommt, dass sein Körper derart zweckmäßig eingerichtet ist, kann daher auch nicht davon ausgehen, dass seine zweckmäßigen Funktionen dem Zufall zu verdanken sind. Deshalb kommen wir nicht umhin, an die Existenz eines liebevollen, weisen und allmächtigen **geistigen Wesens** zu glauben, das wir Gott nennen.

*„Die meisten Menschen suchen aber nur eine Bestätigung ihrer Ansichten; sie wollen nicht belehrt werden"*, behauptet **Dr. A. Stelter**, Professor für Physik und Chemie. *„Selbstverständlich ist man aufnahmebereit für neues Wissen, aber im allgemeinen nur, wenn es nicht mit den eigenen grundlegenden Anschauungen kollidiert und vielleicht sogar einen gänzlich neuartigen Denkrhythmus erfordert.*

*Man macht sich im allgemeinen kaum klar, wie stark man durch seinen automatischen Denkrhythmus versklavt wird und wie jeder geistig aktive Mensch in seinem in jahrelanger Arbeit mühevoll zusammengetragenen Wissen gleichzeitig eine große Last mit sich schleppt, die er unter Umständen nie mehr loswerden kann. Das kann ein großes Hindernis für die Aufnahme bzw. das Verständnis von grundsätzlich Neuem sein, das eine andere Denkart und andere Denkgewohnheiten verlangt.*

*Am stärksten auf ganz bestimmte Denkgewohnheiten eingeschworen - um nicht zu sagen, auf bestimmte Ge-*

*hirnbahnen eingefahren - ist der Spezialist, die Kapazität auf einem Gebiet. Sie weiß wie kein anderer, was hier möglich ist und was nicht. Dafür stoßen neue Erkenntnisse bei den für den betreffenden Bereich zuständigen Fachwissenschaftlern naturgemäß auf den heftigsten Widerstand ..."*

Aus diesem Grunde antwortete der bekannte **Nobelpreisträger Albert Einstein** auch seinerzeit auf die Frage, wie er zu der Entdeckung der Relativität gekommen sei: *„Indem ich **unumstößliche** Grundsätze umwarf!"* Und der dt. Schriftsteller **F. Beutlrock** bemerkte: *„Am meisten fühlt man sich von der Wahrheit getroffen, die man vor sich selbst verheimlichen wollte."*

Dabei brauchte ein Mensch nur den guten Willen in sich zu entwickeln, an etwas zu glauben, das er mit seinen Sinnen nicht so schnell erfassen kann: an eine unendlich liebevolle und intelligente Kraft und Macht, die man entweder Geist oder Gott nennt, denn **Gott ist Geist**. Alles weitere wird ihm im Laufe der Zeit schon hinzugegeben werden, wenn er Gott nur ernsthaft sucht, weil ein solcher Geist die größte und vollkommenste Intelligenz besitzen muss, um das und noch mehr zu erschaffen und liebevoll und weise zu führen, was wir kennen.

Hierzu erwähnte auch **Mahatma Gandhi**, der 1948 ermordete Führer der indischen Freiheitsbewegung, der die Befreiung seines Landes von der englischen Koloni-

alherrschaft seinerzeit **gewaltlos** durchsetzte:
*„Ich glaube an Gott, nicht als Theorie, sondern als Tatsache, die realer ist als die Tatsache des Lebens."*

Wenn wir bereits erkannt haben, dass es einen Gott geben muss, Der alles erschuf, da das Universum, wir Menschen sowie die Natur- und Tierwelt nicht durch ein Chaos entstanden sein können, so muss nicht nur die gesamte Schöpfung, sondern auch **unser Leben einen Sinn und Zweck** haben. Zudem müsste uns einleuchten, dass wir **nicht** aus einer Laune dieses Schöpfers heraus erschaffen wurden, um für kurze Zeit unter oftmals widrigen Umständen in einer unvollkommenen Welt zu leben und danach auf ewig zu vergehen. Hierüber haben sich bestimmt schon viele Menschen ihre Gedanken gemacht und sind zu dem gleichen Ergebnis gekommen.

Wer sich darüber hinaus aber ernsthaft mit der Schöpfung beschäftigt hat, der ist sicherlich auch auf die Aussagen in der Bibel gestoßen, in der uns im 1. Buch Mose die Erschaffung der Welt und der Menschen auf einfachste Weise und in kürzester Form beschrieben wird. Dabei besagt die Heilige Schrift zwar, dass das, was Gott schuf, gut ist (Mose 1,10, 12, 21, 25, 31), doch nirgendwo steht geschrieben, dass es auch vollkommen war, denn vieles, was der Welt der Materie angehört, gibt uns oftmals Rätsel auf.

Solche Rätsel sind dem Menschen nicht nur durch die

Atomphysik, sondern auch durch die Astronomie und Astrophysik bewusst geworden, weil nicht nur die Erde, sondern auch unser Weltall mit seinen unzähligen Gestirnen einem ständigen Werden und Vergehen unterliegt und somit ebenfalls einer ständigen Veränderung. Daher können diese Vorgänge innerhalb der materiellen Schöpfung nicht vollkommen genannt werden: sie sind vielmehr ein Zeichen von Unvollkommenheit. Das besagt jedoch nicht, dass auch ihr Schöpfer deswegen unvollkommen ist, denn Er allein kennt deren Sinn und Zweck und die Gründe dieser fortlaufenden Veränderungen.

Wenn unser Schöpfer aber vollkommen ist, dann kann **die Erde** schon wegen ihrer Unvollkommenheit **nicht unsere ewige Heimat** sein, denn sonst hätte sie Gott vollkommen erschaffen, weil etwas Vollkommenes unvergänglich ist. Doch die Materie und somit auch der Leib des Menschen sind bekanntlich vergänglich, und das muss einen weisen Grund haben. Deshalb kann **die Materie nur ein Mittel zum Zweck und kein Selbstzweck** sein, sonst hätte sie Gott ebenfalls vollkommen erschaffen. Und auch unser relativ kurzes **hiesiges Leben** muss einen ganz besonders **wichtigen Sinn** haben, weil die Erde nicht unsere ewige Heimat sein kann. Wir Menschen müssen daher hier etwas zu erfüllen haben. **Es muss uns also ein Ziel gesetzt worden sein, das unserem Erdenleben einen Sinn und Zweck gibt. Und nach diesem Ziel sollen wir suchen.**

Demnach muss es etwas geben, **aus dem** wir gekommen sind und das unvergänglich ist. **Deshalb sprach Jesus** seinerzeit auch die Worte, die uns Sein Jünger Johannes im Vers 18,36, der Bibel übermittelt hat:
*„Mein Reich ist **nicht** von dieser Welt!"*

Dieser Aussage kann man entnehmen, **dass es noch ein Reich geben muss**, das vielen unbekannt ist. Weil Er jedoch ein Mensch war wie Sie und ich, muss dieses Reich auch für uns Menschen von großer Bedeutung sein. Zwar wird davon in der Bibel des öfteren gesprochen, doch haben es bisher nur ganz wenige wahrgenommen, weil es geistiger Natur ist. Daher heißt es auch in einem Reim des Dichters **G. Thurmair**, der Teil eines Kirchenliedes geworden ist:

*„Wir sind nur Gast auf Erden*
*und wandern ohne Ruh'*
*mit mancherlei Beschwerden*
*der ewigen Heimat zu."*

Nach der Bibel sind wir Menschen die seinsollenden Kinder Gottes, so dass unsere Seelen eigentlich in Sein geistiges Reich gehören. Demzufolge sollten wir uns bemühen, nach unseres Leibes Tode auch wieder in das Reich zu gelangen, in dem Jesus Christus zuhause ist und das wir vor unendlichen Zeiten verlassen haben.

Die meisten Menschen kümmern sich heutzutage aber fast nur noch um die Welt, die von ihnen gesetzten Ziele sowie um ihre weltlichen Aufgaben und Pflichten und viel zu wenig um ihre Seele, weil sie nicht wissen, dass ihr Leben ein Lernprozess und die Erde der dafür am besten geeignetste Läuterunsplanet im gesamten Universum ist. Nun sagt uns jedoch der Verstand, dass unser materieller Körper eines Tages vergehen wird. Wenn wir aber auf unser Innerstes achten, so haben wir oftmals das ahnende Gefühl, dass wir **nicht nur für diese Welt leben**, dass also das, was wir über unsere Welt und das irdische Leben wissen, **nicht alles sein kann**. In uns muss demnach noch etwas Unbekanntes existieren, das versucht, unseren Verstand vom Herzen aus auf unseren Lebensweg aufmerksam zu machen, um uns zu unserem Ziel zu geleiten.

Deswegen steht dem Verstand noch eine weitere Kraft zur Seite, und die heißt Vernunft. Und im Rahmen ihrer Vernunft wünschen sich so manche Menschen auch ein gutes, friedvolles und vielleicht sogar liebevolles Leben. Somit müsste uns die Vernunft eigentlich klarmachen, dass es in Wirklichkeit keinen **völlig** ungläubigen Menschen geben kann, der sich etwas wünscht. Er richtet seine Wünsche doch nicht an die Elemente Luft, Erde, Feuer oder Wasser bzw. an den Zufall, **ohne** darauf zu hoffen oder daran zu glauben, dass es eine Kraft oder ein Wesen geben muss, dass seiner Ansicht nach auch die Macht besitzt, seine Wünsche zu erfüllen.

Somit lehrt uns die Vernunft, dass die Schöpfung **nicht** von selbst, also auch nicht aus einem Nichts heraus entstanden sein kann. Weil es jedoch unzweifelhaft eine Schöpfung gibt, muss es logischerweise auch einen **Schöpfer** geben, der in einem uns **noch** unzugänglichen Reich wohnt. Doch muss man IHN schon suchen und auch finden **wollen**, wenn dieser Wunsch von Erfolg gekrönt sein soll, denn ohne **den ernsthaften Willen** dazu wird man Ihn garantiert nicht erkennen.

Da dieser Schöpfer aber Geist ist, kann Er nur in einem Reich zu Hause sein, das mit unserer Welt nichts gemein hat. Schon deshalb sollten wir nach Ihm suchen. Und hierbei helfen uns die von den verschiedenen Instituten und Kirchen verbreiteten Religionen. Solange sich die meisten Menschen jedoch nur um ihre weltlichen Belange kümmern, zeigen sie uns, dass sie kein Interesse daran haben, nach der Wahrheit und damit auch nach Gott und Seinem geistigen Reich zu forschen. Die **Gleichgültigkeit** und das **Desinteresse** sind deswegen auch die Hauptgründe dafür, dass sie immer wieder mit Schicksalsschlägen und Katastrophen konfrontiert werden. Dadurch sollen die Menschen zum Nachdenken und zur Umkehr ihres bisherigen fehlerhaften Verhaltens kommen.

Seitdem nun solche Fälle zunehmen, fragen sich zumindest einige:

**Warum** leben wir?
**Wo** kommen wir her?
Gibt es ein Leben **nach** diesem Leben?"

Zwar erbrachten die Forschungen, die in diese Richtung gingen, bisher keinerlei konkrete wissenschaftliche Beweise, doch geben uns die Erkenntnisse, zu denen so manche Wissenschaftler, Psychologen und Mediziner bereits gekommen sind, **bahnbrechende Hinweise auf ein Leben nach diesem Leben.**

Auch die Bibel enthält einige Passagen, die uns auf die Unsterblichkeit unserer Seele und ihres Geistes aufmerksam machen, indem sie uns auf die unseligen Zustände nach dem körperlichen Tod hinweist, die wir der Seele durch unser Fehlverhalten auf Erden selbst verschaffen. Sie sagt uns aber auch, dass der Mensch **nicht** durch Beweise, sondern allein durch **seine guten Werke** und den Glauben an Gott selig wird (Epheser 2,8; Hebräer 11,6; Korinther 5,7). Wegen des uns geschenkten freien Willens muss dieser Glaube jedoch unbeeinflußt und frei in uns reifen, damit er ein fester Bestandteil unseres Ich's wird. Deswegen sollten wir unserer Umwelt auch durch ein Leben in uneigennütziger Nächstenliebe die nötigen Denkanstöße geben, es uns nachzutun, denn damit lenken wir die Gedanken dieser Menschen ebenfalls in die richtige Richtung.

**Das kann aber nur durch den festen Willen geschehen**, der Wahrheit näherkommen zu wollen, weil unser Schöpfer Selbst die ewige Wahrheit ist. Und da dessen Kraft und Allwissenheit Seiner reinsten Liebe entspringen, erkennt Er sofort ein solches Verlangen in einem Menschen. **Erst dann** hat Er die Möglichkeit, ihn gedanklich derart zu führen, dass ihm das richtige Wissen erschlossen wird, weil der Mensch mit seinen körperlichen Sinnen **allein** den Zweck seines Erdenlebens **nicht** zu erfassen vermag.

Wer deshalb an Gott glauben möchte und Ihn zu suchen beginnt, der darf Ihn nicht in der Welt suchen, da Er dort nicht zu finden ist. Der Mensch muss Ihn schon bei sich und nicht bei anderen suchen, **weil Gott in seinem Herzen wohnt**. Dort lebt Er im Verborgenen und harrt darauf, vom Menschen gefunden zu werden. Daher bekommt auch derjenige im Laufe der Zeit wie von selbst die für ihn nötigen Beweise, der Gott ernsthaft zu suchen begonnen hat. Sodann wird er den Sinn und Zweck seines Lebens verstehen und das Treiben auf der Erde **mit anderen Augen zu sehen** beginnen.

Die Liebe, die er nun von seinem Schöpfer erhält, wird einen solchen Menschen unbewusst führen. Er wird Gleichgesinnte kennenlernen und auf diejenigen aufmerksam gemacht werden, die ihm sagen, **wer er im Grunde ist, von wem er abstammt, warum er sich auf der Erde befindet und wohin seine letzte Reise führt**. Dadurch erhält er die nötigen Erkenntnisse und gewinnt die Bereitschaft, den Versuchungen zu widerstehen, die von der Welt, ihren Machenschaften und ihrem Scheinglanz ausgehen.

**Zuvor sind jedoch keinerlei Beweise möglich**, weil durch vorzeitige Beweise die uneingeschränkte Freiheit unseres Willens beeinträchtigt würde. Hierdurch könnte in uns ein Glaubenszwang entstehen, der uns geistig nicht weiterbringt, da auf einem **Zwang kein Segen** ruht. Weil der Mensch aber ein Ebenbild Gottes ist, der in seinem Herzen mit einem winzigen Anteil seines Schöpfers versehen wurde, **dem Geistfunken Gottes**, besitzt er auch alle Möglichkeiten, durch ein Leben in Liebe das Geistige zu erwecken, das in ihm anfänglich noch schlummert. Wenn er sich nun bemüht, seine Mitmenschen mit der uneigennützigen Nächstenliebe zu beglücken, trägt er sowohl zur Erweckung seines Geistes als auch zur geistigen Erweckung seiner Mitmenschen bei. Und darum geht es in unserem Erdenleben.

In der Zeitschrift „Idea" wurde im Jahre 2004 ein Bericht über das Ergebnis einer Tagung im südschwedischen Gullbrannagarden veröffentlicht, an der ca. **150 Geologen, Informatiker, Physiker, Chemiker, Biologen und Ingenieure** aus 15 Ländern teilgenommen hatten. Sie waren zu dem Ergebnis gekommen, dass die Darwin'sche Evolutionstheorie überholt ist, denn immer mehr wissenschaftliche Erkenntnisse **sprechen dafür, dass es einen Gott gibt,** Der die Welt und die Menschen erschaffen hat.

**Charles Darwin** (1809 – 1892) lag mit seiner Evolutionstheorie zwar nicht gänzlich falsch, indem sich über große Zeitabstände die materielle Welt nach und nach aufwärts entwickelt hat. Dass aber die **eigentlich bewegende Kraft** dieser Entwicklung **der Geist Gottes** ist, das wusste er durch seinen Glaubensmangel an Gott nicht. Kurz vor seinem Tode kam er jedoch noch zur Einsicht und bekehrte sich zu diesem Glauben, was aber seine Anhänger wegen ihrer Befürchtung verschweigen, dass dadurch seine Evolutionstheorie zum Einsturz gebracht werden könnte.

In Wahrheit ist also beides richtig, nur mit dem Unterschied, dass die Materie kein Selbstzweck ist, sondern erst **die Kraft des Geistes** der Materie das Leben zu ihrer Entfaltung und Aufwärtsentwicklung gibt. In der Frage um die Evolution geht es daher auch nicht darum, ob diese Lehre vollständig falsch oder richtig ist, sondern darum, dass sie nur eine Halbwahrheit ist und nicht die ganze Wahrheit umfasst.

Einige hochrangige Wissenschaftler haben jedoch folgerichtig weitergedacht. In diesem Zusammenhang möchte ich den bekannten **Physiker und Nobelpreisträger Max Planck** (1858 – 1947) zitieren, der die Ansicht vertrat, dass sich Naturwissenschaft und Religion **nicht** widersprechen, sondern ergänzen. Hierzu schrieb er: *„Wohin und wie weit wir zu blicken vermögen, zwischen Religion und Naturwissenschaft finden wir nirgends einen Widerspruch, wohl aber gerade in den entscheidenden Punkten **volle Übereinstimmung**. Religion und Naturwissenschaft schließen sich also nicht aus, wie heutzutage manche glauben und fürchten, sondern sie ergänzen und bedingen einander. **Gott steht für den Gläubigen am Anfang, für den Physiker am Ende alles Denkens.**"* Dies wird auch durch die Aussagen des französischen **Chemikers und Nobelpreisträgers Paul Sabatier** ergänzt, der ebenfalls feststellte: *„Naturwissenschaft und Religion in Gegensatz zu stellen, ist Sache von Leuten, die schlecht unterrichtet sind!"*

*„Viele Millionen Menschen wissen nicht, warum sie leben, wozu sie sich auf dieser Erde befinden, warum es ihnen nicht so gut geht, wie sie es gerne hätten, und warum es so viel Ungerechtigkeit, Kriege, Krankheiten, Leid und Not auf der Welt gibt"*, bemerkte **Dr. W. Rosowsky** daher auch zu Anfang in einem seiner Vorträge über den Sinn des Erdenlebens. Und weiter sagte er u. a.: *„Letztlich muss man wohl zugeben: Ohne GOTT und Seine Erlösung wären sämtliche Geschehnisse und alles Leben auf der Welt unverständlich, völlig ohne Sinn und auch hoffnungslos. Alles hinge irgendwie in der Luft, ohne tragbares Fundament. Erst, wenn der Mensch sich ein ausreichendes geistiges Wissen erarbeitet hat, wenn er dadurch einen ganz bewussten, sicheren Halt gewonnen hat, kann er das Leben vertrauensvoll meistern, auch dann, wenn Krankheit und Leid ihn treffen.*

*Erst wenn er erkannt hat und weiß,*
*1. dass er ein Geschöpf des allmächtigen GOTTES ist,*
*2. dass sein Leben einen bestimmten Sinn hat,*
*3. dass sein Leben nach diesem relativ kurzen, oft sehr schweren und leidvollen Erdengang, also nach dem irdischen Tod weitergeht,*
*4. dass es letztlich tatsächlich Gerechtigkeit für alle gibt und*

*5. dass GOTT nicht straft, sondern unser liebender und barmherziger Vater ist,*
*kann er mit seinem Leben gut zurecht kommen und auch annehmen, was auf ihn zukommt, selbst wenn er nicht immer sämtliche Vorgänge begreift und richtig einordnet ...*

*Daher ist es gut zu wissen:*
***GOTT, die Liebe, macht keine Fehler!"***

Da Gott jedoch für uns Menschen nicht sichtbar ist, muss Er ein Geist sein, weil die Kraft, die von Ihm ausgeht, geistiger Art ist. Das sagt uns auch die Bibel im 1. Buch Mose 1,2, und in Johannes 4,24. Und dies lässt keine andere Schlussfolgerung zu, dass der Ursprung unseres Daseins ebenfalls geistiger Art sein und daher in einer **geistigen** Welt liegen muss und nicht vom sog. „Urknall" herrühren kann.

Weil unser Schöpfer aber nur allein auf geistigem Wege zu erforschen ist und nicht über die Materie, lässt Er die Wissenschaftler auch nur begrenzt in Seine „Karten" schauen. Vor über 100 Jahren hat Er uns deshalb bereits nicht nur die Entstehung Seiner materiellen Schöpfung, sondern auch den Aufbau des materiellen Universums sowie Seiner geistigen Welt offenbart. Diese Offenbarungen können u. a. in den Büchern des steyrischen Mystikers **Jakob Lorber** (1800 - 1864) nachgelesen und in jeder Buchhandlung oder bei der Verlagsgemeinschaft Zluhan, Bietigheim, bestellt werden. Doch statt eines solchen uns dort geschilderten übersichtlichen Zusammenhangs konnte unsere Wissenschaft bisher nur winzige Erkenntnisse über die unendliche Größe des materiellen Universums gewinnen.

In der Erforschung der Anti-Materie wurde ihren Bestrebungen jedoch ein kleiner Erfolg beschieden. Amerikanische Wissenschaftler konnten bereits vor Jahren nachweisen, dass es tatsächlich **Geist als Anti-Materie** gibt. Nach langen Vorbereitungen gelang es einem Forscherteam der Columbia-Universität in Brookhaven (New York), mittels einer Energie von Milliarden Elektronenvolt einen vollständigen Anti-Atomkern, wenngleich mit kürzester Lebensdauer, künstlich zu erzeugen. Es handelte sich dabei um ein Gegenstück zum „Deuterium", dem schweren Wasserstoff, das bei der Erzeugung der Atombombe eine entscheidende Rolle spielt.

Interessant sind nun die Schlussfolgerungen, welche die beteiligten Wissenschaftler aus diesen Erkenntnissen zogen, denn die Existenz von „Anti-Nukleonen" (Anti-Elementarteilchen) wirft die Frage auf, ob es außer der Welt, in der wir Menschen leben, noch eine antimaterielle, also **eine geistige Welt** geben kann. **Prof. Dr. M. Ledermann**, Leiter dieser Forschungsgruppe, erklärte hierzu: *„Die Beschäftigung mit der Anti-Materie führt uns zweifellos zu vertieften Einsichten, auch, was die Funktion der Materie betrifft. Zudem werden hier auch grundsätzliche Fragen der Kosmologie (Weltentstehung) berührt.* ***Es ist jetzt nicht mehr möglich, die***

*Konzeption einer sog. „Anti-Welt", die von Gestirnen erfüllt ist, in Frage zu stellen noch die große Vorstellung zu widerlegen, dass die Anti-Welten nicht von denkenden, intelligenten Wesen bevölkert sein könnten. Eine neue und tiefreichende Symmetrie von materieller und antimaterieller Welt darf nun angenommen werden, eine Symmetrie, in der es auch eine Welt der Anti-Teilchen gibt, die ein **Spiegelbild** unserer Welt bildet. Wenn wir wüssten, wo sie sich befindet, könnte sie vielleicht das menschliche Auge wahrnehmen, und sie könnte durchaus mit unserem Universum vermischt sein."*

Tatsächlich wird unsere Erde von einer solchen Parallelwelt überlagert, deren positive und negative Einflüsse jeder Mensch nach seinem Willen anziehen oder abstoßen kann. Sie wird von den Menschen jedoch nicht wahrgenommen, weil sie von halbmaterieller bzw. geistiger Natur ist und somit aus einem Stoff besteht, den wir „Äther" nennen. In dieser Welt und anderen wissenschaftlich aber nicht nachweisbaren Welten werden die meisten Menschen vorerst nach dem Tode ihres materiellen Körpers in einem **ätherischen** Leib weiterleben, dem feinstofflichen Leib der Seele.

Den **Tod**, den wir uns allgemein vorstellen, **gibt es also** eigentlich **nicht**. Es handelt sich hierbei lediglich um den Übergang von unserer materiellen Daseinsform in eine geistige Daseinsform. Durch diesen Übergang gelangen wir in das seinerzeit von Jesus erwähnte geistige Reich, also in die Heimstätte der Verstorbenen. In diesem neuen Dasein wirkt nun - wie auf Erden - eine für uns Menschen unvorstellbare liebe- und weisheitsvolle Kraft, die nicht nur gerecht, sondern vor allem geduldig und barmherzig ist, indem sie unsere Seele langsam aber sicher wie von selbst in das Zuhause führt, das ihrem derzeitigen Zustand entspricht.

Wenn nun manche Menschen glauben, dass das Jenseits ein Nichts sei, in dem eine unheimliche Stille herrscht, so darf ich Ihnen versichern, dass es für uns auch in dieser Welt alle Wahrnehmungen gibt, wie wir sie auf Erden kennen - und sogar noch wesentlich mehr. Allerdings bestimmt der Reifegrad einer Seele auch den Zustand, in dem sie dort lebt.

Für jeden Menschen kommt deshalb einmal der Tag, an dem seine Seele, die seine Persönlichkeit enthält, ihren materiellen Körper verlassen und in ihrem Jenseits erwachen wird. Dann öffnet sich für sie eine Welt, die ihr jetzt noch größtenteils verschlossen ist und die wir Menschen mit unserem irdischen Dasein nur vage vergleichen können. So sagte z. B. der Ehemann eines mir bekannten Düsseldorfer Schreibmediums, der zusammen mit seiner Frau ca. 30 Jahre lang mit den „Verstorbenen" korrespondiert hatte, ca. 8 Wochen **nach** seinem Hinübergang zu ihr: „Ich habe mir das Jenseits **völlig anders** vorgestellt!"

Das ist wohl wahr, denn die jenseitige Welt zeigt sich jeder Seele anders, da sie in ihrem Aussehen und Erleben allein von ihrem Reifegrad bestimmt wird. Dabei bleibt die Seele jedoch dieselbe, nur ihre Umgebung verändert sich entsprechend ihrem Zustand. Und das ist ihr neu, weil es so etwas auf Erden nicht gibt. Da im Jenseits aber die wahre Liebe das Maß aller Dinge ist, kommt jetzt auch zum Vorschein, **welche Liebe sich in ihr befindet.**

Im Geistigen ist alles Künstliche von ihr abgefallen, so dass sie sich nicht mehr verstellen kann und so dasteht und erkannt wird, wie sie in Wirklichkeit ist. So wird nun ihr **wahres inneres Wesen** offenbar, mit dem sich auf Erden die wenigsten beschäftigt haben. Der Hauptgrund war stets **der Unwille**, das eigene Innere zu erkunden, weil der Mensch wohl ahnte, dass er sich zur **wahren Liebe** hin ausrichten muss, wozu jedoch die wenigsten Lust verspüren. Nun aber fühlt die Seele, dass sie sich für ihre irdischen Gedanken, Worte und Taten auch verantworten muss.

Diesem Problem können die Seelen der Verstorbenen also **nicht mehr derart ausweichen** wie auf Erden, da sie im geistigen Reich ständig mit ihrer Gesinnung konfrontiert werden. Hier sollen sie sowohl **ihre Tugenden als auch ihre Untugenden am eigenen Denken und Handeln erkennen**. Und Ihre Untugenden müssen sie nun schon in **Tugenden** umzuwandeln versuchen, wollen sie nicht in einem anfänglich oftmals unseligen und lichtarmen oder sogar lichtlosen Zustand verbleiben. Doch die Barmherzigkeit Gottes hilft ihnen, ihren Zustand zu verbessern, wenn sie dies wollen und darum bitten, denn Gott ist die unendliche Liebe, die weder Strafe noch ewige Verdammung kennt.

Wenn einem Menschen der Übergang vom Diesseits ins Jenseits jedoch schwerfällt, so liegt das zumeist daran, dass er der Welt und ihren materiellen Werten zuviel an Bedeutung als nötig beigemessen hat und zu wenig dem Gebot der Nächstenliebe nachgekommen ist. Damit hat er sich eine falsche Gesinnung zugelegt, die keinen tiefen Glauben zuließ, so dass er zu wenig seinem Gewissen Gehör schenkte. Doch gerade für die Ausbildung der uneigennützigen und selbstlosen Nächstenliebe wurde ihm das Erdenleben geschenkt. In der Welt fürchtete er oft, zu kurz zu kommen oder sogar alles zu verlieren. Dadurch hat sein weltlich-materielles Denken oftmals überhand genommen, dessen Folgen, auf die ich später noch zu sprechen komme, nun nicht ausbleiben, weil sich seine Seele beim Eingang ins Jenseits nicht verändert. Man ist hier also nicht schlechter, aber auch nicht besser als zuvor, jedoch **wesentlich sensibler und empfindlicher.**

Deshalb müssen wir unser Leben so annehmen, wie es uns von Gott gegeben wurde. Der Mensch hat nämlich eine oder mehrere Aufgaben auf Erden übernommen, auf die er des öfteren irgendwann direkt oder indirekt aufmerksam gemacht wird. Und dazu hat er auch entsprechende Talente bzw. Eigenschaften mitbekommen, so dass es allein an seinem freien Willen liegt, seine inneren Anregungen zu unterdrücken oder zu versuchen, sie zu ergründen.

Nicht von ungefähr sucht daher so mancher auf Erden bewusst oder unbewusst nach dem Sinn seines Lebens. Meistens will er sein Ego ausleben, um herauszufinden, wie weit er mit seiner Liebe bzw. mit seinem Egoismus gehen kann, anstatt sich zu fragen, ob sein Wille falsch oder recht ausgerichtet ist. Und somit muss er nun an den Reaktionen in seiner Umwelt die Lektionen lernen, die er **sich selbst** durch seine Vorstellung, sein Denken und Handeln erteilt. Deshalb müssen wir ständig mit uns ringen und kämpfen, um sowohl den Zweifel, das Misstrauen, die Furcht und Angst als auch unsere Sehnsüchte, Hoffnungen, Visionen und Wünsche im Zaum zu halten und mit den uns gegebenen Möglichkeiten in Einklang zu bringen.

Dabei erweist sich so manche Schwierigkeit, die dem Menschen in den Weg gelegt wird, im Nachhinein als sein Wegbereiter, wenn er den Mut hatte, sie zu bewältigen. Und wer bereits daran glaubt, dass er von einem höheren Wesen abstammen könnte, erhält von diesem Wesen nach der Stärke seines Glaubens auch die Willenskraft, die er benötigt, das Unwahre, Falsche oder Schlechte zu überwinden. Dadurch wird sein Selbstvertrauen ebenso gestärkt wie sein Glaube, so dass er trotz mancher Steine, die ihm in den Weg gelegt werden, die ihm gebotenen Chancen nutzt. Und weil er auf seine inneren Regungen achtet, die ihn stets in die richtige Richtung weisen, ahnt er oftmals, dass er etwas tun soll, worüber er sich noch nicht im Klaren ist.

Dieser Weg führt den Menschen unweigerlich ebenso zu den für ihn vorgesehenen Aufgaben, wie auch ich auf diese Weise geführt wurde, ohne auch nur die geringste Ahnung von dem zu haben, was ich letztendlich machen sollte. Dabei waren die von mir zu bewältigenden Schwierigkeiten derart gut getarnt, dass ich erst in letzter Zeit begriffen habe, welch gravierende Chancen damit verbunden sind, an ihnen auszureifen.

Und **solche Chancen werden auch Ihnen geboten**. Da sie sich Ihnen jedoch auch nur versteckt zeigen, besteht die Schwierigkeit darin, sie zu erkennen, anzunehmen und zu bewältigen. Sobald Sie sich aber mit Ihrem Innenleben beschäftigen und auf Ihr Herz hören, werden Sie die Impulse verspüren, die Ihnen sagen, was Sie tun sollen, um zu einer inneren Zufriedenheit zu gelangen.

*„Der Optimist wagt sich immer aufs Eis,
der Pessimist nie, doch
der Realist lernt vorher schwimmen."*

(K. H. Karius)

Werden Sie daher Realist und versuchen Sie, Ihr Leben so anzunehmen, wie es sich Ihnen stellt. Tun Sie somit das, was Sie tun sollen, und nicht nur das, was Ihnen angenehm erscheint. Die meisten Menschen leben ihr irdisches Leben nämlich nur um ihres Lebens willen, weil sie meinen, vergänglich zu sein. Dabei vergeuden sie die ihnen geschenkte Lebensenergie für Dinge, die von "Rost und Motten" zerfressen werden, wie es so schön in der Bibel heißt. Sie verdrängen die Erledigung der Aufgaben, für die sie sich auf die Erde begeben haben, obwohl sie das Wissen darüber als **Ahnungsvermögen** in sich tragen, aber zu träge sind, es in Ruhe und Geduld in sich zu erforschen.

In vielen Fällen nutzen sie fast alles Weltliche, das ihnen geboten wird, auch wenn es oft nicht gut ist. So häufen sie oftmals Schuld über Schuld auf ihre Seele, so dass für deren Ausreifung kein oder nur wenig Platz bleibt. Solche Menschen wollen nicht über das hinausblicken, was sie zwar mit ihren körperlichen Sinnen nicht erfassen können, jedoch mit ihren geistigen. Mit dieser Einstellung haben sie sich selbst derart geknechtet, dass sie ihre eigentliche irdische Mission nicht mehr erkennen und zu erfüllen vermögen.

**Fazit**: Unser Universum und das Leben können sich nicht von selbst und aus dem Nichts heraus entwickelt haben oder gar durch den sog. Urknall entstanden sein. Und auch unsere Erde kann nicht unsere **wahre** Heimat sein, weil auf ihr alles vergänglich ist. Das sagt uns schon der normale Menschenverstand und auch unsere Vernunft. Deshalb muss es noch ein geistiges Reich geben, in dem auch Jesus zu Hause ist, Der vor ca. 2.000 Jahren dem römischen Statthalter Pilatus auf dessen Frage gem. Joh. 18, 36, der Bibel, antwortete: *„Mein Reich ist nicht von dieser Welt!"* Also muss hinter dem materiellen wie auch hinter dem geistigen Reich ein unendlich liebevolles und intelligentes Geistwesen stehen, dessen Wille und Kraft dies alles und noch mehr erschaffen hat. Das beweisen uns nicht nur die Aussagen vieler berühmter Nobelpreisträger, sondern auch die Erkenntnisse so mancher uns bekannter Wissenschaftler, die das ihnen Unbekannte zu erforschen versuchen.

Gott lässt sich aber nicht allein durch den Verstand finden, sondern nur über das Herz des Menschen. Und weil sich dort auch ein Anteil Seiner Selbst befindet, sollen wir nicht nur im Äußeren leben, sondern unser Inneres erforschen. Sodann sind wir dazu in der Lage, uns zu Herzen zu nehmen, wie unsere Umwelt auf unser Reden und Handeln reagiert, so dass wir dadurch unsere Unzulänglichkeiten erkennen und unsere Gesinnung verbessern können. Bemühen wir uns nunmehr, stets eines guten Willens zu sein und christlich zu handeln, wird unser Leben zukünftig auch in ruhigeren Bahnen verlaufen.

## 2. Vom Ursprung des Bösen

Ein Mensch, der glaubt, Gott nicht mehr zu benötigen, weil er meint, durch seine Intelligenz und Tatkraft alles selbst schaffen zu können, was er möchte, der befindet sich bereits auf dem Weg in eine Sackgasse, weil er es nicht weiß, dass alles Leben und damit auch jegliche Tätigkeit unter Beachtung des freien Willens entweder von Gott veranlasst oder von Ihm zugelassen wird. Und dabei ist es die Taktik des Widersachers Gottes (Satan), uns so oft wie möglich "stolpern" zu lassen, damit wir fallen und uns von Gott und Seiner Liebe abwenden, um dann unwissentlich Seinem Gegner zu dienen.

Nun gibt es jedoch Menschen, die behaupten, dass es einen Satan oder Teufel nicht geben würde. Sie darf ich fragen, wo denn dann der Ursprung des Bösen zu finden ist? Da das Wahre, Richtige und Gute allein von Gott kommt, der nichts Falsches in sich hat, sagt uns die Vernunft, dass alles Unwahre, Schlechte und Böse doch nur in Seinem Gegner liegen und somit auch nur von ihm kommen kann.

Wieso ist es aber möglich, dass Gott, der allmächtige, allwissende, unendliche und allliebende Schöpfergeist, einen Gegner hat? Hierzu darf ich Ihnen versichern, dass der Ausdruck "Gegner" in Wirklichkeit falsch ist, da Gott im Grunde keinen Gegner haben kann, weil alles Leben aus Seiner Schöpferkraft hervorgegangen ist. Und so ist es auch mit "Luzifer", dem "Lichtträger", den

Gott als Sein Ebenbild in aller Herrlichkeit **vor unzähligen Zeitepochen** als ein lebendiges Geistwesen und ersten Urgeist aus sich herausgestellt hatte. Er war ein Gefäß, in das Gott Seine liebevolle Kraft einstrahlen konnte. Durch diese Kraft war Luzifer in der Lage, in großer Liebe zu seinem Schöpfer weitere geistige Universen zu erschaffen und auch die seligen Urgeister aus sich herauszustellen, mit denen nun die Schöpfungen Gottes belebt wurden.

Mit diesem Schöpfungsakt legte der Himmlische Vater jedem Einzelnen auch einen Anteil Seines unendlichen Himmels ins Herz. Und da ein jeder Himmel andere Herrlichkeiten aufzuweisen hat, wurde Seinen Urgeistern durch die Kontakte und Besuche untereinander auch die Vielseitigkeit des geistigen Lebens bewusst. Hierdurch lernten sie im Laufe der Zeit sowohl gleiche und ähnliche als auch völlig anders geartete himmlische Bereiche (Herrlichkeiten) kennen, die ihre Seligkeit noch erhöhten.

Trotz ihrer Vollkommenheit waren Luzifer und die Urgeister jedoch eigentlich Marionetten Gottes, denn sie konnten nicht anders denken und handeln, wie es Gottes Wille war. Und weil die uns unvorstellbare Liebe Gottes wie ein gewaltiges, alles verzehrendes Feuer wirkt, konnten sie Gott auch nicht schauen, waren aber durch Sein Wort mit Ihm verbunden, das sie tönend in sich vernahmen. Wann immer sie also etwas wissen wollten, konnten sie Gott fragen, denn Sein Wort gab ihnen das

Licht der Erkenntnis, die Kraft und das Leben, das sie mit ihrem Vater verband.

Die Liebe Gottes hatte es sich jedoch zum Ziel gesetzt, Kinder heranzubilden, die ebenso frei wie Er sein sollten. Deshalb schenkte Er ihnen nach einiger Zeit auch den freien Willen, über den Er gleichzeitig erproben konnte, ob sie Ihm nun weiterhin treu blieben. Die Luzifer geschenkte Macht, Kraft und Herrlichkeit ließen diesen aber nach unendlichen Zeiten liebevoller Tätigkeit in immer stärkerem Maße hochmütig werden, so dass er meinte, ohne den Zustrom der göttlichen Kraft, also ohne die Liebe von Licht und Erkenntnis, wirken und schaffen zu können.

Nun machte er es sich zunutze, dass Gott keinem Seiner Wesen sichtbar war. Er täuschte sie, wo er nur konnte, indem er versuchte, sich als den Kraftquell allen Lebens und damit als Gott hinzustellen. Und diejenigen, die sich von dieser Lüge sowie seiner Macht und Herrlichkeit blenden ließen, hörten immer weniger auf das Wort Gottes, indem sie ungehorsam wurden und nun ebenfalls die Krafteinstrahlung Gottes in immer stärkerem Maße ablehnten. Dadurch schwanden im Laufe der Zeit ihre Lebenskraft und ihre Erkenntnisfähigkeit, so dass sie - je nach der Tiefe ihrer neuerlichen Entfernung von Gott - charakterlich schlecht und sogar böse wurden, nur noch herrschen wollten und damit in die Tiefen ihrer geistigen Dunkelheit fielen. Hier verhärteten sie nun, um letztendlich wie tot dahinzuvegetieren.

Gottes Liebe hatte eine solche Entwicklung jedoch bereits vorausgesehen. Da Sie aber großes Mitleid mit den Gefallenen hatte, schuf Sie zu deren Rettung einen Heilsplan, mit dessen Hilfe die erstarrten Geistpartikel der gefallenen Wesen voneinander getrennt und in die sondergeistigen Formen der Materie umgewandelt wurden, die uns aus der Physik bekannt sind (z. B. Atome, Elektronen, Quanten usw.). Und damit verloren sie ihre Identität und dienen nun nach den Naturgesetzen Gottes solange in der festen Materie sowie in der von Gott erschaffenen irdischen Natur- und Tierwelt, bis sie wieder besänftigt und geläutert sind. Hierdurch müssen sie einen Grad erreichen, der es ihnen ermöglicht, ihre geistige Identität wiederzuerlangen, in der sie sich nun wieder vollständig erkennen. Daher sind die Beobachtungen Darwins aus dem Jahren 1831 – 36 schon richtig, wenn er in seinen Schriften auch nicht die **geistige Kraft Gottes** berücksichtigt hat, die **der Motor des materiellen Wachstums** ist, weil es ihm dazu noch an der tiefen Gotteserkenntnis mangelte.

Durch den Geisterfall oder Engelsturz, der hier und da auch **von der kath. Kirche gelehrt** wird, haften den Seelen aber noch **die** schlechten Eigenschaften an, die sie in ihrer bisherigen Entwicklung noch nicht **abgebaut** haben. Um ihre Reinigung voranzutreiben, ist es jedoch unumgänglich, dass sie zu ihrer Läuterung freiwillig als Menschen über die Erde gehen. Und dabei können sie sogar ihre höchste Vollendung erringen, die allein in der Gotteskindschaft liegt. Somit haben sie dieselben Chancen wie die nicht gefallenen Engel, die ebenfalls zur Erringung dieses höchsten Zieles als Menschen über unsere Erde gehen müssen, wenn sie dies möchten, was ihnen aber oftmals ein hartes Schicksal abverlangt.

Der Himmlische Vater hatte Seine Kinder seinerzeit ohne Fehler erschaffen, so dass die Unzulänglichkeiten in den Seelen der Menschen allein die Folgen des Geisterfalls sind. Wie es aber im Detail dazu kam, welche unseligen Zustände dies verursachte und wie die Liebe Gottes darauf reagierte, das wird Ihnen im Band III dieser Serie noch ausführlich geschildert. Hier erfahren Sie auch, warum allein Satan keinen Reinigungsprozess durchlaufen musste und uns Menschen nun als Verführer das Leben schwer macht, indem er uns wieder in sein Reich der Dunkelheit zu locken und damit zu beherrschen sucht.

Im Rahmen des Heilsplanes Gottes entstanden jedoch nicht nur die Materie und die daraus ebenfalls bestehenden Himmelskörper, sondern auch unsere Erde als wichtigster Rückführungsplanet des Universums. Weil der allmächtige Gott aber diese Erde Seinem "Gegner" als dessen neue Heimat zugewiesen hat, ist die Materie - und damit das unsere Seele umhüllende Fleisch mit seinen darin vorhandenen sinnlichen Trieben – ebenfalls noch das Angehör Satans. **Die noch nicht völlig geläuterten Reste dieses Angehörs** befinden sich aber auch noch in unserer Seele, so dass der Gegner Gottes hierauf ebenfalls ein Anrecht hat, wenn sie einst mit ihm gefallen ist, wobei ihr Schöpfer aber das größere Anrecht auf sie besitzt.

Daher befinden wir uns auf der Erde, um ihm dieses Angehör und unsere seelischen Unzulänglichkeiten endgültig zu entreißen, indem wir uns davon zu reinigen versuchen. Das können wir jedoch nur, wenn wir die Willenskraft aufbringen, ein liebevolles Erdenleben zu führen, Gott lieben zu lernen und als unseren geistigen Vater in Jesus Christus anerkennen. Und dabei ist es gar nicht so schwer, Gott zu lieben, wenn man es verstanden hat, was Er im Menschen Jesus alles **für uns** vollbrachte.

Satan weiß aber, das Jesus durch Seinen Kreuzestod die seinerzeitige Urschuld des Abfalls der Wesen von Gott im geistigen Reich **für alle** Menschenseelen getilgt hat. Und er weiß ebenfalls, dass diejenigen Seelen, die sich zu Jesus Christus bekennen und sich bemühen, nach Seiner Lehre zu leben, nach ihres Leibes Tode nicht mehr unter seine Herrschaft fallen. Deshalb ist es nicht verwunderlich, dass er bestrebt ist, das wieder in seine geistige Dunkelheit zu ziehen, was wir Menschen in unseren Seelen auf dem Läuterungsplaneten "Erde" **noch nicht** gereinigt haben. Somit versucht er ständig, uns zum falschen und schlechten Denken und Handeln zu bewegen, damit nicht nur unser Fleisch, sondern auch unsere Seelen wieder sein Eigentum werden, sobald wir die Erde verlassen haben. Diese Gefahr ist umso größer, je mehr Böses nach des Leibes Tode das Gute im Menschen überwiegt.

Durch den uns geschenkten freien Willen können wir jedoch dagegen angehen, was im Grunde unsere wichtigste Erdenaufgabe ist. Und je mehr wir hierbei eines guten Willens sind, desto mehr kann Jesus Christus diesen Willen stärken, wenn wir Seiner Lehre gedenken und nicht nachlassen, gegen unsere Fehler und Schwächen anzugehen. Dies ist zwar nicht immer einfach, wird aber umso wirkungsvoller, je mehr der Mensch liebevoll, gütig und wohlwollend denkt und handelt, denn das sind die Lichter, die von ihm ausgehen, um die Finsternis dieser Welt zu erhellen. Es sind daher die Lichter unseres guten Willens und der damit verbundenen Erkenntnis, die das allgemein schlechte und böswillige Denken zunichte machen können. Und das ist jederzeit mit Jesu Hilfe möglich, der der wahren Liebe wieder zum Sieg verhelfen wird.

Solche Bestrebungen will Satan aber verhindern. Deshalb versucht er alles Mögliche, um den schlechten Einfluss zu erhöhen, dem die Menschen auf Erden ausgesetzt sind, um sie in noch stärkerem Maße als bisher zu verführen. Hierzu las ich vor kurzem die nachdenkenswerte Geschichte über einen "unheimlichen Auftrag" eines mir unbekannten Verfassers. Weil sie aber symptomatisch für unsere Zeit ist, möchte ich sie Ihnen nicht vorenthalten.

**„Stehlt den Menschen die Zeit!**
Der Teufel hatte eine weltweite Versammlung einberufen. In der Eröffnungsansprache sagte er zu seinen Dä-

monen (das sind die noch nicht als Menschen über die Erde gegangenen gefallenen Engel): „Wir können die Christen nicht davon abhalten, in ihre Gemeinden zu gehen. Wir können sie auch nicht davon abhalten, die Bibel zu lesen und dadurch die Wahrheit zu erkennen. Wir können sie aber davon abhalten, dass sie eine persönliche Beziehung voller Liebe zu Jesus entwickeln und beten. Wenn sie dieses Verhältnis zu ihm gewinnen, ist unsere Macht über sie gebrochen. Und wenn sie beten, sind wir in Gefahr. Also, lasst sie in ihre Gemeinden gehen. Lasst ihnen ihren Lebensstil, aber stehlt ihre Zeit, so dass sie diese tiefe Beziehung zu Jesus Christus nicht aufbauen können und auf keinen Fall - beten! Das ist mein Auftrag an euch, ihr Engel der Unterwelt. Lenkt sie davon ab."

**„Wie sollen wir das anstellen?",**
fragten die Dämonen. "Beschäftigt sie ständig mit der ganzen Fülle unwichtiger Nebensächlichkeiten des alltäglichen Lebens und denkt euch immer wieder etwas Neues aus, um ihre Gedanken zu beherrschen", antwortete der Teufel. "Verleitet sie dazu, dass sie viel ausgehen, viel verbrauchen und verschwenden, viel ausleihen und auch wiederum ausborgen. Überredet die Ehefrauen, sich ganz auf ihren Job zu konzentrieren und unendliche Stunden an ihrem Arbeitsplatz zu verbringen. Und überzeugt die Ehemänner davon, jede Woche sechs bis sieben Tage zu arbeiten, jeden Tag 10 bis 12 Stunden. So können sie sich ihren leeren Lebensstil leisten.

Haltet sie davon ab, Zeit mit ihren Kindern zu verbringen und für sie zu beten. Wenn ihre Familien schließlich auseinander gebrochen sind, wird ihr Zuhause keinen Schutz mehr bieten. Stopft ihre Köpfe so voll, dass sie die sanfte leise Stimme des Heiligen Geistes (ihres Gewissens) nicht mehr hören können. Verführt sie dazu, ständig das Radio oder den Kassettenrekorder einzuschalten, wenn sie Auto fahren. Seht zu, dass unermüdlich der Fernseher, der Videorekorder, der CD-Player und die Computer in ihrer Nähe laufen. Und passt auf, dass in keinem Geschäft und in keinem Restaurant dieser Welt irgendwann während des Tages oder des Nachts etwa christliche Musik zu hören ist. Das wird allmählich ihre Gedanken vergiften und die Einheit und Verbundenheit mit Christus zerstören.

Überschwemmt die Frühstückstische mit Zeitungen und Zeitschriften. Hämmert ihnen 24 Stunden lang am Tag die neuesten Nachrichten ein. Bedeckt die Straßen mit Schildern und Plakaten für irgendwelche Produkte, überflutet ihre Briefkästen mit Werbung, mit Angeboten von Gratis-Produkten und Diensten, die falsche Hoffnungen hervorrufen. Bildet in den Zeitschriften und auf den Titelseiten schöne, schlanke Models ab, damit die Ehemänner immer mehr glauben, dass äußere Schönheit entscheidend ist und sie ihre Frauen unattraktiv finden. Auch das wird dazu beitragen, die Familien ganz schnell zu zerstören.

Lasst sie auch nicht im Urlaub zur Ruhe kommen.

Gebt euch alle Mühe, dass sie erschöpft und voller Sorgen und Unruhe zurück zu ihrer Arbeit gehen. Seht zu, dass sie sich nicht an der Natur erfreuen und auf keinen Fall etwa Gottes Schöpfung bewundern. Schickt sie stattdessen in Vergnügungsparks, in Sportveranstaltungen, Konzerte und ins Kino. Euer Ziel muss sein, dass sie beschäftigt, beschäftigt, beschäftigt sind, dass sie nur ja keine Zeit mit Gott verbringen. Und wenn sie sich mit anderen Christen treffen, dann lasst sie nicht über Gott sprechen, sondern füllt ihre Gespräche mit Klatsch und Small Talk, so dass sie sich mit einem schlechten Gewissen verabschieden. Vor allem sage ich euch immer wieder: Haltet sie davon ab, dass sie Zeit zum Beten finden, Zeit, um Gott zu preisen. Ich kann das Gejaule nicht ausstehen.

Lasst ja nicht ab von euren Bemühungen. Sie müssen immerzu überbeschäftigt sein, damit sie keine Evangelisation veranstalten und Seelen für Gott gewinnen können. Liefert ihnen für diesen angeblichen Mangel an Zeit so viele gute Entschuldigungen, dass sie sich keine Kraft mehr von Gott holen. Bald werden sie aus ihrer eigenen Kraft leben und ihre Gesundheit und ihre Familien für unsere Sache opfern. Es wird funktionieren!"

Es war ein tolles Treffen. Die Dämonen gingen eifrig an ihren Auftrag, insbesondere die Christen überall auf der Welt noch mehr als bisher zu beschäftigen und zu jagen, ihnen noch mehr einzuflüstern, sie müssten hierhin und dorthin rennen. - Ob der Teufel wohl mit diesem Konzept auch bei Ihnen erfolgreich ist?

Der Gegner Gottes weiß es also nur zu gut, dass wir Menschen uns nicht zum Vergnügen auf dieser Erde befinden. Trotzdem sollen wir das Beste aus allem machen, was uns begegnet, dürfen dabei jedoch nicht der Illusion erliegen, uns auf Kosten unserer Mitmenschen ein schönes Leben bereiten zu wollen. Durch solch eine negative Lebenseinstellung haben wir unseren Erdenlebenszweck verfehlt. Der negative Einfluss, dem wir ständig ausgesetzt sind, ist allein schon in den Medien und ebenso in den Veranstaltungen zu erkennen, die den Menschen von seiner inneren Selbstbetrachtung ablenken und in eine Welt der Sinne, der Zerstreuung und der äußeren Betrachtungsweise ziehen wollen.

**Meiden Sie** darum vor allem die **Massen**veranstaltungen, weil sie z. B. solche Folgen nach sich ziehen können, wie sie sich bereits bei der sog. "Love-Parade" im Jahre 2010 in Duisburg gezeigt haben. Des Gegners Angriffsfeld liegt nämlich nicht nur in unserem Inneren, sondern auch im Äußeren, weil er uns dadurch den Weg nach innen verschließen will. Deswegen wird die Welt auch immer lauter. Der Gegner, der nur danach trachtet, die Menschen zu beherrschen, vermag **durch den Lärm** unsere innere Stimme am besten zu übertönen und unser Gewissen lahmzulegen, sobald wir uns dem weltlichen Treiben widmen. Wenn wir unser Innerstes dadurch **aber nicht** zu ergründen versuchen, liegt es brach, so dass wir alle geistigen Hilfen ausschalten, die uns unterstützen sollen, unsere Unzugänglichkeiten zu erkennen und auszumerzen.

Trotz solcher Verführungskünste wird sich ein **gläubiger** Mensch nicht aus der Ruhe bringen lassen, denn er hat Jesus Christus als seinen Führer erwählt. Doch muss auch er das ein oder andere Mal auf seine Loyalität geprüft werden. Zwar fällt es ihm leicht, Gott zu lieben und zu loben, solange es ihm gut ergeht, jedoch sehr schwer, in schlechten Zeiten noch an Seine Liebe zu glauben und an Seiner Seite zu verbleiben. Deshalb werden auch Sie ständig geprüft und in Ihrem Glauben bedrängt. Bis es aber zu einer für Sie **gravierenden** Glaubensprüfung kommt, sollten Sie innerlich klug wie die Schlangen und friedliebend wie die Tauben geworden sein. Das ist notwendig, wenn Sie eines Tages dazu gedrängt werden, sich für oder gegen Ihren Schöpfer zu entscheiden. Hoffentlich verleugnen Sie Ihn dann nicht, denn wer Gott verleugnet, der ist Seiner nicht wert.

Damit es zukünftig aber nicht dazu kommen kann, muss der Mensch wieder zur selbstlosen, uneigennützigen Nächstenliebe zurückkehren, wie dies bereits in Krisenzeiten vereinzelt der Fall war. Demnach soll ein jeder den anderen lieben und achten, ihm dienen und tragen helfen, wenn es nötig ist. Und widerfährt ihm etwas Unangenehmes oder sein Leben Erschwerendes, sollte er darüber nachdenken, welchen Sinn das wohl haben könnte, denn niemand weiß im voraus, wozu das gut sein kann. So wurde ich vor über dreißig Jahren einmal in einer geschäftlichen Angelegenheit um eine hohe Summe Geldes betrogen. Daraufhin protokollierte ich sämtliche geschäftliche Vereinbarungen und ließ sie mir unterschreiben, bevor ich für meine Kunden tätig wurde. Diese Maßnahme hat mich wahrscheinlich vor einigen Prozessen bewahrt.

Zwar befinden wir uns in Mitteleuropa augenblicklich **noch** in einer "Gnadenzeit", die jedoch nicht ewig währen muss. Somit können wir derzeit noch von allem erlöst werden, was uns bedrückt und bedrängt, wenn wir uns bei jeder Handlung fragen, ob wir damit auch in der Liebe verbleiben. Und weil jeder Mensch seines Glückes eigener Schmied ist, wird - auf Dauer gesehen - Liebevolles stets Liebevolles und Gutes gebären, während nach dem Kausalitätsgesetz Gottes das Schlechte auch entsprechend schlechte Folgen nach sich ziehen muss.

Wie sagte schon der Mann, der die „ersten Stunden" der BRD mit prägen half: *„Wir leben zwar alle unter dem gleichen Himmel, aber wir haben **nicht alle** den gleichen Horizont."* (Dr. Konrad Adenauer, 1. deutscher Bundeskanzler).

Wer sich aber nicht um einen größeren Horizont bemüht, in den er das Geistige mit einbezieht, dessen Seele kann auch keine "Vitamine" erhalten, was nicht ohne Folgen bleibt, denn alles, was die Seele bedrückt, wird sich auf den Körper niederschlagen. Da solche Menschen im allgemeinen weder an einen Gott der Liebe noch an ein Jenseits glauben, haben sie sich unbewusst bereits derart belastet, dass ihnen **im Alter** der Gedanke an ein angebliches völliges Ausgelöschtsein immer unerträglicher wird.

Diese Menschen hätten es leichter, wenn sich ihr **Wille der Liebe und Wahrheit zuwenden** würde, die man nur bei Gott finden kann, der die Ewige Liebe und Wahrheit ist. Hierzu müssten sie jedoch in die Stille gehen und der Stimme ihres Gewissens lauschen, weil Gott in einem jeden allzeit gegenwärtig und deshalb auch allwissend ist. Das Seelische, das jetzt noch von der fleischlichen Materie umhüllt wird, muss nämlich unweigerlich wieder in seine eigentliche Welt zurück, die geistiger Art ist. Doch den Zustand, in dem es dorthin zurückkehrt, bestimmt nicht der allmächtige Gott, sondern **der Mensch durch seinen freien Willen** und die Art seines auf Erden gelebten Lebens selbst. Durch sein bisheriges Leben hat er sich nämlich **das Bewusstsein** geschaffen, in dem er nun die geistige Welt betritt.

Viele Menschen sind aber der irrtümlichen Ansicht, dass sie mit ihrem leiblichen Tode und der damit verbundenen Zerstörung ihres Gehirns aufhören zu existieren, weil sie glauben, dass ihr Bewusstsein an die Materie gebunden ist. Sie halten es für unmöglich, ohne Materie zu existieren. Wie Sie aus dem nächsten Kapitel und vor allem aus Band II dieser Serie entnehmen können, gibt es jedoch mannigfaltige Beweise für eine immaterielle Existenz des menschlichen Bewusstseins.

Fälschlicherweise werden solche Beweise aber oft als Einbildung, Selbsttäuschung, Halluzination, Krankheit oder gar als Aberglaube hingestellt. Was man jedoch lapidar als Aberglaube bezeichnet, weil es nicht ohne weiteres beweisbar ist, ist in Wirklichkeit ein unendlicher Bereich, in dem die materielle Welt nur ein winziges Pünktchen darstellt. In den einzelnen Sphären und Stufen dieses Bereiches lebt Ihr Bewusstsein nun so weiter, dass Sie zuerst den Eindruck haben, in einer neuen weltlichen Umgebung zu sein, ohne zu wissen, wie Sie so schnell dorthin gelangt sind. Und nach ihrem Bewusstseinszustand kann diese Umgebung hell und schön, aber auch dunkel und öde sein.

Daher sollte der Mensch unbedingt seine irdische Bestimmung erforschen, sich seinem Schöpfer zuwenden und die selbstlose Nächstenliebe praktizieren, wenn er auf Erden zufrieden und im Jenseits selig werden will. Auch ist es von großem Nutzen, sich frühzeitig **auf seine „letzte Reise" vorzubereiten**. Das fällt ihm umso leichter, je mehr er von einem liebevollen Schöpfer und einem Leben nach diesem Leben überzeugt ist. Je früher ein Mensch also mit solchen Vorbereitungen beginnt, desto entspannter und bewusster kann er auch in der für ihn vorgesehenen Erdenzeit sein Leben verbringen.

**FAZIT**: Nach der Bibel ist der Mensch eine Schöpfung Gottes. Durch die Aussagen der Neuoffenbarungen wissen wir jedoch, dass die materielle Schöpfung erst durch den Geisterfall notwendig wurde. Daher ist unsere Erde auch der wichtigste Läuterungsplanet, auf dem sich die vor unendlichen Zeiten gefallenen Seelen von den ihnen vom Geisterfall her noch anhaftenden Unzulänglichkeiten reinigen können.

Das will aber derjenige verhindern, dessen Hochmut seinerzeit zu dem Geisterfall geführt hat. Auf Erden besitzt er noch die Macht, uns zu schlechten Denk- und Handlungsweisen zu verführen, wenn wir ihm keinen Widerstand entgegensetzen. Da er jedoch weiß, dass er gegen unseren freien Willen nicht anzugehen vermag, versucht er mit allerlei Täuschungsmanövern, uns derart zu beeinflussen, dass wir ständig Gefahr laufen, das Wahre und damit auch unsere Tugenden zu vergessen.

Deswegen bezeichnet man die Erde auch als einen Erprobungs- bzw. Läuterungsplaneten oder als die Hochschule des Geistes, weil wir Menschen trotz aller Unbill des Lebens auf ihr die uneigennützige Nächstenliebe am wirksamsten leben können. Wer sich demnach hier um sein Weiterkommen bemüht und die ihm gestellten Prüfungen besteht, der kann wesentlich schneller höher steigen, als es ihm im geistigen Reich möglich wäre. Und er kann dabei sogar bis zur geistigen Reife der Gotteskindschaft gelangen.

Wenn wir das möchten, wird die Gnade Gottes unseren guten Willen derart stärken, dass wir die richtigen Gedanken aufnehmen und somit den Verführungen Satans widerstehen. Wir werden Gott suchen und in Jesus Christus auch finden, **in Dem** wir einen Schutz besitzen, den uns die Hölle nicht nehmen kann.

Auf der Erde können wir daher am besten die Lektionen lernen, die wir zur Läuterung unserer Seele benötigen, um nach dem Leibestode wieder in das Lichtreich zu gelangen, das die Seele seinerzeit im freien Willen verlassen hat. Weil jede Seele aber ihre irdische Gesinnung mit in das jenseitige Reich nimmt, hängen hiervon ihr Zustand und ihre Umgebung ab, die nun hell und liebreich oder auch trübe bzw. dunkel sein kann.

Nur ein Erdenleben in der selbstlosen Nächstenliebe garantiert uns deshalb ein angenehmes Jenseits. Und wenn wir uns um eine positive Einstellung allen Anforderungen des Lebens gegenüber bemühen und auf Jesu Hilfe vertrauen, werden wir auf dieser Hochschule nicht "sitzen bleiben" und brauchen daher auch keine "Klasse" zu wiederholen.

## 3. Das Jenseits aus irdischer Sicht

Jeder Mensch kann an ein Fortleben seiner Seele nach dem körperlichen Tode glauben, wenn er es nur will und nach der Wahrheit verlangt. Deshalb möchte ich Ihnen die Möglichkeit geben, ein wenig hinter den Schleier einer uns unsichtbaren Welt zu schauen, die uns aus weisem Grund in der Regel verborgen bleibt.

Wer sich schon einmal mit den Kleinstlebewesen beschäftigt hat, der weiß, dass uns Gott bereits durch die Verpuppung der Raupen bis zum Schmetterling den Übergang von einer Daseinsform in die andere plastisch vor Augen führt. Danach befreien sich die Raupen von ihrer alten Ummantelung und treten aus ihrem Kokon, um uns Menschen z. B. nicht nur durch den Anblick eines schönen Schmetterlings zu erfreuen, sondern um uns auch anschaulich vor Augen zu führen, wie sich eine niedrige Daseinsform zu einer höheren entwickeln kann.

Anders als die Raupen, die ihre alten Hüllen ablegen, sich ins Licht der Welt schwingen und dabei als Schmetterlinge neue Erfahrungen machen, verlassen wir Menschen mit dem Leibestode jedoch **endgültig** unseren materiellen Körper. Der wesentliche Unterschied zu den Schmetterlingen ist also derjenige, dass sie der materiellen Welt erhalten bleiben, weil ihre Seelenspezifika nach ihrem Ableben - wie die aller Lebewesen - in eine jeweils höhere tierische Daseinsform übergehen, dessen Hintergründe Ihnen in Band III näher erläutert werden. Der Mensch hingegen betritt nach dem Ableben seines Fleischkörpers als Seele eine völlig neue Welt, indem er von der materiellen in die geistige Daseinsform übergeht. Und das bedarf einer Vorbereitung, die er in den meisten Fällen aber nicht trifft. Zwar lehren uns die kirchlichen Organisationen eine solche Vorbereitung, doch beziehen sie sich hierbei nicht auf den zukünftigen geistigen Weg der Seele, sondern sprechen oftmals von einem anfänglichen Ganzheitstod. Damit bezeichnen sie den angeblichen Seelenschlaf, der mit der Erweckung einer Seele am jüngsten Tag enden soll.

Durch diesen Irrglauben wurde letztlich der Spiritismus gefördert, weil sich viele Menschen nicht mit dem Ganzheitstod abfinden konnten, da ihr Verlangen meist noch sehr groß ist, mit den Abgeschiedenen in Verbindung zu bleiben. Hierdurch sind im Laufe der Zeit jedoch die seltsamsten Vorstellungen entstanden. Ich erinnere nur an die vielen Spukgeschichten und an das in letzter Zeit auch bei uns in Mode gekommene „Halloween", das keinen guten Hintergrund hat. So stellen sich manche Menschen die jenseitigen Wesen ziemlich nebulös, durchsichtig oder verhüllt vor, so dass in ihrer Vorstellungswelt die Engel sogar Flügel besitzen, obwohl sie solche nicht nötig haben, weil sie sich mit Gedankenkraft fortbewegen. Auch werden sie von uns oftmals recht kindlich als "Putten" dargestellt, was aber nicht real ist, da wir Menschen nicht von Kindern, sondern nur von sehr erfahrenen Geistwesen im Auftrage Gottes behütet werden können, ohne Schaden zu leiden.

Hierzu hat die Weisheit Gottes das Diesseits vom Jenseits getrennt, um uns nicht unter einen Beweiszwang zu stellen, weil die Erde die Hochschule des Geistes ist. Sie ist daher auch **DER Läuterungsplanet**, auf dem wir Menschen in recht kurzer Zeit unseren seelischen Zustand verbessern können, wofür wir im Jenseits unendlich lange Zeiten benötigen würden. Deshalb ist es eine Gnade Gottes, hier zu sein, wie Er uns dies auch in Seinen Neuoffenbarungen lehrt. Wenn Seine Lehre jedoch die jenseitige Welt unerwähnt gelassen hätte, könnte niemand das „Warum" seines Hierseins verstehen. Und auch dadurch, dass wir von einer geistigen Parallelwelt umgeben sind, erhält der ein oder andere - je nach seinem Reifegrad - hin und wieder eklatante Beweise einer solchen Existenz.

In diesem Zusammenhang denke ich an den US-Amerikaner **Charles Lindbergh**, der als erster Mensch im Jahre 1927 im Alleinflug von New York nach Paris in 33,5 Stunden den Atlantik überquerte. Da er aber nicht die ganze Flugzeit wach bleiben konnte, schlief er des öftern ein und träumte, dass Geistwesen nun die Flugzeugführung übernahmen. Doch auch im wachen Zustand sah er nebelartige Gestalten, die ihn auf seinem Flug begleiteten, so dass er später darüber berichten und sogar ein Buch schreiben konnte.

Hierin erwähnt Lindbergh u. a., dass er als Atheist gestartet war, der allein an die Wissenschaft und den technischen Fortschritt und an nichts anderes glaubte. Seine spirituellen Flugerlebnisse veränderten jedoch sein Denken und sein Leben von Grund auf. Außerdem sicherten sie ihm den Erfolg seiner zur damaligen Zeit sehr gewagten und mutigen Unternehmung. Deshalb nannte er sein erstes Buch über den Flug auch bescheiden "We" (Wir), weil er in Begleitung seiner "geistigen" Führer geflogen war, ohne die er wohl schlafend abgestürzt wäre, da sein Flugzeug mit den Navigationsgeräten der damaligen Zeit ausgestattet war, die - aus heutiger Sicht - äußerst primitiv waren. Außerdem flog er wegen der dichten Wolkenbildung einen Großteil der Zeit "blind". Und als er schließlich Land erblickte, bemerkte er, dass er nur geringfügig vom Kurs abgekommen war.

In seinem Buch berichtet Lindbergh, *„dass sein Verstand unfähig war, in dem über 33 Stunden andauernden Flug seine Wachsamkeit aufrecht zu erhalten, so dass er von einer transzendentalen Kraft abgelöst wurde. In der Mitte des Ozeans fiel sein Bewusstsein in festen Schlaf, so dass der "außergewöhnliche Geist", dem zu vertrauen er zuerst sich fürchtete, den Flug leitete. In der achtzehnten Stunde seiner Reise empfand er sich selbst als ein **"Bewusstsein"**, das sich durch den Raum ausbreitete - über die Erde hin bis in die Himmel - unbehindert von Zeit und Materie."*

*Es gab kein Gewicht für seinen Körper, keine Härte für den Steuerknüppel in seinen Händen. Der Flugzeugrumpf hinten bevölkerte sich durch die Anwesenheit menschlicher Geister (Verstorbener), die durchsichtig* und gewichtslos mit ihm im Flugzeug waren. Er empfand keine Überraschung bei ihrem Kommen, und ohne seinen Kopf zu drehen, sah er sie alle, denn sein Kopf war „zu einem großen Auge geworden", das überallhin gleichzeitig sieht.

Sie waren fähig, nach Belieben zu verschwinden oder sich zu zeigen, durch die Wände des Flugzeuges hindurchzugehen, als ob keine Wände vorhanden wären. Er hörte auch ihre Stimmen, die ihn auf seinem Flug berieten, in ermutigten, ihm Botschaften übermittelten, die im normalen Leben unerreichbar sind.

Welche Beziehung bestand zwischen all diesen Geistern und ihm selbst? Es war mehr als eine Zusammenkunft von Freunden nach Jahren der Trennung, „als ob ich sie alle vorher in irgendeiner vergangenen Inkarnation gekannt habe,… Bewohner einer Sphäre, die den Menschen unserer Welt gegenwärtig verschlossen ist." Um ihn herum waren längst vergangene Freundschaften, „Stimmen aus weit entfernten Urväterzeiten."

Trotzdem es so manche Schilderungen darüber gibt, wie Menschen geistige Phänomene kennengelernt haben, wollen die meisten nicht an ein Leben nach dem Tode" glauben. Das ist mit ein Grund dafür, dass ihre Gewissenlosigkeit immer mehr zunimmt, so dass sie im Stillen, wie seinerzeit die Marquise de Pompadour (Mätresse des "Sonnenkönigs" Ludwig XIV) denken: „Nach uns die Sintflut!" Deshalb muss die Menschheit jetzt auch das ernten, was sie im Laufe der letzten Jahrhunderte gesät hat. Diejenigen jedoch, die sich dazu bereit erklärten, für die Seelen der Menschen als Seelsorger die Verantwortung zu übernehmen, machen meist nur allgemeine und dazu oftmals noch falsche Aussagen, wenn sie **konkret** über das Jenseits befragt werden.

Weil die offiziellen Anschauungen der Kirchen mit der geistigen Wirklichkeit meist nicht übereinstimmen und oftmals auch nichtssagend sind, ist es verständlich, dass viele Menschen von einem Leben nach diesem Leben nichts wissen wollen. Im entgegengesetzten Falle müssten sie sich ja eines Tages für ihr Denken und Handeln verantworten, was sie aber nicht wollen. Zwar lebt es sich ohne den Glauben manchmal leichter, doch muss letztendlich das „Angesicht des Todes", dem keiner ausweichen kann, für solche Menschen eine furchtbare Qual bedeuten.

Hierzu gibt uns der **Sterbeforscher Bernhard Jakoby** in seinem Buch *"Wir sterben nie"* (Nymphenburger Verlag) auf der Seite 95 einen Überblick über den derzeitigen Stand der Bewusstseinsforschung, indem er schreibt: *„Die systematische wissenschaftliche Erforschung der Geheimnisse des Bewusstseins, der Seele und des Lebens nach dem Tode steht erst am Anfang. Die Aufdeckung dieses Wissens ist ein langwieriger Prozess, da erhebliche Widerstände seitens der Wissenschaft und der breiten Öffentlichkeit vorhanden sind. Viele Ärzte, Psychiater und Therapeuten weigern sich, die **beachtlichen Beweise** zu untersuchen und auszuwerten, die über das Weiterleben nach dem Tod zusam-*

*mengetragen worden sind. Der Mensch hat sich in seiner Evolution neuen Ideen und Veränderungen gegenüber stets widersetzt, besonders wenn sie mit seinem bisherigen Weltbild nicht vereinbar waren.*

*In den letzten fünf Jahren publizierten (aber) immer mehr Therapeuten, Psychologen oder Psychiater im Internet und in wissenschaftlichen Zeitschriften ihre bislang wenig beachteten Einsichten über das Leben nach dem Tod."*

Es müsste nun einem jeden wie Schuppen von den Augen fallen, dass sich die Menschheit z. Z. in einem Umbruch befindet, in dem der Wandel von der Materie zum Geistigen eingeleitet wird. Doch die Öffentlichkeit nimmt davon leider kaum Notiz. Darum monierte seinerzeit auch der französische **Nobelpreisträger Charles Richet:** *"Ich verstehe nicht, warum die Gelehrten, die sich den Tatsachen beugen müssten, den Dingen, die wir ihnen vorlegen, die Anerkennung versagen. Ich fühle mich ihnen gegenüber versucht, die berühmten Worte zu gebrauchen: ‚Vergebt ihnen, denn sie wissen nicht, was sie tun!'"*

So wurde nach dem Tode meiner Mutter mein Vater zu einem Eigenbrötler, der wegen seiner Sehschwierigkeiten kaum noch aus dem Hause ging. Da er nicht an ein Leben nach diesem Leben glaubte, gab er mir auch des öfteren zu verstehen, dass er dann den "Löffel" abgegeben habe, wenn er seinem Nachbarn die Haustüre nicht mehr öffne. Und so kam es dann auch.

Als ich kurze Zeit später sein Schlafzimmer betrat, spürte ich die Irritation seiner Seele, die wohl immer noch nicht wusste, was geschehen war, nachdem ich durch sie hindurchgelaufen war. Weil aber auch ich seinerzeit noch keinerlei Kenntnisse über das geistige Leben hatte, verabschiedete ich mich von ihm, um später mit dem Beerdigungsinstitut in seinem Sterbezimmer alles Weitere zu besprechen. Das muss die Seele wahrscheinlich sehr schockiert haben, da sie sich noch von ihrem ehemaligen Körper angezogen fühlte.

Nun nehme ich an, dass mein Vater in seiner Verzweiflung um Hilfe gebeten hat. Und da alle Seelen durch die Liebe miteinander verbunden sind, vermute ich, dass ihm meine Mutter zur wahren Erkenntnis seiner damaligen Situation verhelfen durfte. Anders kann ich es mir nicht erklären, dass sich Jahre später, nachdem ich die Neuoffenbarungen Gottes kennengelernt hatte, beide Elternteile bei mir "meldeten".

Hierbei erlaubte die Gnade Gottes nun meinem Vater, mir nicht nur einen wichtigen Rat zu geben, sondern mir ebenfalls zu prophezeien, dass ich ein Buch schreiben werde, was ich damals noch weit von mir wies. Als ich ca. 2 Jahre danach von einem Verleger gebeten wurde, eine Artikelserie für seine Vierteljahreszeitschrift zu schreiben, die unter dem Titel "Gott und die Schöpfung - eine Anleitung zur Erkenntnis" - auch veröffentlicht wurde, ergab es sich, dass aus dieser Idee vier Bücher entstehen sollten, deren erstes Sie nun in Händen halten. In meinem Falle hat sich somit das Sprichwort bewahrheitet, dass Gottes Wege nicht der Menschen Wege sind.

Wer mit offenen Augen und Ohren durch die Welt geht, dem dürfte nicht entgangen sein, dass sich in den letzten Jahren die Berichte über Nahtoderlebnisse überaus stark mehren, durch die uns Menschen winzige Einblicke in die jenseitige Welt gewährt werden, die zum Nachdenken anregen sollen. Und dabei gleicht kein Erlebnis dem anderen, wenngleich alle Nahtoderlebnisse auch Übereinstimmungen aufzuweisen haben.

Deswegen berichten auch manche Psychologen und Ärzte hin und wieder von gleich oder ähnlich gelagerten Fällen, in denen die Seele des einen oder anderen Patienten nach einem Unfall oder während einer Operation für kurze Zeit aus dem Körper trat und dem irdischen Geschehen zuschauen konnte. Ein solcher Bericht kam z. B. aus den USA zu uns.

Eine 34jährige New Yorker Juristin, die seit ihrem zweiten Lebensjahr blind war, musste sich einer Mandeloperation unterziehen. Während der Narkose kam es zu einem Zwischenfall, mit dem man normalerweise bei einem solchen Eingriff nicht rechnet: Ihr Herz stand für 80 Sekunden still, und die Gehirntätigkeit setzte ebenfalls aus. Sie war damit klinisch tot.

Den Ärzten gelang es, sie wieder ins Leben zurückzuholen, und mit ungläubigem Staunen hörten sie den Bericht der Blinden: *„Plötzlich war ich weg und hörte wie aus weiter Ferne leise Musik. Dann sah ich meinen Körper regungslos auf dem Operationstisch liegen. Ich sah den Arzt, der mit beiden Händen rhythmisch auf meinen Brustkorb drückte, und die Operationsschwester, die mir eine Maske aufs Gesicht setzte. Ich, die Blinde, konnte sehen! Es war mir klar, dass ich tot sein musste, aber ich war bei diesem Gedanken keineswegs entsetzt. Im Gegenteil, ich war glücklich, so unendlich glücklich wie nie zuvor. Eine tiefe Ruhe überflutete mich. Während man sich um meinen toten Körper bemühte, sah ich mir den Operationssaal an, betrachtete den Arzt und die aufgeregte Operationsschwester. Sehen, sehen, sehen, ich konnte sehen. So wunderbar konnte das Jenseits nur für einen blinden Menschen sein! Doch plötzlich verschwamm alles wieder; es wurde grau und dann schwarz vor meinen Augen, so dass ich aufwachte."*

Die Blinde hatte völlig korrekt den Operationssaal, aber auch die Kleidung der Ärzte und Schwestern beschrieben. Daher wurde ein Protokoll aufgenommen. Wissenschaftler prüften das Jenseitserlebnis und kamen zu dem Ergebnis: Irma Douma, die völlig blind ist, hatte während ihres klinischen Todes tatsächlich sehen können.

Ist dieser Bericht ein Märchen, Ausgeburt einer Halluzination? Nein, dies ist ein Vorfall unter tausenden ähnlich gelagerten Fällen. Menschen wie Sie und ich, quer durch alle Alters-, Gesellschafts- und Bildungsschichten, Weltanschauungen und Konfessionen, durften schon für kurze Zeit einen Blick in die jenseitige Welt tun. Als sie wieder erwachten, berichteten sie oftmals davon, dass ihr bisheriges Leben wie in einem Augenblick an ihnen vorüberzog. Und der eine oder andere konnte sogar behalten, was er in dieser Zeit im Jenseits erlebt hat. Die Aussagen der meisten Befragten stimmten jedoch darin überein, dass sie seitdem den irdischen Tod nicht mehr fürchteten und gerne in der geistigen Welt geblieben wären. Durch dieses Erlebnis hatte ihr Dasein einen für sie ungemein hohen Wert erhalten, der ihr weiteres Leben entscheidend beeinflusste.

Solche und auch weitere zwischenzeitlich an die Öffentlichkeit gelangten außerkörperlichen Wahrnehmungen sind eklatante Beweise dafür, dass das menschliche Bewusstsein unabhängig vom Körper existiert. Die Ärzte, Wissenschaftler und Psychologen aber, die sich noch nicht ernsthaft mit dem Geistigen beschäftigt haben, versuchen, diese oder ähnliche Erlebnisse oftmals mit Gehirn- oder Halluzinations-Prozessen, Sauerstoffmangel des Gehirns und anderem zu erklären. Trotzdem sich u. a. die **Schweizer Ärztin Dr. Kübler-Ross** und der amerikanische **Arzt und Psychologe Dr. Moody** vor Jahrzehnten bereits mit der Sterbeforschung beschäftigten, sind deren Forschungsergebnisse noch nicht zum Allgemeingut unserer Gesellschaft geworden. In ihren Veröffentlichungen und Büchern berichten sie, dass die meisten Erlebnisse der Menschen, die klinisch tot waren und reanimiert werden konnten, in vielen Passagen übereinstimmen, trotzdem sie den unterschiedlichsten Kulturkreisen und Konfessionen angehören.

So konnten z. B. Taube wieder hören, Blinde wieder sehen und Lahme wieder gehen und hinterher darüber berichten, was sie im scheintoten Zustand wahrgenommen hatten und behalten durften. Daher hatten sie auch kein Interesse mehr an ihrem materiellen Körper. Sie akzeptierten sogar ihren physischen Tod und waren bestrebt, die Schönheiten der geistigen Welt zu erkunden, die sich ihnen manchmal darbot. Hinterher sagten sie übereinstimmend, dass alle Beschwerden, Schmerzen und Ängste unmittelbar beim Verlassen ihres Körpers aufhörten. Dabei waren sie schwerelos und schwebten, so dass es für sie keinerlei Grenzen mehr zu geben schien. Auch funktionierte ihr Bewusstsein im Koma wesentlich besser als in ihrem Normalzustand.

Einige Personen erinnerten sich während der Befragungen übereinstimmend an ein seltenes Gefühl von Ruhe und Frieden, dass sich ihrer während des Übergangs ihrer Seelen in den geistigen Zustand bemächtigte, das manchmal sogar von einer herrlichen Hintergrundmusik, der sog. Sphärenmusik, untermalt wurde, die ihr erregtes Gemüt stark beruhigte. Hin und wieder schilderten sie auch herrliche Landschaften sowie schöne Häuser und lieblich eingerichtete Räumlichkeiten, die sie betreten konnten. Und sie erzählten von (bereits verstorbenen) Menschen, denen sie begegneten und mit denen sie sogar gesprochen hatten.

Als Ergebnis seiner langjährigen Forschungsarbeiten gab Dr. Moody vor einigen Jahren das Buch **„Leben nach dem Tod"** heraus, in dem 150 Menschen, die einmal im medizinischen Sinne gestorben waren und doch überlebt hatten, über ihr Leben nach dem Tode berichteten (Rowohlt Verlag, Reinbek). Hierin gibt er uns im 2. Kapitel den folgenden Überblick über die Erfahrung des Sterbens, in dem die typischen **Merkmale eines Nahtoderlebnisses** in recht anschaulicher Weise zusammengefasst wurden:

*„Ein Mensch liegt im Sterben. Während seine körperliche Bedrängnis sich ihrem Höhepunkt nähert, hört er, wie der Arzt ihn für tot erklärt. Mit einemmal nimmt er ein unangenehmes Geräusch wahr, ein durchdringendes Läuten oder Brummen, und zugleich hat er das Gefühl, dass er sich sehr rasch durch einen langen, dunklen Tunnel bewegt. Danach befindet er sich plötzlich außerhalb seines Körpers, jedoch in derselben Umgebung wie zuvor. Als ob er ein Beobachter wäre, blickt er nun aus einiger Entfernung auf seinen eigenen Körper. In seinen Gefühlen zutiefst aufgewühlt, wohnt er von diesem seltsamen Beobachtungsposten aus den Wiederbelebungsversuchen bei.*

*Nach einiger Zeit fängt er sich und beginnt, sich immer mehr an seinen merkwürdigen Zustand zu gewöhnen. Wie er entdeckt, besitzt er noch immer einen „Körper", der sich jedoch sowohl seiner Beschaffenheit als auch seinen Fähigkeiten nach wesentlich von dem physi-*

schen Körper, den er zurückgelassen hat, unterscheidet. Bald kommt es zu neuen Ereignissen. Andere Wesen nähern sich dem Sterbenden, um ihn zu begrüßen und ihm zu helfen. Er erblickt die Geistwesen bereits verstorbener Verwandter und Freunde, und ein Liebe und Wärme ausstrahlendes Lichtwesen, wie er es noch nie gesehen hat, erscheint vor ihm. Dieses Wesen richtet - ohne Worte zu gebrauchen - eine Frage an ihn, die ihn dazu bewegen soll, sein Leben als Ganzes zu bewerten. Es hilft ihm dabei, indem es das Panorama der wichtigsten Stationen seines Lebens in einer blitzschnellen Rückschau an ihm vorüberziehen lässt.

Einmal scheint es dem Sterbenden, als ob er sich einer Art Schranke oder Grenze nähert, die offenbar die Scheidelinie zwischen dem irdischen und dem folgenden Leben darstellt. Doch wird ihm klar, dass er zur Erde zurückkehren muss, da der Zeitpunkt seines Todes noch nicht gekommen ist. Er sträubt sich dagegen, denn seine Erfahrungen mit dem jenseitigen Leben haben ihn so sehr gefangen genommen, dass er nun nicht mehr umkehren möchte. Er ist von überwältigenden Gefühlen der Freude, der Liebe und des Friedens erfüllt. Trotz seines inneren Widerstandes - und ohne zu wissen, wie - vereinigt er sich dennoch wieder mit seinem physischen Körper und lebt auf Erden weiter."

Das Besondere an solchen Nahtoderlebnissen ist, dass der Mensch in dieser Phase ahnt oder weiß, gestorben zu sein. Er verspürt keinerlei Schmerzen mehr, und manchmal durchströmt ihn auch ein Gefühl unendlicher Liebe. Meistens fühlt er sich leicht, wie befreit und voller Frieden, hin und wieder aber auch voller Verzweiflung, Angst und Reue wegen seiner ihn noch belastenden irdischen Schuld.

Trotzdem stirbt kein Mensch einsam und allein gelassen, weil ihn die unendliche Liebe Gottes trägt. Der ein oder andere, der sich dabei noch in einem Entscheidungszwiespalt befindet, auf Erden zu bleiben oder in seine wahre Heimat zurückzukehren, wird nun gefühlsmäßig die Orte aufsuchen, die seine Entscheidung in die von Gott gewollte liebevolle Ordnung lenken soll. So verließ eine Frau bei der Kaiserschnittgeburt ihres Sohnes ihren Körper, schwebte an der Decke und sah, wie die Ärzte versuchten, ihn wiederzubeleben. Da sie sich noch nie so gut gefühlt hatte, war ihr das egal, so dass sie sich in den Nebenraum begab, in dem ihr neugeborener Sohn gerade gebadet wurde. Nun fiel ihr ihr zehnjähriger Sohn ein, so dass sie sah, dass er sich zu derselben Zeit zuhause mit seinen Schulaufgaben abquälte, und danach ihr Mann, der blass und ängstlich im Warteraum saß. Dabei verspürte sie ein in ihr immer stärker werdendes Gefühl, dass alle drei sie noch brauchten, und entschloss sich zur Rückkehr.

Eine Seele bekommt also alles mit, was sie sehen möchte, da sie sich in Gedankenschnelle fortbewegen kann. Sie erfasst selbst die Gedanken der Menschen, die um sie kreisen, denn sie besitzt ein spürendes und fühlendes Denken, also ein Bewusstsein, das wesentlich feiner und empfindsamer ist als unsere körperlichen Sinne und der weltliche Verstand. Daher sind unser Weltenverstand und unser Bewusstsein auch nicht ein und dasselbe. Und solange die Seele entkörpert ist, befindet sie sich außerhalb von Zeit und Raum, ist also völlig unabhängig und ganz sie selbst.

In seinem Buch berichtet Dr. Moody auch von einigen wenigen negativen Nahtoderlebnissen, die die Menschen aus ihrer geistigen Welt mitbrachten. Durch die neuen, ihnen unbekannten jenseitigen Umstände waren sie im geistigen Reich derart verwirrt, so dass sie sich von den Wesen abwandten, die sie mit den Bereichen bekanntmachen wollten, in denen sie lebten, weil sie ihre damalige Situation noch nicht erkannten. Verängstigt flohen sie vor dem Licht der Erkenntnis, das ihnen unverhofft geschenkt wurde, so dass sie sich nun in ihrer eigenen geistigen Dunkelheit befanden, bevor sie wieder erwachten.

In solchen Fällen sollte das Erinnerungsvermögen wohl dazu dienen, ihr weiteres Erdenleben von Grund auf zu ändern, um sich der selbstlosen Nächstenliebe und dem wahren Glauben zuzuwenden, denn nur durch die Erkenntnis seiner Fehler und Schwächen kann der Mensch seine Gesinnung zum Guten hin ausrichten und seinen Bewusstseinszustand verändern. Im Laufe der Zeit ist damit meist auch eine positive charakterliche Wandlung verbunden, die für die Seele eine immense

Bedeutung hat. Nach dem Ableben ihres materiellen Körpers und der Einführung in die jenseitigen Lebensverhältnisse gelangt sie nämlich in die Sphäre, die sie sich durch ihr Denken und Handeln sowie ihren Glauben auf Erden selbst schuf.

Die meisten Menschen, die schon einmal Nahtoderlebnisse hatten, haben ihr Leben dadurch verändert, dass sie erkannten, in Wirklichkeit die Bewohner einer solchen geistigen Welt zu sein, in der nur Liebe und ewiger Frieden herrschen. Nun hatten sie keine Angst mehr vor ihrem Leibestode und bemühten sich, in der selbstlosen Nächstenliebe zu leben, so dass im Laufe der Zeit in ihnen eine tiefgreifende Persönlichkeitsveränderung vorging. Sie sprechen jedoch nicht gerne oder nur wenig darüber, weil sie im allgemeinen auf Unverständnis stoßen. Was ihre Mitmenschen nicht selbst erlebt haben, das wollen sie kaum glauben. Deshalb hört die Öffentlichkeit auch nur sehr selten etwas von solchen Erlebnissen.

Noch beweiskräftiger sind die Aussagen, die der Engländer **R. J. Lees** aus dem Jenseits erhielt. Bei dem Dreizehnjährigen meldete sich im Jahre 1863 der zwei Jahre vorher verstorbene Prinzgemahl Albert der **damaligen Königin Viktoria**. In Gegenwart mehrerer Zeugen schrieb der medial veranlagte Knabe seinerzeit mit der ihm unbekannten Handschrift des Prinzgemahls eine ihm von diesem diktierte Botschaft an die Königin, die mit dem Kosenamen unterschrieben wurde, der allein der Königin bekannt war.

Danach wurden seine außergewöhnlichen Fähigkeiten in mannigfaltigen Sitzungen mit den verschiedensten "Verstorbenen" wissenschaftlich untersucht und für echt befunden. Auch die Königin holte mehrere Male seinen Rat ein und bot ihm viel Geld und eine gute Stellung bei Hofe an; doch er lehnt beides ab. Als er im Jahre 1931 verstarb, hatte er drei Bücher aus der geistigen Welt diktiert bekommen, die später in's Deutsche übersetzt und vom Drei Eichen Verlag unter dem Titel "Reise in die Unsterblichkeit" veröffentlicht wurden.

Durch seine umfangreichen Jenseitskontakte konnte sich R. J. Lees in die Bereiche derjenigen Seelen versetzen, die sich bereits in der geistigen Welt befanden und mit ihm Kontakt aufnahmen. Dadurch erkannte er auch die unterschiedlichen Bewusstseinszustände und die jeweiligen Stufen oder Sphären, in denen sich die Geistwesen befanden, mit denen er im Kontakt stand. Wie im Jenseits, so entspricht nämlich auch im Diesseits das Bewusstsein eines Menschen seinem Charakter und seiner Gesinnung. Und weil er sich beides nach seinem Willen auf Erden selbst gebildet hat, bestimmt er damit auch den seelischen Zustand, in dem er sich hier wie dort befindet.

So können z. B. zwei fremde Menschen nebeneinander auf einer Bank sitzen. Während sich das Bewusstsein des einen in Ruhe, Liebe und Frieden bewegt, weil er nur das Wahre und Gute will, ist es möglich, dass es der andere vor Unruhe, Neid und Missgunst kaum noch aushält und darüber nachsinnt, wie er seinen Nachbarn in ein Gespräch verwickeln und dabei bestehlen oder betrügen kann. In dem einen hat sich also schon das Bewusstsein des Himmels ausgebildet, während der andere noch das Bewusstsein der Hölle in sich trägt. Würden nun beide aufgrund einer Katastrophe plötzlich gleichzeitig versterben, so gelangte der eine letztendlich in seinen Himmel, während der andere wie von selbst von seiner Hölle angezogen wird.

Es gibt zwar völlig unterschiedliche Sichtweisen der Menschen über die geistige Welt, weil sie von jeder Seele anders erlebt wird, doch kann nicht gesagt werden, dass es keinerlei Kontakte oder Erlebnisse mit dem Jenseits geben würde. Hier geht unser Bewusstsein unabhängig von unserem fleischlichen Körper auf Reisen, was Sie bestimmt schon in Ihren Träumen erlebt haben. Ein jeder ist deshalb gut beraten, wenn er sich über ein Gebiet informiert, das in der letzten Zeit immer deutlicher zutage tritt. Und dazu sind die Schriften am besten geeignet, in denen sich Gott einigen wenigen Menschen über das "Innere Wort" kundtut, um uns allen das Licht der Wahrheit und der Erkenntnis zu schenken.

**FAZIT**: Im Gegensatz zu den Tieren, die sich nach ihrem Ableben in einer jeweils höheren tierischen Daseinsform wiederverkörpern, bis ihre Seelen derart vollendet sind, dass sich aus ihren mannigfaltigen Seelenpartikelchen wieder eine menschliche Seele bilden kann, legt die Seele des Menschen nach des Leibes

Tode ihr materielles Kleid endgültig ab, um in ihrer geistigen Welt weiterzuleben. Das haben bereits mache Sterbeforscher durch die Veröffentlichung der verschiedensten Nahtoderlebnisse nachweisen können. In einem Beispiel konnte sogar bewiesen werden, dass das menschliche Bewusstsein unabhängig vom Körper existiert.

Im Koma überkommt einer Seele oftmals ein derart schönes Gefühl von Liebe, Ruhe und Frieden, dass sie nicht mehr auf die Erde zurück möchte, zumal ihr Bewusstsein im Geistigen wesentlich besser als im irdisch-menschlichen Zustand funktioniert. Nach ihrem Wiedererwachen hatten solche Menschen durch ihre geistigen Erlebnisse keine Angst mehr vor dem Leibestode und bemühten sich, ein Leben in selbstloser Nächstenliebe zu führen.

## 4. Die Reise nach innen

Jeder Mensch besitzt ein äußeres und ein inneres Erscheinungsbild. Während er sich durch das äußere Bild seines materiellen Körpers bewusst ist, besteht sein inneres Erscheinungsbild aus einer unsterblichen Seele, der er sich noch bewusst werden soll. Nun ist die Seele aber der Träger seines freien Willens, der ihm von Gott geschenkt wurde. Und daraus hat sich sein Selbstbewusstsein entwickelt, das ihn zu einer individuellen Persönlichkeit werden lässt.

Daher hat er im Grunde in sich auch den geheimen Wunsch, zu immer neuen Erkenntnissen zu kommen, um sein Bewusstsein zu erweitern und sich entwickeln zu können. Und durch seinen Willen zur Weiterentwicklung ist er in der Lage, sich nicht nur irdisches, sondern auch **geistiges Wisse**n anzueignen, das ihn seinem Schöpfer näherbringt. Hierzu muss der Mensch jedoch den ernsthaften Willen aufbringen, sich mit der Lehre Gottes zu beschäftigen, um sie in sein Herz aufzunehmen, denn eine solche Lehre kann ihn nur dann lebendig machen, wenn er sie auch **zu leben beginnt**.

Schon als Embryo im Mutterleib trägt er deshalb die für sein Erdenleben vorausbestimmten Wesensmerkmale in sich. Und nach der Eigenart seiner Seele sowie nach den sich darin befindenden entwicklungsbedingten Trieben und Begierden hat er auch die Talente und Fähigkeiten geschenkt bekommen, die er als Mensch benötigt, um sein Leben unter Berücksichtigung seines Charakters im Sinne seines Schöpfers zu gestalten. Nun soll er sich bemühen, in wahrer Nächstenliebe zu denken und zu handeln, denn jetzt wird er mit **den** Umständen und Verhältnissen in Berührung kommen, die nach **seinen** Entscheidungen das für ihn Vorausbestimmte beschleunigen, verzögern oder verändern kann. Es bleibt also seinem Willen überlassen, bestimmungsgemäß das zu tun, was in ihm steckt, oder sich dagegen zu entscheiden. Dies wussten bereits die alten Griechen, als sie über den Eingang ihres Tempels in Delphi den Satz einmeißeln ließen: „Erkenne dich selbst!" Wer sich nämlich nicht selbst erkennen will, der kann auch schlecht andere Menschen oder gar Gott erkennen, denn ohne Selbsterkenntnis gibt es keine Gotterkenntnis.

Sobald der Mensch ein Leben in uneigennütziger Nächstenliebe führen möchte, beginnt er, bereits in das Geheimnis Gottes einzudringen, das nichts anderes als unendliche Liebe ist. Und diese Liebe ist der Geist Gottes, der sich in jedem Menschenherzen befindet und durch den alles Leben entstand, also auch das ewige Leben seiner Seele. Deshalb ist allein die Liebe zur Wahrheit und damit zu Gott der Schlüssel, mit dem ein jeder in das Zentrum des Herzens Gottes gelangen kann.

Dass so etwas nicht von heute auf morgen geschieht, können Sie sich wohl denken, denn dafür braucht man sehr viel Geduld.

*„Ein Mensch, der viel Liebe hat, hat auch viel Geduld",* bemerkt **Jesus Christus im Großen Evangelium Johannes** (GEJ), Bd. IX, Kap. 15, von J. Lorber. *„Ich, euer Himmlischer Vater, aber habe die meiste, höchste und reinste Liebe zu euch, und so habe Ich mit euch denn auch sicher die größte Geduld. Wer da in Mir verbleibt durch seine Liebe zu Mir, in dem bleibe auch Ich ewiglich."*

Auf Erden besteht zwar ein großer Teil unserer Aktivitäten aus kontinuierlich ablaufenden Handlungen, die uns jedoch in der Regel **seelisch nicht weiterbringen**. Im Grunde möchten wir alle **dazulernen**, um das zur Vollendung zu bringen, was noch unausgebildet in uns steckt. Deshalb wollen die Menschen auch oftmals wissen, was sie sind und woher sie stammen, weil sie sich mit diesem Wissen ihren Erdenweg wesentlich erleichtern können. Auf solch einem Wege sollten **dem Mann** seine Stärke, Intelligenz und Würde sowie **der Frau** ihre Anmut, Zärtlichkeit und Schönheit begleiten, damit beide eins im Geiste werden und sich glücklich fühlen. Voraussetzung ist aber, dass sie sich nicht allein aus sexuellen Gründen zusammenfinden, sondern aus wahrer Liebe, weil nur eine solche Liebe von Bestand ist. Hierdurch überträgt sich ihr Gemeinschaftsgefühl vom Inneren ihres Geistes auf die Seele, das sich nun im äußeren Menschen durch gute Taten verwirklichen will, damit **beide glücklich** werden können.

Neben unserem äußeren Wahrnehmungsvermögen haben wir daher ein inneres Bewusstsein erhalten, das uns in die Lage versetzt, zu fühlen und prüfend, vergleichend sowie imaginär zu denken. Auch wurden wir mit einem absolut freien Willen sowie mit einem Gewissen ausgestattet, damit wir das Gute vom Schlechten, das Richtige vom Falschen und das Wahre vom Unwahren zu unterscheiden vermögen, was für das Zusammenleben der Geschlechter sehr wichtig ist. Deshalb ist das Gewissen auch das Sprachrohr unseres Geistes, das uns stets in der göttlichen Ordnung halten und auf rechten Wegen führen will.

Das Gewissen ist das Empfindungsorgan des Herzens, das über unsere Entscheidungen wacht und ständig versucht, uns das Wahre und Gute im wahrsten Sinne des Wortes „einzuflüstern". Wenn es notwenig ist, erhalten wir sogar Ermahnungen von ihm, die uns unser Fehlverhalten spüren lassen. Und bei nur ein wenig gutem Willen richtet sich der Mensch auch danach. Dadurch kann er auch die nötigen Hilfen von „oben" erhalten, die ihm Einsicht und Kraft verleihen, sich von dem Falschen und Schlechten abzuwenden, das sein Tun zu beeinflussen sucht. Deshalb haben alle negativen Ereignisse in unserem Leben ebenso einen Sinn wie die positiven, so dass wir sie so akzeptieren sollen, wie es uns vorgegeben ist, um daraus zu lernen.

Unser Gewissen ist demnach das innere Licht, das uns niemals verlässt. Es unterscheidet den Menschen von anderen Geschöpfen, weil diese kein Gewissen besitzen. Und da es vollkommen ist, vermittelt es uns auch, wie wir untereinander und mit der Schöpfung in Harmonie und Einklang leben sollen. Also ist das Gewissen der Führer in uns, der Kompass, der uns Gott und unseren Mitmenschen näher bringen soll. Deswegen sollten wir des öfteren **innere Einkehr** halten, um uns nicht nur mit unserer Umwelt, sondern **vor allem mit uns selbst**, mit der Wahrheit und somit **mit unserem Schöpfer** zu beschäftigen.

*„Jeder Mensch braucht einen inneren Halt, ganz gleich, ob er arm oder reich ist, ob er hoch gebildet sein mag oder nur eine einfache Schulbildung genossen hat"*, sagt uns Dr. Rosowsky in seinem bereits erwähnten Vortrag. *„Jeder benötigt dazu eine tragfähige Orientierung. Ohne wahres geistiges Wissen fehlt das entscheidende Fundament, das für eine sinnvolle und vor allem zielgerichtete Lebensführung nötig ist. Ein Leben ohne geistige Erkenntnis ist ein mehr oder weniger unbewusstes, zufälliges Herumirren auf der Erde, wo so manches ausprobiert wird, so dass alles recht vage und unverbindlich bleibt.*

*Für seine Erkenntnis und seinen geistigen Entwicklungsstand ist der Mensch aber selbst verantwortlich, denn das Wissen ist da; wir haben es von GOTT erhalten. Das Streben nach Erkenntnis und Suche nach der Wahrheit gehören daher zu den Grundvoraussetzungen im Leben jedes Einzelnen. Wir können nicht für uns denken lassen und das dann unbedenklich und ungeprüft als Wahrheit übernehmen, was uns vorgegeben wird.*

*Jedenfalls können wir für unsere geistige Unwissenheit nicht andere verantwortlich machen.*

*Wer das eigentliche **Ziel seines Lebens** nicht erforschen und kennenlernen will, der verläuft sich in mancherlei Seitenwege und Umwege. Jeder sollte sich fragen: Wo will ich hin, welches Ziel möchte ich erreichen? Wer den Sinn des Lebens einmal erkannt hat, der behält das Ziel fest im Auge und bleibt auf dem erkannten Weg. Er verliert sich nicht in einer Routine, in Riten und Zeremonien, die überhaupt nicht der Weiterentwicklung der Seele dienen. Wie oft sind wir darüber schon belehrt worden.*

*Auch wenn das Leben zunächst für längere Zeit noch so glanzvoll und lustvoll mit einiger Zufriedenheit an der Oberfläche dahingleiten mag, früher oder später wird wohl doch einmal eine innere Leere verspürt; irgendwann tauchen Fragen auf, und dann kommt es zu einer Besinnung über das bisher geführte Leben. Dies kann man z. B. bei Schauspielern und auch bei den sog. "Stars" des öfteren sehen, die sich im fortgeschrittenen Alter plötzlich sozial engagieren und auch viel eigenes Geld zu investieren bereit sind. Selbstdarstellung, Suche nach Anerkennung und Ruhm sind daher hinderliche Wege für die Entwicklung der Seele. Deshalb lauten auch zwei Weisheiten aus dem fernen Osten: ‚Wer gesehen werden will, wird nicht erleuchtet!'. ‚Je mehr einer aus sich herausgehen kann, desto weniger kann er in sich gehen!'"*

Wegen ihrer stets schwerer und undurchsichtiger werdenden irdischen Lebensverhältnisse suchen einige Menschen auch intuitiv nach Wahrheit. Andere wiederum sind unzufrieden oder frustriert, weil sich ihre Wünsche und Hoffnungen nicht erfüllen und ihnen die Welt ihre Fragen nicht zu beantworten vermag. Doch die Wahrheit können sie nicht im Trubel der Welt, sondern nur durch Gottes Wort sowie in Seiner Schöpfung finden, weil nur **Gott Selbst die Grundwahrheit und das Leben ist.**

Wer daher die Wahrheit sucht, der muss zuerst Gott suchen, wenn er Zufriedenheit erlangen will. Gott ist aber nicht mit dem Verstand, sondern nur mit dem Herzen zu finden. Und weil sich in unserem Geist die Kraft unseres eigentlichen Lebens befindet, können wir unseren Schöpfer und Seine Wahrheit auch nur in **uns finden.** Deshalb sollten wir mit der Reise in unser Inneres schon recht früh beginnen.

Nach Band II der „Haushaltung Gottes", Kap. 215, von J. Lorber, gibt es nur zwei Wege, die uns zu Gott führen: *„Der eine heißt die wahre, eifrige Erkenntnis Gottes in sich, der andere aber heißt die Liebe. Aus der Liebe des allgütigen, allerheiligsten Vaters sind wir aus Ihm hervorgegangen und können daher nur wieder durch die Liebe zu Ihm gelangen."*

**Deshalb müssen wir die Liebe auch zu leben beginnen, wenn wir zufrieden und glücklich werden wol-**

len, weil sich unser Bewusstsein in demselben Maße erweitert, in dem wir ein Mehr an Liebe in uns aufnehmen und an unsere Mitmenschen weitergeben.

Den ersten Weg sind bereits einige der uns bekannten Wissenschaftler gegangen, denn es belehrte seinerzeit der Entdecker der Quantenmechanik, der deutsche **Physiker und Nobelpreisträger Prof. Heisenberg**, seine Studenten dahingehend: *„Wenn man den ersten Schluck aus dem Becher der Naturwissenschaft trinkt, wird man Atheist. Trinkt man weiter, so findet man auf dem Grunde des Bechers – Gott."* Und der berühmte Naturwissenschaftler und **Nobelpreisträger Albert Einstein** erklärte hierzu: *„Meine Religion besteht in der demütigen Anbetung eines unendlichen geistigen Wesens höherer Natur, das sich selbst in den kleinsten Einzelheiten der Natur kundtut, die wir mit unseren schwachen und unzulänglichen Sinnen wahrzunehmen vermögen."*

Solche Aussagen bestätigen, was bereits **Johann Wolfgang von Goethe** bemerkte: „Die Wissenschaft hat keine andere Aufgabe, als die Menschen wieder zum Gottesbewusstsein zu führen!" Aus diesem Grunde sagt uns auch der bekannte **Physiker und Chemiker Mylan Ryzl**: *„Wir haben Daten und Fakten, aus denen der Schluss gezogen werden muss, dass unsere physikalische Welt der Materie nur ein Teil einer von Raum, Zeit und Stofflichkeit unabhängigen höheren Welt ist und dass der Mensch in diesem geistigen Universum höherer Dimension nach dem Tode weiterlebt."*

Auch der bekannte frühere Leiter der amerikanischen Weltraumbehörde (NASA), der deutsch-amerikanische **Physiker Wernher von Braun**, schrieb: *„**Die Wissenschaft hat festgestellt, dass nichts spurlos verschwinden kann. Die Natur kennt keine Vernichtung, nur Verwandlung**. Alles, was Wissenschaft mich lehrte und noch lehrt, stärkt meinen Glauben an ein Fortdauern unserer geistigen Existenz über den Tod hinaus."*

Und einer der weiteren „Väter der Weltraumfahrt", der **Physiker Hermann Oberth**, der mit von Braun die V-2-Rakete entwickelte, ging noch einen Schritt weiter, indem er uns darauf aufmerksam macht: *„Es ist die Pflicht eines jeden, der um das Jenseits und die letzten Dinge weiß, heute nicht mehr zu schweigen, sondern seinen Teil dazu beizutragen, dass die Menschheit nicht in Verzweiflung, Unglauben, Materialismus und Egoismus versinkt oder dem Aberglauben zum Opfer fällt."*

Die Erkenntnisse solch hochrangiger Wissenschaftler sollten uns dazu anregen, darüber nachzudenken, dass es hinter dem von uns sichtbaren Diesseits noch eine für uns Menschen verborgene Welt geben muss, in der sich **die geistigen Vorgänge abspielen**, die unser Selbstbewusstsein bewegen. Oder besitzen Sie etwa kein Denk- und Vorstellungsvermögen und weder Gefühle von Hoffnung, Freude und Dankbarkeit noch von Angst, Trauer oder Schmerz? Das sind u. a. die Empfindungen, zu denen Ihr Leib nicht fähig ist, da er lediglich aus Materie besteht. Solche Vorgänge sind demnach **ausschließlich** geistiger Natur. Sie fließen als eine Art

Gedankensprache aus Ihrem Bewusstsein in die Sinne Ihres Körpers, wie Sie es oftmals in Ihren Träumen erleben.

Somit muss es neben unserer materiellen auch eine geistige Welt geben, in der unsere Innenwelt zu Hause ist. Aus dieser Welt stammen wir, denn hieraus erhalten wir so manche Inspirationen. Aber nur derjenige, der des öfteren in sich geht, auf sein Gefühlsleben achtet und die Empfindsamkeit sowie das Zartgefühl in sich entfaltet, wird leichter zum Glauben an eine solche Welt als auch an ein unendlich hohes Wesen finden, das alles erschafft, erhält und leitet, als ein Mensch, der **allein** seinem Verstand vertraut. Die Erfahrenen unter uns wissen doch hinlänglich, was geschehen kann, wenn man nur auf seinen Verstand hört und nicht auf seine Intuitionen oder auf sein Gewissen achtet.

Da der Mensch ein Teil der Schöpfung ist, hat er, wie alle Geschöpfe, nicht nur in der Welt, sondern auch **im Jenseits die Aufgaben zu erfüllen**, die seine Seele vervollkommnen und ihn zu einem wahren Kind Gottes werden lassen. Deswegen schenkte uns der liebevolle Vater auch das Licht Seines Geistes, das Gewissen, das uns im freien Willen führen möchte, damit wir aus unserem Innern heraus die uns gegebenen Fähigkeiten liebevoll und weise anwenden und unsere Fehler und Schwächen bekämpfen können.

Dennoch achten die meisten Menschen fast ausschließlich nur auf ihre Außenwelt und gedenken kaum ihrer Innenwelt, der Seele, obwohl sie wissen, dass ihre fleischliche Hülle vergänglich ist. Und da sie sich nicht mit dem Geistigen beschäftigt haben, bemächtigt sich ihrer auch ein Vergänglichkeitsgefühl, das sie ängstigt und am liebsten verdrängen würden, wenn sie ahnen, dass ihr irdisches Leben dem Ende zugehen könnte.

Weil der menschliche Körper aber nicht der Träger, sondern lediglich das Aufnahmegefäß unseres Lebens ist, lebt der Mensch nicht durch seinen Körper, sondern durch seinen **Geist**, denn **ER allein ist der Träger seines Lebens**. Der Körper lebt lediglich ein „Mitleben", weil sich Geist und Seele nur mit seiner Hilfe in der Materie dieser Welt äußern können. Daher kommt die **Todesfurcht** auch **aus der Seele** des Menschen, dessen Geist **noch nicht** erwacht ist. Und seine Furcht ist nicht unberechtigt, wenn er sich im Laufe seines Erdenlebens weder um seinen Schöpfer noch um das Heil seiner Seele gekümmert hat. **Wer sich jedoch bemüht, nach dem Gesetz der Liebe zu leben, der braucht den Tod nicht zu fürchten.**

Dies hat wohl auch der frühere **Generalsekretär der Vereinten Nationen** erkannt, der Schwede **Dag Hammerskjöld**, als er die Ansicht vertrat: *„Die längste Reise ist die Reise nach innen…"*, denn das, was wir eigentlich suchen, werden wir nur in uns finden können. Zwar ist unser Schöpfer der Einzige, der den Weg kennt, den eine Seele bereits zurückgelegt hat, und deshalb auch der Einzige, der weiß, was sie noch durchlaufen muss, um wieder zu ihrer Bestimmung, also zur himmlischen Seligkeit zu gelangen. Doch sollte ein jeder schon eifrig nach der Wahrheit suchen, wenn er den Sinn seines irdischen Lebens begreifen und die Wegstrecken zu diesem Ziel ohne größere Komplikationen zurücklegen will.

Folglich können wir den **Sinn unseres Erdenlebens nur in uns** finden, weil unser Schöpfer ein Samenkorn Seiner ewigen Wahrheit als Liebelicht-Funke in eines jeden Menschen Herz gelegt hat. Dieser Same allein bewirkt die Erkenntnis der Wahrheit, sobald sie uns geboten wird. Das ist die Erleuchtung, die so manchem Wissenschaftler widerfuhr, der relativ uneigennützig und in Liebe **nach der Wahrheit suchte**, denn nur die **wahre** Liebe besitzt auch die Weisheit, die göttliche Wahrheit zu verstehen. Deshalb fanden sie auch recht schnell die richtigen Erkenntnisse für die Lösungen ihrer wissenschaftlichen Probleme, während andere vor lauter Wissen meist kaum von der Stelle kamen. Daher lautet auch ein weiser Spruch:

> *„Wer meint, Wissen sei Macht,*
> *der hat falsch gedacht,*
> *denn Wissen ist wenig:*
> **Nur der Könner ist König."**

Derjenige also, der in **wahrer Liebe** sein Leben zu meistern versucht und dabei ernsthaft die Wahrheit begehrt, wird im Laufe der Zeit auch die Informationen und das

Wissen erhalten, das ihm sein Inneres gefühlsmäßig als wahr bestätigen wird und mit dem er so manche Geheimnisse entschlüsseln kann, nach deren Lösung er schon lange suchte. Somit wird ihm auch das Licht der Erkenntnis gegeben, mit dem er die Gründe seiner Sorgen, Nöte und Leiden erahnt oder erkennt, die allein in ihm selbst liegen. Daher wird auf die Dauer dieses Licht, das wir auch Liebe, Weisheit, Eingebung, Intuition oder Erkenntnis und Kraft nennen können, sein Innerstes derart erhellen, dass der Mensch seine Untugenden erkennen und Gott mit dem Herzen lieben lernen kann, sobald er eines guten Willens geworden ist. Dann hat er seine Abwehrstellung gegen Gott aufgegeben und ist nicht mehr von Ihm isoliert, so dass er auch nach Joh. 16, 13, der Bibel, intuitiv und gedanklich von seinem Geist belehrt, in alle Wahrheit eingeführt und geleitet werden kann.

Deswegen ist die wahre Liebe nicht nur Licht, sondern auch Demut und Hingabe, also eine Kraft, die sich opfert, um zu helfen. Dass dies wirklich so ist, hat uns der Mensch Jesus bewiesen, Der stets allen gedient und Sein irdisches Leben freiwillig für unser aller Seelenheil geopfert hat. Somit lässt uns die Liebe intuitiv den Willen Gottes erkennen, wenn wir sie leben, so dass wir uns ruhig von Ihm auch **durch die Tiefen unseres Lebens** führen lassen können, die lediglich der Eigenerkenntnis dienen sollen.

Die meisten Menschen verstehen die ihnen auferlegten Prüfungen jedoch nicht, da sie ihr Inneres zu wenig für ihr äußeres Leben befragen, weil sie sich allzusehr mit der Welt und kaum mit Gott und Seiner Wahrheit beschäftigen. Deshalb kommt ihr Innenleben auch viel zu kurz, so dass sie vergessen, das Lebensprogramm zu erforschen, das ihnen für ihre Weiterentwicklung geschenkt wurde und von ihnen entdeckt werden möchte. Sobald sie aber nicht nachlassen, in sich zu gehen, werden sie intuitiv erfahren, was alles in ihnen verborgen ist, **was sie also eigentlich erkennen, was sie tun und was sie sein sollen**. Dann werden sie nicht nur die Liebe Gottes in sich verspüren, sondern derart inspiriert, dass sie im Laufe der Zeit auch die Aufgaben erkennen und durchführen können, die sie auf Erden noch zu erfüllen haben. In diesem Zusammenhang verspüren sie, wie es mit ihnen weitergehen soll, **denn ein Mensch ohne Aufgabe ist ein armer Mensch, weil sein Erdenleben so gut wie sinnlos ist.**

Wie alles im Leben, so gibt es "ohne Fleiß auch keinen Preis". Der Fleiß bringt uns zwar Brot und Butter, wer jedoch noch den Honig dazu haben möchte, der muss schon einen "Bienenfleiß" an den Tag legen. Geistig gesehen bedeutet dies, dass ein jeder Mensch auf der Erde sein individuelles Schicksal zu bewältigen hat. Und für diese Aufgabe erhält er Brot und Butter, weil er sie mit der Nächstenliebe zu seinen Brüdern und Schwestern verbinden soll. Sobald wir jedoch die Liebe wahrhaft leben, entwickeln sich daraus die Tugenden von Weisheit und Geduld, Güte und Sanftmut, aus denen sich wiederum Frieden und Freundschaften ergeben.

Und aus diesem Bienenfleiß heraus wird uns nun der "Honig" geschenkt, der uns das Erdenleben versüßt.

Die Liebe Gottes hat uns an den Platz und in die Umgebung gestellt, in der wir am besten lernen, Seine Liebe zu erkennen, um sie leben zu können. Für unsere geistige Entwicklung haben wir daher bestimmte **Fähigkeiten geschenkt bekommen**, die wir nicht erst in uns entwickeln bzw. erarbeiten müssen, sondern lediglich in die Tat umsetzen sollen. Je nachdem, wie wir nun unseren Willen ausrichten, säen wir jetzt entweder das Gute oder das Schlechte und ernten später das Ergebnis unserer Saat. Durch unser Fehlverhalten werden uns somit die Lektionen erteilt, die wir benötigen, um das Negative in uns und unserer Umwelt zu erkennen und ins Positive umzuwandeln.

Ändern können wir uns aber erst, sobald wir nach einigen Ungereimtheiten oder Wirrnissen in unserem Leben die **wahre** Liebe erkennen, an Sie zu glauben beginnen und uns nach dem Göttlichen sehnen. **Durch eine solche Sehnsucht lässt sich unser Herr im Laufe der Zeit auch wie von selbst finden**. Und wer Gott in sich gefunden hat und Ihm sein Leben anvertraut, der wird ständig mit Ihm leben und Ihn nicht mehr missen wollen. Verlässt Ihn der Mensch jedoch einmal, verspürt er in sich eine immer stärker werdende Leere, so dass er schnell wieder zu Ihm zurückkehrt. Gott gibt ihm den Halt, den wir Menschen in der immer schwerer werdenden Zeit benötigen, um unsere Lebensaufgaben erfüllen zu können, mit denen wir uns schon vor unserer irdischen Geburt einverstanden erklärt haben.

Jeder Mensch hat sich sein irdisches Leben nämlich einst freiwillig selbst erwählt, um auf diese Weise schneller ausreifen zu können, als es im Jenseits möglich gewesen wäre. Darum sollen wir auch für das dankbar sein, was wir schon auf Erden bewerkstelligen können, und unser Leben nicht als selbstverständlich oder als Zufall betrachten, denn es dient einzig und allein der geistigen Entwicklung unserer Seele. Wir sollen deshalb auch mit dem zufrieden sein, was wir selbst erwählt haben, indem wir nach der Prämisse leben:

*„Wenn man das nicht hat, was man haben möchte, muss man das lieben, was man haben darf."*

Die Inkarnation (Einzeugung der Seele ins Fleisch) scheint aber bei den Deutschen nicht so unbekannt zu sein, sonst hätte der **Lyriker Hermann Hesse** uns hierzu nicht ein Gedicht geschenkt, das den bezeichnenden Titel trägt: **Das Leben, das ich selbst gewählt!**

Ehe ich in dieses Leben kam,
ward mir gezeigt, wie ich es leben würde.
Da war die Kümmernis, da war der Gram,
da war das Elend und die Leidensbürde.
Da war das Laster, das mich packen sollte,
da war der Irrtum, der gefangen nahm,
da war der schnelle Zorn, in dem ich grollte,
da waren Hass und Hochmut, Stolz und Scham.

Doch da waren auch die Freuden jener Tage,
die voller Licht und schöner Träume sind,
wo Klage nicht mehr ist und Plage
und überall der Quell der Gaben rinnt.
Wo Liebe dem, der noch im Erdenkleid gebunden,
die Seligkeit des Losgelösten schenkt,
wo sich der Mensch der Menschenpein entwunden,
als Auserwählter hoher Geister denkt.

Mir ward gezeigt das Schlechte und das Gute,
mir ward gezeigt die Fülle meiner Mängel.
Mir ward gezeigt die Wunden, draus ich blute,
mir ward gezeigt die Helfertat der Engel.
Und als ich so mein künftig Leben schaute,
da hört' ein Wesen ich die Frage tun,
ob ich dies zu leben mich getraute,
denn der Entscheidung Stunde schlüge nun.

Und ich ermaß noch einmal alles Schlimme –
"Dies ist das Leben, das ich leben will!"
gab ich zur Antwort mit entschloss'ner Stimme
und nahm auf mich mein neues Schicksal still.
So ward ich geboren in diese Welt,
so war's, als ich ins neue Leben trat.
Ich klage nicht, wenn's oft mir nicht gefällt,
denn ungeboren hab' ich's bejaht.

Ohne die Liebe und den Glauben an Gott sowie an ein ewiges Leben gerät der Mensch aber oftmals in Verzweiflung, weil er dann auch ohne innere Kraft ist. Und ohne Kraft wird er mutlos, so dass er sich den Anfechtungen der Welt schutzlos ausgeliefert sieht. Er versinkt im Materialismus und läuft Gefahr, an den Lastern des Hochmuts und des Machtwahns, des Jähzorns, der Sucht oder der Sexualität zugrunde zu gehen. Deshalb ist der Glaube an Gott und das Vertrauen in Gott für den Menschen auch ein unendlich wertvoller Schutz, der ihm die Liebe und den Frieden schenkt, dessen er bedarf. Damit vermag er in aller Liebe, Güte und Barmherzigkeit auch die Werke zu vollbringen, die ihm wahre Freundschaften einbringen und den Weg nach „oben" weisen. Sein Glaube ist daher wie ein Leuchtturm, der ihm in der Dunkelheit der Welt den richtigen Weg zeigt. Und wenn der Mensch einen solchen Weg mit guten Werken pflastert, wird er ihn auch in seinem Jenseits unbeschwert und recht zügig bis in den höchsten Himmel hinein beschreiten können.

Doch nur derjenige, für den das weltliche Treiben eine untergeordnete Bedeutung hat, weil er sich ihren Freuden größtenteils verschließt, öffnet durch den Glauben seine Augen für das Geistige. Er lässt sich auch durch die Prüfungen nicht unterkriegen, die nun verstärkt auf ihn zukommen. Diese Prüfungen liegen oftmals im Hochmut, im Machtstreben und in den Reichtümern dieser Welt, denen wir entsagen sollen, weil sie meistens unseren Charakter verderben und uns an die Welt binden. Zwar versucht das Satanische in uns, das Gute laufend durch weltliche Verführungen zu untergraben, aber die Liebe und der Glaube an seinen Herrn und

Vater wird jedem Menschen eine Kraft eintragen, durch die er allen Versuchungen widerstehen kann. Mit Jesu Christi Hilfe wird er seine Leiden in Geduld ertragen und den Widrigkeiten der Welt trotzen, indem er frohen Mutes den Tag durchschreitet und sich durch die Vollbringung guter Werke geistige Schätze sammelt. Dadurch wird er ein Vorbild für jene Menschen sein, die ebenfalls zur Wahrheit streben, indem er in ihnen Glaube, Liebe, Hoffnung und Gottvertrauen weckt.

Ziehen Sie sich deshalb des öfteren vom Trubel der Welt zurück. **Suchen Sie Gott in sich**, dann wird Er sich auch finden lassen und Ihnen über Ihr Gewissen im Laufe der Zeit Ihre geistigen Fragen intuitiv oder gedanklich derart beantworten, dass sie meinen, selbst der Urheber Ihrer Problemlösungen zu sein. Und wenn Sie auf Ihr Inneres hören und Ihre Bemühungen von Erfolg gekrönt sein sollen, muss das, was Sie denken und tun, aus einem liebevollen Herzen kommen, weil es nur dann wahr und klar sowie richtig und gut sein kann. Suchen Sie deshalb oftmals die Stunden der Ruhe für Ihre Sammlung, denn **nur in der Ruhe liegt die Kraft**. Dann kann der Geist Gottes am besten von Ihrem Herzen Besitz nehmen.

Haben Sie jedoch Schwierigkeiten mit Ihrer Umwelt, sollten Sie versuchen, andere Menschen zu verstehen und ihre Charaktere mit Ihrem Charakter zu vergleichen. Damit praktizieren Sie eine von vielen Möglichkeiten, Ihre Unzulänglichkeiten besser zu erkennen, denn **die**

**eigenen Fehler und Schwächen erkennen Sie am deutlichsten an der Reaktion Ihres Nächsten.** Weil der Mensch aber im allgemeinen nicht dazu angeleitet wird, auf seine inneren Regungen zu achten, denkt er zuviel und meint, allein mit seinem Verstand sein Leben meistern zu können. Solche Menschen besitzen zumeist wenig oder kein Gottvertrauen. Deshalb ahnen sie es nicht einmal, dass ihre Gedanken nach ihrer jeweiligen Gesinnung und ihrem Willen einmal von oberen und ein anderes Mal von den Wesen der unteren geistigen Regionen beeinflusst werden.

Durch ihre Gedanken schaffen sich die Menschen selbst die inneren Bedingungen, in denen sie nun leben. Sie wissen es meist sogar nicht, dass sie so sind, wie sie denken, weil Gleiches wiederum Gleiches oder Ähnliches anzieht. Somit ist ein jeder auch selbst dafür verantwortlich, wenn ihm nun Schlechtes oder Gutes widerfährt. Was zu ihm gehört, das gesellt sich auch zu ihm, denn er zieht es ja selbst an.

Nicht von ungefähr haben die Menschen daher den Spruch geprägt:

*„Was du nicht willst, das man dir tu',*
*das füg' auch keinem ander'n zu!"*

Wer aber vom Gottvertrauen erfüllt ist, der wird auf sein Herz hören, um **den Willen Gottes in sich** zu erforschen und sich von seinem Gewissen führen zu lassen. Dann wird er als erstes auch das tun, was er von anderen Menschen erwartet.

Um das zu erreichen, muss man **seine Gedanken beherrschen** lernen. Hierzu kann es zweckdienlich sein, eine der Meditations-Möglichkeiten der östlichen Völker anzuwenden. Auch hierbei geht man in die Stille und verbindet sich mit Gott, um alles Belastende von sich zu weisen, was jedoch ohne Seine Hilfe nicht möglich ist. Wird man nun ruhiger, so ist auch bald die innere Neutralität erreicht, die der Mensch benötigt, um gedanklich in sein Herz zu gelangen. Dort verharrt er nun solange, bis er intuitiv spürt, was Gott von ihm will, dass er tun soll, denn dies ist das allein Richtige.

Eine solche Sitzung mit unserem "Selbst", dem göttlichen Geist, kann recht kurz sein, wenn wir es gelernt haben, mit Gott zu leben oder mit Ihm leben zu wollen, denn dadurch werden wir innerlich ruhiger. Sie kann aber auch sehr lange dauern und trotzdem zu nichts führen, wenn wir ungeduldig auf die Beantwortung unserer Fragen harren oder solche Fragen haben, deren Beantwortung unserer Seele schadet, wenn wir nicht den nötigen Ernst aufbringen oder gar die Angelegenheit als lächerlich ansehen. Entscheidend für einen Erfolg ist allein der Herzenswunsch, mit der Ewigen Liebe in Verbindung zu treten, die nicht nur die Weisheit, sondern auch die absolute Wahrheit ist.

Geben Sie jedoch auch dann nicht auf, wenn Sie spüren, dass Ihre Liebe zu Gott noch recht schwach ist. Meine war auch nicht viel anders, doch **durch den festen Willen**, die Wahre Liebe in mir näher kennenzulernen, kam ich Ihr in den letzten 20 Jahren stets näher. Deshalb bin ich jetzt dazu in der Lage, die meisten unreinen oder negativen Gedanken, die in mir aufsteigen, schnell zu erkennen und mit Christi Hilfe effektiver als vordem zu unterdrücken. Dadurch nehmen Liebe, Weisheit und Barmherzigkeit, aber auch Geduld und Vergebung in meiner Gedankenwelt einen immer breiteren Raum ein. Durch den Glauben und das stets stärker werdende Vertrauen zu Gott **veränderte ich so mit Christi Hilfe meine Gesinnung** und auch mein Leben langsam zum Positiven, so dass es nun in ruhigere Bahnen verläuft. Und dafür bin ich meinem Schöpfer unendlich dankbar.

Heutzutage weiß jeder aufgeklärte Mensch, dass er nicht vollkommen ist, wenn er die Erde betritt. Was er aber oftmals nicht weiß, ist die Tatsache, dass er aus dem geistigen Reich kommt und zumeist ein einst mit „Luzifer", dem heutigen Satan, gefallener Engel ist, dessen Erinnerungsvermögen mit dem Erdenleben jedoch gelöscht wurde. Das beweist uns unsere unvollkommene Seele, die deshalb auf dem Läuterungsplaneten „Erde" einem Reinigungs- und Läuterungsprozess unterliegt. Nur hier kann sie sich in recht kurzer Zeit wieder von den Unzulänglichkeiten befreien und somit auskristallisieren, die ihr einst der Geisterfall eingebracht hat, um später im geistigen Reich wieder lichtdurchlässig zu sein. Und wenn sie auf Erden die Liebe lebt, wird sie demnächst im Jenseits auch vom Licht der Gnadensonne Gottes durchstrahlt werden können, das ihr in einem Augenblick die Kraft und Erkenntnisse schenkt, die ihr wieder die Türen und Tore ins Lichtreich öffnen.

Eine noch nicht gereinigte und damit noch nicht auskristallisierte Seele flieht im geistigen Reich hingegen vor dem Licht und hält sich lieber in der Dunkelheit auf, weil das Unreine das Reine nicht ertragen kann. Ohne Licht fehlt der Seele aber sowohl die geistige Kraft als auch das Erkenntnisvermögen, das den Grad der Seligkeit ihres jenseitigen Lebens ausmacht, denn **die Kraft**, die eine Seele allein zur Läuterung und Auskristallisierung bringt, **ist die Gottes- und Nächstenliebe**, die sie auf Erden in sich erwecken und leben soll, damit es wieder hell und klar in ihr wird.

Demnach müssen wir klug und weise sein und auf Erden auch der Seele das geben, was der Seele ist, und nicht nur der Welt, was der Welt ist, weshalb uns der Herr in Lukas 20,25, der Heiligen Schrift rät: „So gebet dem Kaiser (der Welt), was des Kaisers ist, und Gott, was Gottes ist!" Und das schafft nur die **wahre** Liebe, weil sie uns den Schlüssel zu **allen** geistigen Geheimnissen liefert.

Zwar ist Gott immer bei uns, aber **wir sind nicht immer bei Ihm**. Wenn wir jedoch **aus Liebe** unserem Heiland und Erlöser die Hand reichen und mit Ihm durch's Leben gehen, wird Er unseren guten Willen derart stärken, dass wir mit Seiner Kraft alle Hindernisse aus dem Wege räumen können, die uns belasten, vor allem aber diejenigen, die wir uns selbst in den Weg gelegt haben.

*„Erzähle mir - wie Du die Liebe lebst -*
*ich werde es vergessen.*
*Zeige mir - wie Du sie lebst -*
*und ich werde mich erinnern.*
*Lass mich die Liebe tun -*
*und ich werde sie behalten."*

Weil bei den meisten Menschen aber die Liebe in der Regel noch zu gering ist, um durch sie die Seele ausreifen zu lassen, verhilft ihr die Gnade Gottes über das Leid zu einer gewissen Läuterung und damit zu ihrer Reinigung. Der Mensch begeht deshalb eine große Torheit, wenn er auf Erden seiner Seele nicht gedenkt, die sein „Ich" und somit seinen Charakter und sein Wesen beherbergt. Dadurch nimmt sie kein oder nur wenig Licht und auch keine Kraft auf, so dass sie licht- und kraftlos ins Jenseits eingeht, wenn der Mensch im Diesseits nicht in der selbstlosen Nächstenliebe tätig war. Die Seele steht dann gewissermaßen vor vollendeten Tatsachen mit der furchtbaren Einsicht, **aus eigener Kraft im Nachhinein an ihrem Zustand selbst nichts mehr ändern zu können**. Sie hat die ihr geschenkte irdische Lebenskraft mit dem Tode ihres materiellen Leibes dahingeben müssen und ist nun mehr oder weniger kraftlos. Die Folge dieser Einsicht führt zu einer **Selbstanklage** ihres Verstandesgeistes, wobei die Bibel auch vom „Buch des Lebens" spricht (Offenb. 17,8 + 20,12), aus der sie dann allein nur die Gnade Gottes erlösen kann.

Wer aber die Ansicht vertritt, dass sein „Ich", also seine Persönlichkeit, nach des Leibes Tode nicht mehr existiert, der irrt sich gewaltig. Der Mensch lebt nämlich anfangs im Jenseits meistens ebenso fort, wie im Diesseits. Wie sollte es hier auch anders sein, da sich durch den nächtlichen Schlaf sein Wesen auch am nächsten Tage ebensowenig verändert hat wie am Vortage. Doch auf Erden bedenkt er nicht, welche Folgen sein Unwille zum Glauben und sein Desinteresse an einem Leben nach diesem Leben für ihn im geistigen Reich haben kann, in das er als Seele eingehen wird, ob er nun daran glaubt oder nicht. Deswegen war es auch unbedingt notwenig, dass uns Jesus Christus in Joh. 11,25, der Bibel darauf aufmerksam machte: *„Ich bin die Auferstehung und das Leben. Wer an Mich glaubt, der wird leben, obgleich er stürbe!"*

Leider suchen die wenigsten Menschen jedoch heutzutage nach dem ewigen Leben und damit nach ihrer Auferstehung. Deshalb wird uns in Kap. 70 des Buches „Erde und Mond", von J. Lorber (Verlagsgemeinschaft Zluhan, Bietigheim), auch gesagt:

*„Wenn jemand eine noch so kostbare Sache gar zu lange suchen muss und doch nicht findet, gibt er mit der Zeit das Suchen auf. Wer aber ist schuld daran? Der Suchende selbst, wenn er das Reich Gottes nicht da sucht,*

*wo es zu finden ist, und nicht **in dem, worin** es zu finden ist! Es steht doch deutlich genug geschrieben, dass das Reich Gottes nicht mit äußerem Schaugepränge zum Menschen kommt, sondern **inwendig** im Menschen ist. Sein Grundstein ist **Christus, der einzige und alleinige Gott** und Herr des Himmels und der Erde, zeitlich und ewig im Raum wie in der Unendlichkeit. An Den muss das Herz glauben, Ihn lieben über alles und den Nächsten wie sich selbst!"*

Zwischen Gott und Seinen Kindern gibt es also eine ständige Verbindung, die niemals abreißen kann. Der Mensch aber, der sich als Krönung der Schöpfung sieht, wurde aufgrund der ihm in der Endzeit geschenkten materiellen Errungenschaften derart hochmütig, dass viele ihren Schöpfer leugnen, der nicht nur ihr geistiger Vater ist, sondern auch ständig für ihre geistige Vervollkommnung sorgt. Daher wurde alles von Seiner Liebe veranlasst und oftmals auch nur deshalb geschaffen, **weil wir Menschen es wünschten**. Es durfte mit Gottes Hilfe zuerst in den geistigen Reichen **für uns „erfunden"** werden, bevor es zur Erde geleitet und bestimmten, danach suchenden Personen gedanklich eingegeben werden konnte.

Befinden wir uns also nicht mehr fern von Ihm, kommt Er uns auch zu Hilfe, wenn wir etwas Gutes beabsichtigen. So suchte seinerzeit der spätere bedeutende Chirurg **Prof. Dr. Sauerbruch** (1875 – 1951) intensiv nach einer Möglichkeit, den Zusammenfall der Lunge während der Brustkorb-Operation zu verhindern, weil das seinerzeit stets zum Tode führte. Nachdem eine Sturmböe in seinem Arbeitszimmer unerwartet ein nicht richtig geschlossenes Fenster aufgerissen hatte, so dass der plötzliche Luft-Überdruck seine Ausarbeitungen durcheinander wirbelte, kam ihm der lebensrettende Gedanke der Konstruktion eines Sauerstoffzeltes, unter dem nun die Herz- und Lungenoperationen erfolgreich durchgeführt werden konnten.

Leider sind geistige Eingebungen heutzutage jedoch rar geworden, weil sich immer mehr Menschen in ihrem Hochmut von Gott entfernen, anstatt sich der bedingungslosen Liebe zu nähern. Und somit leiden sie an den Folgen ihrer eigenen selbstsüchtigen Handlungen, so dass zuerst ihre Seelen und dann ihre Körper erkranken. Mit unseren Schmerzen leidet auch der Geistanteil des Vaters, der in uns schlummert, solange wir Ihn nicht erweckt haben. Er lebt mit uns, fühlt und freut sich noch intensiver als wir, wenn wir Ihn erwecken, sobald wir uns in Liebe an Jesus und zu unseren Nächsten wenden, um ihnen zu helfen. In solchen Fällen nehmen wir unbewusst Kontakt mit Ihm auf, weil Er nur darauf wartet, von uns erkannt, geliebt und in Anspruch genommen zu werden.

Bemühen wir uns daher, unsere Mitte zu finden, indem wir uns innerlich auf „Null" bringen, also weder heiß noch kalt sein wollen. Nur so können wir gleichzeitig liebevoll und weise sein, weil sich in unserer Mitte der göttliche Geist als DER Ruhepunkt befindet, in dem es weder ein Zuviel noch ein Zuwenig gibt, denn das Maß aller Dinge ist der Ausgleich zwischen beiden. Dies bedeutet, dass man sowohl niemandem mit überfreundlichem oder gar unterwürfigem Gebaren sein Wohlwollen ausdrücken noch jemandem gram sein sollte. Ebensowenig darf man weder einen Menschen mit Almosen oder Geschenken überhäufen noch darben lassen, wenn man im christlichen Sinne handeln will. Verlassen wir aber unseren Mittelpunkt, geraten wir auf Irrwege, die uns nur Verdruss bringen. Somit müssen wir in allem, was uns das Leben abverlangt, ebenso die Waage zu halten versuchen wie in dem, was uns geboten wird, damit wir im Diesseits wie im Jenseits in Christus bestehen können.

Wenn wir an das Wahre und Gute in uns glauben, aktivieren wir dadurch auch den Glauben an Gott, Der die allmächtige Liebe ist und uns im Lebenskampf nicht untergehen lässt, solange wir eines guten Willens sind. Nehmen wir nun unser Leben selbst in die Hand und gestalten es zu einem Werk der Liebe, so kann uns der Vater auch Seine Gedanken zu unserem Wohl inspirativ über Seine Boten mitteilen und unseren Willen zum Guten stärken. Damit beweist Er uns, dass Er nicht ein ferner und unnahbarer Gott, sondern uns näher ist, als wir es für möglich halten. Er hat uns doch niemals verlassen, seitdem Er uns ins Leben rief, und kennt uns deshalb in- und auswendig. Und Sein Geist erbebt vor Freude, wenn wir Ihn aus vollem Herzen lieben und Ihn aus dieser Liebe heraus „Vater" nennen.

Trotzdem behaupten gewisse Menschen, die sich "Christen" nennen, dass sich Gott nur einmal und dann nicht wieder auf die Erde begeben habe. Als was würden Sie aber einen Vater bezeichnen, der lediglich einmal in ca. sechstausend Jahren als Mensch über die Erde geht und uns in Taten und Worten die wahre Liebe vorlebt, die aufgeschrieben, zusammengestellt und dann später veröffentlich wird, um danach nichts mehr von sich hören zu lassen? Sie würden Ihn doch als einen "Rabenvater" bezeichnen - oder? Unser Schöpfer ist jedoch kein Rabenvater, denn sonst hätte Seine Liebe nicht in all der Zeit für jeden Sprachbereich und in jeder Periode eines Menschenlebens mindestens einen dazu inspiriert, Sein liebevoll aufklärendes, warnendes, tröstendes und beruhigendes Wort niederzuschreiben und an die Umwelt weiterzugeben.

Was haben die Menschen aber mit solchen Propheten gemacht? Sie wurden zuerst ausgelacht und später verjagt, und es gab sogar eine Zeit, da hat man sie gefoltert und verbrannt. Die Liebe und Erbarmung unseres Himmlischen Vaters lässt jedoch niemals nach, uns immer wieder solche Menschen zu schicken, die uns die Wahrheit vermitteln sollen. Die meisten achten aber nicht darauf, wenn sie ihnen angeboten wird. Deshalb ist es auch kein Wunder, dass sie ihre Mitte nicht finden können.

Wer nicht weiß, wie er seine Mitte in sich finden kann, in der unser Vater zuhause ist, der studiere die letzten drei Lebensjahre Jesu in der Schriftenreihe „Das große Evangelium Johannes" (GEJ), von J. Lorber (Verlagsgemeinschaft Zluhan, Bietigheim). Hier führt uns der Herr selbst in 10 Bänden die wesentlichen Geschehnisse dieser drei Jahre aus seinem damaligen Umfeld oftmals bis ins kleinste Detail vor Augen.

**Eine tiefe, selbstlose Liebe**, der Glaube an und die Suche nach unserem Herrn führten letztendlich dazu, dass der Musiklehrer **Jakob Lorber** in Graz (Österreich) eines Tages nach seinem Morgengebet in der Gegend seines Herzens die Worte vernahm: *„Steh auf, nimm deinen Griffel und schreibe!"* Und die Offenbarungen Gottes, die er daraufhin tönend in seinem Herzen (und nicht mit den Ohren) vernahm, faszinierten ihn derart, dass er sein weiteres Leben nur noch dem widmete, was ihm der Herr **24 Jahre** lang über die Vergangenheit, Gegenwart und Zukunft der Menschheit kundgab.

**Die nicht nur als interessant, sondern sogar als sensationell zu bezeichnenden Offenbarungen Gottes sind keine neue Religion oder Prophetie**, sondern bestätigen und ergänzen recht umfangreich die Aussagen in Johannes 14,21, sowie 16,12, der Bibel:

*„Wer Meine Gebote hat und sie hält, der ist es, der Mich liebt. Wer Mich aber liebt, der wird von Meinem Vater geliebt werden, und Ich werde ihn lieben und Mich ihm* **offenbaren.** *Der Geist der Wahrheit wird euch in alle Wahrheit leiten ... und was zukünftig ist, wird er auch verkünden."*

Das Gros der Menschheit hat sich jedoch im Laufe der letzten Jahrhunderte sehr weit von der Wahrheit entfernt und mehr dem Egoismus und Materialismus zugewandt, so dass nur noch wenige die Gemeinschaft mit dem Geistigen wahrnehmen wollen. Die „Neuen Offenbarungen Gottes" sollen daher ihr geistiges Erwachen fördern und sie aus der Lethargie aufrütteln, in die sie derzeit zu versinken drohen. Es handelt sich hierbei aber um keine Theorien, sondern um praktische Unterweisungen sowohl für unser Erdenleben als auch für das geistig-seelische Leben. Sie schenken den Menschen das Licht der Erkenntnis sowie die Kraft und Zuversicht, die sie jetzt unbedingt benötigen, damit der göttliche Friede noch in ihre Herzen einziehen kann, bevor diese Erdenlebens-Periode zu Ende geht und es zu spät ist. Die durch die Kundgaben erweiterte christliche Lehre unterweist uns daher ebenfalls darüber, wie es uns ergehen kann, wenn unsere Seelen die Schwelle des Jenseits überschreiten, um den Weg in ihre wahre Heimat anzutreten.

In seiner Bescheidenheit bezeichnete sich Jakob Lorber deshalb oftmals auch als „Schreibknecht Gottes". Bis zu seinem Leibestode erhielt er ein derart umfangreiches und vielseitig gestaltetes Schriftgut vom Herrn diktiert, das von seinem Inhalt und seiner Bedeutung her gesehen einmalig ist. Hier und da kommt es sogar einer Erläuterung bestimmter Bibeltexte gleich, die der Heiligen Schrift nicht widersprechen, sondern sie verdeutlichen und ergänzen, obwohl es weit über deren Inhalt hinausgeht. Alles, was Jakob Lorber auf diese Weise empfing, wurde in Büchern zusammengefasst und kann noch heute von der Verlagsgemeinschaft Zluhan, Bietigheim, oder von jeder Buchhandlung bezogen werden.

Dort können Sie auch den 11. Band des GEJ beziehen, dessen Inhalt J. Lorber nicht mehr übermittelt werden konnte, weil er bereits kränkelte. Erst 27 Jahre nach seinem Leibestode wurde Leopold Engel in Leipzig von einer höheren Kraft dazu berufen, dieses Werk zu vollenden.

**Prof. Walter Nigg, der viele Jahre als Professor für Kirchengeschichte an der Universität Zürich beschäftigt war, sagt deshalb u. a. zur Prophetie:**
*„Der Prophet wird von Gott zu seinem Amt bestellt. Der Allmächtige verfügt einfach über den von Ihm auserwählten Menschen. Das Ich, in dessen Namen die Propheten reden, ist das Ich Gottes. Und in dieser Aussage liegt ihre Qualifikation. Ohne den redenden Gott gäbe es keine Propheten und keinerlei Wissen über Gott. Wie hätte sich Gott aber sonst kundgeben sollen, wenn nicht über den auserwählten Menschenmund?"*

Zwar könnte Er sich uns z. B. auch durch innere oder äußere Beweise kundtun, doch dadurch würde unser freier Wille derart beeinflusst, dass wir einem Glaubenszwang unterlägen, der unseren Willen unfrei macht. Deshalb hat Gott Seine Kinder aus Seiner Liebe heraus immer vor dem gewarnt, was auf sie zukommen könnte, sobald sie Gefahr liefen, sich vom Wahren und Guten abzuwenden. Und diese Gefahr besteht heutzutage mehr denn je. Alles, was auf uns zukommt, ist die eigene Saat, die nunmehr aufgeht, die wir also durch das Gesetz des Ausgleichs ernten (tragen) müssen, damit die Menschheit - geistig gesehen - nicht verloren geht.

Wer Ungutes sät, der wird es auch ernten, wer aber Gutes sät, der kann letztendlich nur Gutes ernten, auch wenn es anfangs nicht immer danach aussieht. **Daher besteht unser ganzes Elend einzig und allein darin, dass wir nicht auf Gottes Wort hören**. Deshalb ist nur derjenige ein Jünger Jesu, der sich ständig bemüht, in der wahren Liebe zu leben, die das Wesen unseres Himmlischen Vaters ist. Doch Er ist unendlich barmherzig und **tilgt** im Augenblick **eines jeden Schuld**, sobald man die eigenen Verfehlungen erkennt, sie von Herzen bereut, Ihn um Vergebung bittet und sich bemüht, zukünftig nicht mehr zu sündigen.

Jakob Lorber war jedoch nicht der Einzige, der göttliche Offenbarungen erhielt. Der VATER hat sie Seinen „Kindern" **zu allen Zeiten** schon deshalb gegeben, damit die Menschheit geistig nicht stehen bleibt, sondern in ihren Erkenntnissen voranschreitet. Das Wort Gottes ist nämlich Sein Gesetz und somit Botschaft, Offenbarung, Liebe, Weisheit und Barmherzigkeit zugleich. Deswegen sind **Liebe und Weisheit, Wahrheit und Fortschritt** in vollkommener Form auch nicht bei den Menschen, sondern **allein bei Gott zu finden**. Sie können nur aus dem Geist der zutiefst mit Gott verbundenen Menschen zu uns gelangen.

Ein solcher Mensch richtet sein Leben nach dem aus, was er in seinem Inneren verspürt. Er denkt und handelt uneigennützig, weil er stets das Beste für seine Mitmenschen will. Und da die Gabe des inneren Wortes eine geistige Gabe ist, kann der Geist der Liebe auch jederzeit **zu dem gelangen**, dessen Seele rein ist und das Licht der Weisheit in sein Herz aufnehmen möchte. Vom Geist Gottes kann nämlich nur Liebe ausgehen, die des Menschen Seele, sein Herz und den Verstand berühren, weil alle göttlichen Botschaften nur über den Geist vermittelt werden.

Gott will in Jesus Christus mit einem jeden von uns sprechen, denn Er liebt Seine Kinder und möchte, dass sie **alle** mit Ihm Kontakt aufnehmen. Er möchte uns so gerne sagen, dass Er unser bester Freund ist, dessen Worte unser Herz berühren, wenn auch wir Ihn lieben und aus dieser Liebe heraus mit Ihm sprechen wollen. Und wenn unser ganzes Sein in kindlicher Einfalt und aus wahrer Liebe zu Ihm strebt, ohne dass wir etwas von Ihm wollen, verbindet Er sich mit unserer Liebe, so dass wir Ihn in uns hören können. Dann legt er uns Gedanken ins Herz, die in unser Gehirn fließen, so dass wir wissen, dass dies göttliche Gedanken sind. Und wenn wir die Verbindung mit Ihm des öfteren üben und auf die Gedanken hören, die uns in Liebe gegeben werden, werden wir auch solange von Gott geführt, wie wir liebevoll denken und handeln.

So erhielt u. a. auch die Schneiderin **Bertha Dudde**

von unserem Herrn insgesamt 9.030 Kundgaben von insgesamt über 17.000 Seiten, die heute noch von Privat zu Themenheften zusammengestellt und veröffentlich werden. Und weil die Druckleger uneigennützig arbeiten, können einige dieser Exemplare auch **kostenlos** über den Verlag Sonnenschein bezogen werden.

Da Gott den Menschen allgegenwärtig ist, geben uns Seine Offenbarungen auch das Licht, durch das wir vieles entdecken, erkennen und verstehen können, was wir möchten, und oftmals sogar noch einiges mehr. Manch gläubiger Wissenschaftler hat Ihn schon um Eingebungen und Inspirationen gebeten, so dass er im Laufe der Zeit auch solche Erkenntnisse auf geistigem Wege erhielt, die er in seine Forschungen einfließen lassen und somit umsetzen konnte. Das kann jedoch nur derjenige, der wahrhaftig an Jesus Christus glaubt, sich Ihm über das Herzensgebet zuneigt und sich dadurch für Seine Inspirationen empfindsam macht, indem er den göttlichen Geist in sich erweckt.

Gott ist doch nicht in der Ferne zu suchen. Er lebt in unserem Geist bzw. ist unser Geist, denn alle Menschen sind göttlichen Ursprungs und tragen somit einen Geistanteil Gottes in sich. Würde Er sich von uns trennen, so hörten wir auf zu existieren. Da wir von Ihm das ewige Leben und den freien Willen geschenkt bekamen, ist Er uns so nahe, dass Er sich überall dort befindet, wo auch wir sind. Er kennt alle unsere Gedanken, weil **Er das Licht in uns** ist, das unseren Verstand erhellt. Und je mehr wir die Liebe in uns entzünden, desto schneller erkennen wir den Vater der Ewigen Wahrheit in uns, der uns den inneren Frieden schenken möchte, nach dem sich die Menschen so sehr sehnen.

Daher möchte Er sich auch heute noch einem jeden von uns durch das innere Wort nähern, denn Seine Liebe will überall dort aufklären und helfen, wo der Mensch noch im Dunkeln wandelt und Seiner Hilfe bedarf. Weil sich das Reine aber nur dem Reinen nähern kann, müssen wir uns schon bemühen, die Voraussetzungen zum Empfang des göttlichen Wortes zu erfüllen. Deshalb sprach der Herr auch in Seiner Kundgabe Nr. 6615 u. a. zu Bertha Dudde:

*„Wie ich zu Meinen Jüngern gesprochen habe, als Ich auf Erden wandelte, so spreche Ich auch heute noch zu allen, die Mich hören wollen. Wo nur ein Mensch sich findet, der dieses glaubt und sich Mir öffnet, dort lasse Ich auch Meine Stimme ertönen.*

*Nur finde Ich diesen Glauben selten, und darum kann Ich auch nur selten einen Menschen direkt ansprechen, selbst wenn alle sonstigen Bedingungen erfüllt werden, wenn der Mensch durch Liebewirken sich so gestaltet, dass Ich ihm gegenwärtig sein kann, wenn er sein Herz gereinigt und Mir als Wohnstätte bereitet hat. Aber der Glaube, Mich direkt vernehmen zu können, ist dennoch nicht vorhanden; und darum unterlässt der Mensch das Wichtigste: Nach innen zu lauschen auf Meine Stimme, auf die Äußerung Meiner Liebe, auf das Zeichen Meiner Gegenwart: auf Mein Wort.*

*Dass der Glaube daran verloren gegangen ist, dass es ihnen unglaubwürdig erscheint, Mich direkt zu vernehmen, das ist ein besonderes Merkmal des Geisteszustandes der Menschen ... Und es ist dies sehr bedenklich, dass die Menschen in Mir nicht mehr den VATER erblicken, sondern nur noch ihren GOTT und SCHÖPFER - wenn sie noch an Mich glauben ..."*

Es wird die Zeit kommen - und sie ist nicht mehr weit - da bedarf der Vater keiner Werkzeuge mehr, die Sein Werk verbreiten. Dann führt Er Seine Kinder selbst, so dass es nur noch einen Hirten und eine Herde gibt. Und wenn wir zu Seiner Herde gehören wollen, müssen wir schon an Ihn glauben und Ihn wahrzunehmen versuchen. Nicht wenige Menschen haben es bereits erlebt, welch wunderbare Schwingung Vater und Kind einschließt, sobald Seine Liebe uns berührt. Vielleicht haben auch Sie so etwas schon spüren dürfen. Das war Sein erster Ruf, doch der zweite ist derart tief inniglich und voller Sehnsucht nach jedem Einzelnen, dass der Herr Seine Herde jetzt schon an Sein Herz ziehen möchte.

Daher sagte Jesus auch einst zu Seinen Jüngern, dass Er uns den Geist der Wahrheit senden wird, so dass wir die **Wahrheit in uns finden** werden. Diese Wahrheit trägt der Mensch durch den göttlichen Liebefunken in sich, einen Seelenfunken, der in unserem Herzen ruht. Somit ist ein jeder dazu in der Lage, die Wahrheit durch den tiefen Glauben an unseren Herrn und Heiland in sich zu erwecken, um durch Ihn als Werkzeug in der Welt tätig zu sein. Deshalb wird Er uns auch die Menschen zuführen, die auf der Suche nach der Wahrheit sind, sobald wir dazu bereit sind, Ihm zu dienen.

Zögern Sie aber nicht, den Liebesdienst an sich selbst und an Ihren Mitmenschen zu vollziehen, denn dafür haben Sie gewisses Gaben und Talente mit auf die Erde gebracht. Außerdem ist es die Liebe Gottes, die Sie lenken und Ihnen zu verstehen geben wird, was Ihre Lebensaufgabe ist. Jesus Christus ist doch mitten unter uns, steht uns bei und nimmt uns in Seine Arme und auch oftmals an die Hand, um uns dorthin zu führen, wo wir unsere Arbeit in der rechten Weise verrichten können.

Auch dann, wenn wir von des Tages Last müde und erschöpft sind, befindet Er sich an unserer Seite und reicht uns den Becher aus dem Quell Seiner Göttlichkeit. Das habe ich selbst des öfteren erlebt, wenn mir meine täglichen Aufgaben und Pflichten derart zusetzten, dass ich mich vor Erschöpfung am liebsten vom Fernsehen berieseln lassen oder schlafen legen wollte. Doch ein inneres Drängen riet mir, an dem Inhalt dieser Bücher weiterzuarbeiten, so dass ich mit Christi Hilfe meinen "Zweifel" überwand. Und je mehr und intensiver ich mich nun damit beschäftigte, desto munterer wurde ich, so dass das Schreiben oftmals ein Nachtprozess wurde.

Leben Sie deshalb stets im "Jetzt" und nicht im "Gestern" oder gar im "Morgen", denn das Gestern ist Vergangenheit und das Morgen können wir oft nicht so gestalten, wie wir es wollen. Ein intensives Vergangenheitsdenken kann uns belasten und ein **zu starkes** Zukunftsdenken derart hemmen, dass wir dem "Jetzt", also dem "Heute", nicht die Beachtung schenken, derer es bedarf. Dadurch können uns heute Fehler unterlaufen, die sich dann morgen negativ auswirken.

Nehmen Sie also alles an, was Ihnen das "Jetzt" zur Verfügung stellt, denn es kommt vom Herrn und hat oftmals einen derart tiefen Hintergrund, dass wir ihn erst später erkennen - wenn überhaupt. In Joh. 14, 6, der Bibel, sagt uns Jesus daher auch: *„Ich bin der Weg, die Wahrheit und das Leben. Niemand kommt zum Vater denn durch Mich!"* Und wenn Sie dorthin möchten, halten Sie sich vertrauensvoll an Ihn und Sein Wort!

Demnach sollen wir weder verzagen noch faul oder bequem sein und uns von der Welt nicht unterkriegen lassen, wenn uns das Tagewerk drückt. Die liebevolle Kraft und Allgegenwart Gottes wird uns schon zum Weitermachen ermuntern, wenn wir den rechten Weg gehen wollen.

Wenn wir trotzdem an uns und unserer derzeitigen Situation zu verzweifeln scheinen, so sollte man sich ernsthaft fragen, wann und wo man das letzte Mal seinen Mitmenschen selbstlos und uneigennützig sowie von Herzen gedient hat. Vielleicht ist unsere Demut noch nicht derart ausgereift, dass wir noch einige Hürden überspringen müssen, um zur richtigen **Erkenntnis unserer Gesinnung** zu kommen.

Haben Sie darum Vertrauen zu unserem Herrn und nehmen Sie so oft wie möglich den Kontakt zu Ihm auf. Seine Kraft und Sein Licht wird auch Sie über alle dunklen Wege führen, so dass Sie frühzeitig die Hindernisse erkennen und ihnen ausweichen oder sie beiseite räumen können, die Ihren guten Vorsätzen im Wege stehen. Voraussetzung ist aber, dass Sie dies überhaupt wollen!

Wären wir Menschen heutzutage nicht so egoistisch, gefühllos und weltlich ausgerichtet, würden wir fast alle im Laufe unseres Erdenlebens die für uns wichtigen Botschaften aus dem lichten Jenseits empfangen können. Außerdem würden wir hin und wieder unsere Schutzengel bzw. Schutzgeister wahrnehmen, die uns begleiten, in die Ordnung Gottes führen und darin halten wollen. Ihre Liebe und Barmherzigkeit ist derart gottverbunden, dass sie nicht nur traurig darüber sind, wenn wir so gravierende Fehler machen, dass sie der Fortentwicklung unserer Seele schaden, sondern oftmals vor Verzweiflung weinen, sobald wir in bestimmten Situationen nicht auf die Stimme unseres Gewissens hören. Weil wir jedoch von alledem meist nichts wahrnehmen, bemerken wir es auch nicht, wie viele Freunde aus den geistigen Reichen uns oftmals helfend zur Seite stehen.

Solche geistigen Verbindungen haben den Zweck, uns zum Licht der Wahrheit und somit wieder zu unserem Schöpfer zurückzuführen, den wir einst freiwillig verlassen haben. Deshalb sind zwischen dem Diesseits und dem Jenseits auch gewisse Kontakte **möglich**, aber nicht die Regel. Sie können für den Menschen auch zu einer Gefahr werden, wenn sie ohne den Segen ihres Schöpfers erfolgen.

Zwar wird jeder Mensch im Rahmen seines freien Willens von seinen Schutzengeln unsichtbar geführt, doch kommt es im Erdenleben auf den Umgang an, den er pflegt, weil er das Rechte **mit seinem Willen anziehen**, jedoch auch von sich weisen kann, um das Unrechte zu tun. Da Jakob Lorber und Bertha Dudde aber starkgläubige und demütige Menschen waren, die sich aus tiefstem Herzen mit dem Herrn verbunden fühlten, konnte sich Jesus Christus auch direkt über ihren Geist kundtun, so dass sie das „Innere Wort" in vollem Wachbewusstsein im Herzen und nicht mit den Ohren vernahmen. Solche Verbindungen können nur dann zustande kommen, wenn der Herr einem Wortträger hierfür die Gnade schenkt, dass das göttliche Wort als „Inneres Wort" tönend wie eine Ansprache oder ein Vortrag **in seinem Herzen** erklingt.

**Zur Warnung sei aber auch gesagt, dass nicht alle Neuoffenbarungen von Gott kommen, weil es zwischen dem Geistwirken Gottes (der Herzenssprache) und dem medialen Geisterwirken Unterschiede gibt**.

**Prüfen Sie daher das Schrifttum der Geister, ob es von Gott ist.** Es stammt nur dann von Ihm, wenn in ihm das Leben und die Lehre Jesu auf Erden sowie Sein Leiden und Sterben am Kreuz verständlich geschildert wird.

Da die Ewige Liebe allein **im Herzen** wohnt, können sich auch die noch nicht mit Gott verbundenen, noch im Mittelreich tätigen Geistwesen auf ihre Weise den medial veranlagten, ihnen zugeneigten Menschen kundtun. Ihre Mittelungen erfolgen daher oftmals über Trance-Medien oder über die „Kopfstimme" (Telepathie), was jedoch keine Garantie für deren Wahrheitsgehalt bietet. Und weil der Gegner das weiß, wendet er auch alle möglichen Raffinessen an, damit wir die in seinen Kundgaben versteckten Falschaussagen nicht oder kaum erkennen.

Sind Sie also vorsichtig, wenn Ihnen etwas als Wahrheit angeboten wird, das **medial** empfangen wurde. Der Inhalt könnte auch auf Irrtum beruhen. Allein **die Wahrheit aus Gott sollte uns der rechte Maßstab und die Richtschnur sein**, weshalb nicht nur im 1. Tessalonicherbrief 4, 5, der Bibel, sondern auch in den Neuoffenbarungen geschrieben steht:
*„Die Weissagungen verachtet nicht; prüfet aber alles, und das Gute behaltet!"*, denn nach Joh. 8, 32, **macht nur die Wahrheit den Menschen frei!**

Wer mit dem Herzen an Gott glauben und mit Ihm sprechen **will**, der wird Ihn auch suchen. Und dem ernsthaft und geduldig Suchenden wird Er mit Gewissheit nähertreten. Aber nicht bei anderen Menschen, sondern allein **in uns selbst müssen wir Ihn suchen**, weil Er in unserem Geist zuhause ist. Er muss ja in unserem Geist leben, weil wir ohne Seine Kraft unser Ziel nicht erreichen können. Doch nur die Reinen wird Er mit Seiner Stimme beglücken, weil sich nur das Reine mit dem Reinen verbinden kann.

*„**Deshalb hat der Geist des Menschen auch alles in sich**. Der Mensch bedarf daher nichts weiter als der Öffnung seines Geistesauges, um zu schauen die endlose Lebenswunderfülle in sich selbst und in der ganzen Schöpfung Gottes"*, wurde Jakob Lorber in Kap. 11 der "Schrifttexterklärungen" vom Herren gesagt. Und weil dies für alle Menschen und alle Zeiten gilt, riet bereits vor über 2.000 Jahren der chinesische Weise Laotse seinen Landsleuten: *„Der Reisende ins Innere findet alles, was er sucht, in sich selbst. Das ist die höchste Form des Reisens!"*

Liebe und Gerechtigkeit Gottes wollen es jedoch, dass auch die Schattenwelt ein Anrecht darauf hat, Kontakte zu ihresgleichen auf der Erde zu knüpfen, um den Menschen das Falsche ihres Wesens erkenntlich zu machen. Wenn wir aber zu Jesus Christus gefunden haben und bei Ihm verbleiben, sind wir vor den dunklen Wesen geschützt und in der Lage, das uns bisher unbekannte geistige Wissen, das nun an uns - in welcher Form auch immer - herantritt, zu erkennen, weil uns das Herz dazu die richtigen Antworten geben und sich dadurch auch unser Denken ordnen wird. Folglich kann jeder Mensch mit Hilfe seines Gewissens das Falsche als Lüge ablehnen und das Richtige als Wahrheit annehmen und weitergeben.

Ein gläubiger oder ernsthaft um den Glauben ringender Mensch wird somit auch für diejenige Welt empfänglich sein, aus der seine Seele als **unvollkommenes** Wesen zur Erde kam und ins Fleisch eingezeugt wurde. Hier soll sie nun mit Herz und Verstand wieder ihren Schöpfer sowie auch ihre Unzulänglichkeiten erkennen und sich von ihren Fehlern und Schwächen befreien, damit sie nach dem Tode ihres materiellen Leibes als **vollkommenes Kind Gottes** in ihre lichte und klare Heimat zurückkehren kann. Und dabei wird ihr Jesus Christus stets behilflich sein.

Der Mensch jedoch, für den Gott alles erschaffen hat und für den Er unablässig all Seine Liebe, Weisheit und Kraft zur Verfügung stellt, findet meist kaum einen Augenblick an Zeit, Seiner und Seiner Lehre zu gedenken. Solange er aber nicht an Ihn zu denken und zu glauben bereit ist, nimmt er auch nicht die liebevolle Lehre seines Schöpfers an, weil er nur das zu realisieren vermag, an das er glaubt. Und deshalb wird er auch den Nutzen des wahren Glaubens nicht an sich verspüren. Das wäre anders, wenn er daran glauben würde, dass alles irdische Leid durch das Befolgen gerade **dieser** Lehre gemindert oder gar zunichte gemacht werden könnte.

Oftmals sind es die vorgefassten Meinungen, die einige Menschen davon abhalten, sich von der Wahrheit überzeugen zu lassen. Trotzdem wird sie letztendlich siegen, weil sie das einzig Richtige ist, das der Mensch leben soll. Außerdem ist die Wahrheit Liebe und Weisheit zugleich und deshalb auch das Band, das Vater und Kind miteinander verbindet. Und da uns die Liebe lehrt, dass die Wahrheit am wirkungsvollsten zu einem **geeigneten** Zeitpunkt verbreitet werden soll, ist dafür die Notzeit die günstigste.

Leider ist die Menschheit schon wieder auf dem Wege zu einer solchen Zeit, da die **Glaubenslosigkeit** und der damit verbundene finanzielle Egoismus mancher Menschen derartige Formen annimmt, dass die Allgemeinheit demnächst nicht mehr dazu bereit ist, dafür aufzukommen. Der Unglaube an die Kraft, die ihr allein die Hilfe zur Erkenntnis geben kann, wird wohl noch dazu beitragen, dass die Not immer größer wird, solange der Mensch meint, sich ohne den festen Glauben an Gott selbst helfen zu können.

Wird sein Leben aber schwerer, weil er ständig in die Fallen der Welt tappt, die ihm der Gegner Gottes stellt, so macht er kurioserweise oftmals auch dann seinen Schöpfer dafür verantwortlich, wenn er ungläubig ist. Dieser wird aber niemals in den freien Willen der Menschen eingreifen, sofern es das Schicksal nicht anders bestimmt. Demnach geschieht dem Wollenden auch kein Unrecht, wenn er direkt oder indirekt unter **seinen** eigenen falschen Entscheidungen und Handlungen zu leiden hat.

In manchen Fällen fallen dem Menschen angesichts seines bevorstehenden Todes jedoch seine Zweifel an Gott und das ewige Leben wie Schuppen von den Augen. Dieses seltene Glück hatte im vorigen Jahrhundert ein Mann, dessen Frau und Kinder nach und nach verstorben waren, obwohl er des öfteren einen Theologen um Rat gefragt und - wenn auch halbherzig - Gott um die Gesundheit und das Leben seiner Angehörigen gebeten hatte. Als alles nichts half, wollte er auch nicht mehr leben und stürzte sich im Spätherbst von dem Flachdach eines sechsstöckigen Hauses in die Tiefe.

Die Gnade Gottes fügte es aber, dass sich der Lebensmüde während seines Falls mit seiner Winterjacke im Geäst eines Baumes verfing und dort hängen blieb, so dass die Gefahr bestand, jederzeit abzustürzen. Halb ohnmächtig vom Schock und den Schmerzen sowie in großer Todesangst flehte er Gott um Hilfe an, so dass die herbeigeeilten Straßenpassanten nach kurzer Zeit Hilfe holen, ihn aus seiner misslichen Lage befreien und in's Krankenhaus transportieren konnten. Sein Flehen wurde erhört, weil es aus dem tiefsten Herzensgrunde gekommen war, so dass der Mann letztendlich die Liebe und Barmherzigkeit Gottes erkannte, die einer jeden reuemütigen Seele entgegenkommt.

Allein deswegen lohnt es sich schon, sich ernsthaft mit Gott und Seiner Lehre zu beschäftigen, wenngleich der

Lohn dafür im Jenseits unendlich größer als auf Erden sein wird. Weil der Gegner Gottes, der auch unser Gegner ist, jedoch alles Mögliche versucht, den Menschen vom Glauben an seinen Schöpfer abzuhalten, indem er ihn mit allen Tricks mit der Welt und ihrem Scheinglanz lockt und vom geistigen Streben abzubringen versucht, müssen wir schon mit uns ringen und kämpfen, um seinen Verführungskünsten nicht zu erliegen. Unser Ringen um den Glauben wird aber von Erfolg gekrönt sein, wenn wir trotz aller Zweifel, den der Gegner in uns zu schüren versucht, glauben und vor allem liebevoll leben **wollen**. Und weil der Glaube an Gott stets eine Herzensangelegenheit ist, verrät uns der Herr auch in einer Kundgabe, der die Wortempfängerin Bertha Dudde die Nr. 3502 gab:

*„Die tiefste Dunkelheit muss dem hellen Licht weichen, so die Seele Verlangen danach trägt, auf Erden wie im geistigen Reich, denn immer ist das Verlangen danach entscheidend, wie die Seele bedacht wird. Und so wird auch der Mensch auf Erden sich selbst den Lichtgrad schaffen, der seinem Verlangen entspricht. Und zwar wird er gedanklich Wahrheit oder Irrtum entgegennehmen können, **beides aber erst erkennen** als das, was sie sind, wenn er nach der Wahrheit trachtet.*

*Die Wahrheit als Wahrheit, den Irrtum als Irrtum erkennen aber heißt, voll überzeugt sein, dass er recht oder falsch denkt. Und doch wird er keine für die Welt gültigen Beweise dafür haben, aber er wird es glauben.*

*Folglich ist der Glaube durch eigenen Verdienst erworben, weil er den Willen hatte, in der Wahrheit zu stehen, die Wahrheit zu erkennen als solche. Und **also kann der Mensch glauben, wenn er will**, und es ist nicht ein Geschenk, eine Gnade, glauben zu können, weil der Glaube immer den Willen, das Verlangen nach der Wahrheit voraussetzt. Dies gilt für den Glauben, der vor Gott den rechten Wert hat, den Gott fordert von den Menschen, den Glauben an Ihn als höchst vollkommenes Wesen voller Liebe, Macht und Weisheit.*

*Nur diesen Glauben fordert Gott, weil er Voraussetzung ist für einen Lebenswandel auf Erden, der dem göttlichen Willen entspricht, und weil er alles andere nach sich zieht, was die Seele zu ihrer Aufwärtsentwicklung benötigt. Denn wer diesen Glauben sein eigen nennt, der wird stets und ständig die ewige Gottheit zu Rate ziehen, er wird sich gedanklich mit Ihr verbinden und bewusst das vollkommenste Wesen anstreben, er wird in der Erkenntnis der eigenen Unzulänglichkeit sich von Gott Rat und Hilfe erbitten, er wird die in Liebe ihm gebotenen Gnaden dankend entgegennehmen und also seinen Erdenlebenszweck erfüllen.*

*Den überzeugten Glauben an Gott als überaus liebevolle, weise und allmächtige Wesenheit aber kann jeder Mensch erwerben, so er völlig unbeeinflußt über seinen Erdenlebenszweck nachzudenken beginnt, immer mit dem Willen, das Rechte zu erkennen. Er braucht nur aufzumerken, was um ihn geschieht, und sein eigenes*

*Lebensschicksal verfolgen; dann wird er immer die Liebe Gottes erkennen können, so er nicht das irdische Wohlleben als Maßstab anlegt. Die Schöpfung wird ihm weiterhin Gottes Weisheit und Allmacht beweisen, immer vorausgesetzt, dass er die Wahrheit sucht, dass er nicht nur mit dem Verstand, sondern mit dem Herzen Aufschluss begehrt, d. h., die Wahrheit nicht schulmäßig zu ergründen sucht, sondern es innerster Herzensdrang ist, seine Erdenlebenszweck zu ergründen. Denn das Verstandesdenken garantiert nicht die reine Wahrheit, weil Gott - die Wahrheit Selbst - Sich denen verborgen hält, die nicht innerstes Verlangen nach Ihm treibt.*

*Darum wird auch der einfältige Mensch leichter glauben können als mancher Mensch mit Verstandesschärfe, weil letzterer grübelt und forscht, wo ein inniger fragender Gedanke an den ewigen Schöpfer angebracht ist, um wahrheitsgemäße Aufklärung zu erhalten. Letzterer suchet allein zum Ziel zu kommen, ersterer aber wendet sich bewusst oder unbewusst an Gott um Aufklärung und wird verständlicherweise rechten Erfolg haben.*

*Glauben zu können ist keinem Menschen vorbehalten, und auch der scharf denkende Verstandesmensch vermag kindlich zu glauben, sowie er nicht geistige Fragen seinem Verstand unterbreitet zur Beantwortung, weil sie allein vom Herzen beantwortet werden können. Und selbst der größte Wissenschaftler kann einem Kind gleich dem Vater von Ewigkeit gegenüberstehen, so er sich von den Wundern der Schöpfung beeindrucken lässt, die sein Verstand allein nicht ergründen kann, aber im tiefen Glauben an eine allmächtige, weise und liebevolle Gottheit ihre Erklärung finden.*

*Wer nicht zu glauben vermag, überhebt sich selbst, denn die Demut des Herzens lässt ihn den tiefen Glauben finden; die Überheblichkeit aber ist ein Hindernis, das keinen Glauben aufkommen lässt. Ob aber der Mensch demütig oder überheblichen Geistes ist, hängt allein von seinem Willen ab, der sich beugen kann oder in Widersetzlichkeit verharrt dem Wesen gegenüber, Das ihn erschaffen hat und also auch von ihm anerkannt werden will.*

*Und so ist auch der Glaube ein Akt des freien Willens, der niemals einem Menschen als Gnadengeschenk übermittelt wird, sondern dieser muss ihn selbst erwerben, wozu er von Gott aus auch befähigt ist, so er die Gabe des Verstandes nützet in der rechten Weise, so er die Wahrheit begehrt und sich widerstandslos den Gedanken hingibt, die ihm zugehen, sowie er innig verlangt nach Licht.*                                    *Amen"*

Wie alles im Leben, so hat auch der Glaube zwei Seiten. Man kann sich ihm und damit dem göttlichen Willen hingeben, so dass er in uns über das Herz eine sanfte Wärme verbreitet. Sobald er aber von schlechter Hand benutzt wird, gestaltet er sich derart intolerant, dass er statt eines kleinen, den Menschen erwärmenden Lämpchens, zu einer wild auflodernden Brandfackel wird, die zerstörend statt wegweisend ist. Dies haben Sie bestimmt noch aus der sog. „Christianisierung" der Völker Mittelamerikas durch die spanischen Eroberer in Erinnerung, die der Herr zwar aus uns unerklärlichen, Ihm jedoch wohlbekannten Gründen zugelassen hatte.

Dem Menschen wurde der freie Wille geschenkt, damit er Gott in sich erkennen und sich wieder frei von allen Zwängen zum Guten hin entwickeln kann, denn freiwillig haben wir uns vor undenklichen Zeiten im geistigen Reich von Ihm entfernt, und freiwillig müssen wir nun wieder zu Gott zurückkehren, wenn wir selig werden wollen. Das erklärt auch die immerwährende Frage, warum Er auf Erden so vieles zulässt und nicht eingreift, um Seine Ordnung wieder herzustellen, wenn der Mensch dagegen verstoßen hat. Durch solche Zwangsmaßnahmen würde Gott unsere Willensfreiheit außer Kraft setzen, so dass wir zu Marionetten Seines Willens würden und dadurch nicht durch eigenes Bestreben das Ziel erreichen könnten, welches Er all Seinen Geschöpfen in Aussicht stellt: **die Gotteskindschaft**.

Es ist daher eine Gnade Gottes, wenn wir auf Erden von artverwandten Seelen Kundgaben aus dem Jenseits empfangen dürfen. Weil die Liebe und Barmherzigkeit unseres Himmlischen Vaters jedoch kein Ende nimmt, sind überall dort Jenseitskontakte möglich, wo die Liebe groß genug ist, Seine Liebe anzurühren.

So lag es z. B. der durch einen tragischen Verkehrsunfall Ende August 1997 plötzlich verstorbenen **D i a n a,**

**Prinzessin von Wales**, sehr am Herzen, denjenigen Menschen noch einiges mitzuteilen, die sie geliebt haben, um ihnen die Umstände ihres unerwarteten körperlichen Todes und den Sinn ihrer irdischen Mission zu erläutern.

„*Ihre Worte sind bewegend - soviel Liebe, soviel Mitgefühl und ein tiefes Wissen um den Sinn ihres Lebens sprechen aus ihnen*", schreibt der Wortempfänger ihrer jenseitigen Kundgaben in der Einleitung des Büchleins "Diana – Ich möchte euch so gerne noch etwas sagen…", **Dietrich von Oppeln** u. a., der das in Englisch Empfangene auch in's Deutsche übersetzte und die Schrift durch den Ch. Falk-Verlag veröffentlichen ließ:

„*Der Augenblick des Unfalls war ein schrecklicher Schock. Zuerst war mir gar nicht klar, was passiert war. Auf seltsame Weise schwebte ich über der Unfallstelle im Tunnel und wunderte mich über diesen eigenartigen Traum. Ich spürte keinen Schmerz, und ich war nicht in meinem Körper. Ich sah hinunter auf das Auto-Wrack. Es sah grauenvoll aus - das war nicht ich, nicht meine Zeit - das hat nichts mit mir zu tun, dachte ich.*
 *Dann sah ich, wie ein Mann die hintere Türe öffnete, und ich sah mich selbst dort liegen und auch Dodi* (ihr Lebensgefährte) *zur anderen Seite geneigt - es sah entsetzlich aus. Als ich ihn sah, wusste ich, etwas Schreckliches war geschehen. Dann spürte ich, wie ich wieder in meinen Körper, der sich unangenehm und sehr schwer anfühlte, zurückging. Obwohl ich anfangs keine*

*Schmerzen hatte, fühlte sich alles in meinem Körper völlig falsch an. Also ging ich wieder hinaus.*

*Ich sah alles ganz bewusst: wie sie mich in den Krankenwagen legten, wie sie mich ins Krankenhaus brachten, wie sie versuchten, mich wiederzubeleben, sogar wie sie meinen Körper öffneten, um dieses Herz wieder zum Schlagen zu bringen - ich sah alles, verwirrt, im Schock, und auch mit Mitgefühl für diese Menschen, die sich so sehr bemühten; manche von ihnen weinten sogar. Trotzdem war ich umgeben von diesem Licht, von dieser Kraft, die mir in diesem Moment das Gefühl gab, dass alles richtig sei.*

*Ich sah diesen Körper, meinen Körper - und ich wusste, er war zu verwundet - ich sah, dass nichts mehr getan werden konnte. Ich gab meinen Körper auf - und er starb. Immer noch arbeiteten sie verzweifelt daran, und wenn mich nur jemand hätte hören können, hätte ich ihm gesagt, dass ich mich entschieden habe zu gehen. Dass sie aufhören konnten … bitte … es ist nicht ihr Fehler. Sie haben alles getan, was ihnen möglich war.*

*Den Schock spürte ich nicht mehr, aber ich hatte plötzlich große Sehnsucht nach meinen Kindern. Ich konnte sofort bei ihnen sein. Sie waren offenbar schon im Bett, als ich zu ihnen kam. Es war ganz ähnlich, wie wenn ich sonst bei ihnen war - nur konnte ich sie nicht berühren, konnte sie nicht küssen, wie ich es sonst tat. Aber ich konnte all meine Liebe mit ihnen teilen.*

*In diesem Moment wusste ich nicht nur, sondern mir wurde erst so richtig klar, dass ich tot war - und es war ein Schock, weil ich daran dachte, wie sie sich fühlen würden, wenn sie es wüssten. Ich sprach mit ihnen, und die Art, wie Harry seinen Kopf im Schlaf bewegte, ließ mich hoffen, dass er mich gehört hatte. Ich fühlte mich ihnen so unendlich nahe ..."*

An der Liebe, die aus ihren Worten hervorgeht, kann man erkennen, dass die Seele bereits stark geläutert ist. Das Ungewöhnliche war jedoch, dass die erste ihrer acht Kundgaben bereits am 05. Sept. 1997 empfangen wurde, also ca. 1 Woche, nachdem die Seele der Prinzessin endgültig aus ihrem Körper getreten war, was normalerweise erst Monate später erfolgt.

**FAZIT**: Weil die Liebe der Schlüssel allen Lebens ist, besitzt ein Mensch ohne Liebe außer seiner irdischen Lebenskraft keine zusätzliche innere Kraft. Nur die Kraft der Liebe lässt ihn zu einer Persönlichkeit reifen, die zu immer neuen Erkenntnissen kommen möchte, um daran zu wachsen, wie dies z. B. bei der Prinzessin von Wales der Fall war. Damit des Menschen Seele aber die für ihre Entwicklung richtigen Wege geht und sich nicht an die Welt und ihre Machenschaften bindet, wurde ihr von Gott ein inneres Licht geschenkt, das sie wie ein Sprachrohr führen soll. Und das ist das Gewissen, das ihr jedoch nur leise zu verstehen geben kann, wenn der Mensch unrecht denkt oder handelt.

Doch seine Liebe und sein Gottvertrauen werden ihm helfen, die irdischen Prüfungen in Demut zu bestehen, solange er sich von seinem Gewissen und damit von

Gott leiten lässt. Dann können ihm auch die Neuoffenbarungen zugeführt werden, damit er zu den richtigen Erkenntnissen kommen und auch seinen Mitmenschen das Licht der Wahrheit schenken kann, dessen sie dringend bedürfen. Durch die darin enthaltenden Wahrheiten wird ein jeder den Sinn und Zweck seines Erdenlebens erkennen, so dass er nunmehr den rechten Willen aufzubringen vermag, seinen Charakter und seine Gesinnung positiv zu verändern.

## 5. Über die menschliche Seele

Der Mensch funktioniert nur als eine Einheit, die aus seinem Körper, seiner Seele und seinem Geist besteht. Zwar wissen wir heutzutage viel über unseren Körper, kennen aber nur sehr wenig von unserer Seele und noch viel weniger von dem in ihr wohnenden göttlichen Geist. Da die Seele jedoch unsere Lebenskraft und damit unsere Innenwelt in sich trägt, lebt sie durch den ihr geschenkten freien Willen auch wie aus sich selbst, weil in ihr unser Ich-Bewusstsein ruht. Nach dem weisen Ratschluss Gottes kann sie auf Erden aber nur schwer bewiesen werden, da sie etwas Geistiges ist, dessen Leben ein jeder in sich **selbst finden** muss. Nur derjenige, der zu meditieren gelernt hat, erhält hin und wieder eine Ahnung davon, wie es ist, wenn er sich kurzzeitig so fühlt, als ob er keinen Körper mehr besäße.

Weil die Seele den Lebens- und Wesenskern des Menschen in sich trägt, der sich beim Sterben seines Körpers langsam von seiner ihn umhüllenden Materie löst, war es schon seit Urzeiten sein Bestreben zu erfahren, was danach mit ihr geschieht. Abgesehen von den asiatischen Ländern wurde deshalb in den vergangenen Jahrhunderten, insbesondere in England und den USA von verschiedenen Institutionen Sterbeforschung betrieben. Hierbei legte man besonderen Wert auf die Erforschung der inneren Vorgänge, die dem Sterbevorgang vorausgehen. Dadurch kam man zu der Überzeugung, dass das Bewusstsein des Menschen unabhängig von seinem Körper existiert.

Ein eklatanter Beweis dieser These wurde uns im Jahre 1998 durch eine riskante Operation am Schädel der US-Amerikanerin P. Reynolds geliefert, deren Gehirn während dieser Zeit auf Eis gelegt werden musste. Nach erfolgreichem Abschluss konnte Frau R. den erstaunten Ärzten die Vorgänge während ihrer Operation genau schildern. Da es jedoch unmöglich war, dass durch den komplizierten chirurgischen Eingriff das Gehirn der Patientin irgendwelche äußere oder innerkörperlichen Eindrücke aufnehmen konnte, müsste nun eigentlich **bewiesen** sein, dass das Gehirn des Menschen im Grunde lediglich der Vermittler seines Bewusstseins für die Außenwelt ist. Geistig gesehen hat es demnach die Aufgabe, seine Innenwelt mit der Außenwelt zu verbinden und umgekehrt, damit die Seele des Menschen mit den äußeren Eindrücken fertig werden kann.

Durch diese Operation konnte jedenfalls der **Beweis erbracht** werden, dass der menschliche Körper nicht aus sich selbst heraus lebt, sondern aus der Kraft, die in seiner Seele wohnt. Diese Kraft gibt uns auch das Selbstbewusstsein, das unabhängig vom Gehirn existiert. Es liegt in dem Geistfunken aus Gott, der unserer Seele und dem Körper das Leben schenkt. Daher müssen wir auch zwischen Seele und Geist unterscheiden, die keine Einheit darstellen, trotzdem das Eine ohne das Andere nicht denkbar ist.

Wer sich längere Zeit intensiv mit dem Geistigen und mit der Wahrheit aus Gott beschäftigt hat, der weiß, dass die Seele ein Gebilde von unvorstellbar vielen Miniatur-Schöpfungen ist. Weil in ihr sämtliche inneren Vorgänge des Menschen gespeichert sind, mit denen sie jemals zu tun hatte, kann sie auch mit einem Datenträger verglichen werden. Der Unterschied besteht aber darin, dass sie noch zusätzlich die gesamte Schöpfung in allerkleinster Form in sich trägt, damit wir überhaupt die materielle und später ebenfalls die geistige Welt wahrnehmen können.

Solange die Rückführung der gefallenen Kinder Gottes noch nicht abgeschlossen ist, unterscheidet man in der geistigen Welt drei große Bereiche:

1. das helle, lichte und klare Reich Gottes, das uns als "Himmel" bekannt ist,
2. den Eingangs- oder Orientierungsbereich, auch "Zwischen- oder Mittelreich" genannt, in den fast alle Seelen nach ihres Leibes Tode gelangen, und
3. den trüben, dunklen oder finsteren Bereich, den wir "Hölle" nennen.

Diese Bereiche befinden sich im Inneren einer jeden menschlichen Seele. Das kann auch nicht anders sein, denn wären sie nicht in geistiger Form in ihr enthalten, könnten wir sie nach unseres Leibes Tode nicht wahrnehmen. Und auch die Materie erkennt der Mensch nur als solche, weil sie das seinerzeit gefallene und verhärtete Geistige in sich birgt, das Ihnen noch im Band III näher erläutert wird.

**Der Mensch hat also eine Seele**, die von geistiger Art ist. Deshalb kann der sterbliche Leib auch nicht seine Seele sein, zumal er aus Materie besteht und im Grunde der Erde entstammt, die das gefallene Geistige in sich birgt. Und da der Leib nur durch die göttliche Kraft seiner Seele existiert, kann er auch nicht das eigentliche „Ich" des Menschen sein. Allein der Geist, aus dem alles kommt, was ein Mensch an Wahrem und Gutem besitzt, bindet den materiellen Körper vorübergehend an die Seele. Die Seele aber ist wieder der einst von Gott geschaffene Urgeist, nur mit dem Unterschied, dass er durch seinen Fall nicht mehr vollkommen ist, sondern wieder vollkommen werden soll.

Somit enthält die Seele nicht nur unsere Empfindungen und Gefühle, sondern auch unsere Intelligenz, also unsere Persönlichkeit, die weiterlebt, wenn ihr materieller Körper verstorben ist. **In ihr befindet sich ebenfalls der freie Wille**, der uns intuitiv zu verstehen gibt, dass wir eigenständige, intelligente und denkfähige Wesen sind, die einstmals im geistigen Reich von Gott ausgingen. Aus diesem freien Willen entspringt auch unser Ich-Bewusstsein, das ein Zeichen der Göttlichkeit ist. Demnach denkt und handelt der Mensch nicht aus dem Körper, sondern aus seiner Seele heraus, die jedoch noch nicht wieder vollkommen ist. Deshalb hat sie auf Erden auch nochmals die gleiche Willensprobe abzulegen, in der sie einst versagt hat. Aus diesem Grunde muss jede Seele hier auch bestimmte Aufgaben erfüllen, um daran zu reifen, damit sie wieder in ihre ursprüngliche Heimat zurückkehren kann.

Weil sich der Mensch völlig frei und ungezwungen entwickeln soll, wurde ihm das Rückerinnerungsvermögen über diese Zusammenhänge genommen. Entwickelt er sich positiv, so wird das sein Heil sein. Das Erdenleben kann aber auch zu seinem Verderben werden, wenn sich sein Wille negativ ausrichtet.

Nun ist die Seele nicht nur der eigentliche innere Wesenskern des Menschen, sondern auch der Körper ihres inwendigen Geistes. Und dieser Geist schenkt **dem Menschen** das eigentliche Leben und nicht die Materie, denn ohne Ihn wären Seele und Leib nicht lebensfähig. Das wird uns schon durch den Tod bewiesen, da durch ihn die Verbindung zwischen der Seele und ihrem Leib abreißt. Ohne Leib ist die Seele also kein Mensch mehr, sondern ein Geistwesen.

Wer an das Reich Gottes glaubt, aber meint, dass seine Seele nach dem Ableben der sie umhüllenden Materie dort als ein anderer Mensch aufwacht, als der er vorher war, weil er z. B. einer christlichen Konfession angehörte, den muss ich enttäuschen. Da die Seele des Menschen sein wahres „Ich" und damit seine Persönlichkeit enthält, ist sie auch der Träger ihres Geistes. Sie ist also das, was vor Ihrer Menschwerdung schon seit Ewigkeiten bestand und deshalb unvergänglich ist.

In unserer Seele befindet sich somit das, was wir lieben, und ebenso unsere daraus entstandene Gesinnung, die nach dem Ableben des Körpers im Jenseits vorläufig auch dieselbe wie auf Erden bleibt. Deshalb geht die Seele auch nach ihres Leibes Tode dorthin, wo sie das findet, was sie liebt. Und das ist nach Matth. 18,18, der Bibel nur allzu gerecht, weil es ganz unterschiedliche Reifegrade gibt. Das wiederum hat zur Folge, dass jede Seele in **dem** geistigen Reich ihre Heimat findet, die sie sich nach dem Maß ihrer Eigenliebe selbst bereitet hat. Deshalb sollte der Mensch versuchen, dem Willen Gottes und damit Seiner Ordnung zu folgen, denn dann kann sich seine Seele bereits im Diesseits und erst recht im Jenseits aufwärts entwickeln.

Durch den Lernprozess, den der Mensch auf der Erde und später auch im geistigen Reich durchläuft, können wir die sog. Himmelsleiter zu unserer Vervollkommnung Sprosse für Sprosse hinaufsteigen, wenn wir das wollen, bis wir wieder ein reines und vollkommenes Kind Gottes geworden sind. Davon zeugt auch der Traum des Jakob im 1. Buch Mose, 26,10 – 16, der Bibel. Es ist aber nicht möglich, auf der Himmelsleiter auch nur eine Sprosse zu überspringen, weil uns dann **der Teil an Erfahrungen fehlen würde**, den unsere Seele zum völligen Ausreifen benötigt. Daher muss eine jede Sprosse, die einen Teil der für unser Seelenheil notwendigen Willensproben darstellt, von uns im Diesseits wie auch im Jenseits **durchlebt** werden. Und das erklärt den oftmals kuriosen, schwierigen oder gar harten Erdenweg so mancher Menschen. Der Weg in die Vollendung kann uns nämlich nicht - wie die Erlösung durch Jesus Christus - geschenkt werden, sondern muss errungen werden.

Wer an ein Weiterleben nach dem Tode glaubt, jedoch der Meinung ist, dass es für ihn im Jenseits sowieso anders sei, als im Diesseits, und es deshalb besser wäre, sich überraschen zu lassen, der ist ebenfalls auf dem Holzweg. Seine Seele wacht dort nämlich mit demselben Charakter auf, mit der sie auf Erden entschlief. Sie verhält sich ebenso wie vordem, solange sie ihre bisherigen Eigenarten beibehält. Durch Ihren nächtlichen Schlaf haben Sie sich doch am nächsten Morgen auch nicht innerlich verändert - oder?

Viele Seelen, die als Neuankömmlinge das geistige Reich betreten, sind demnach immer noch unvollkommen, recht schwach und manchmal sogar degeneriert. Deshalb vermögen sie sich auch nicht ohne Christi Hilfe aus der Tiefe ihres verdunkelten geistigen Zustandes zu erheben. Somit begeht der Mensch eine große Torheit, wenn er auf der Welt nicht an ein Weiterleben seiner Seele nach dem Tode glaubt. War er hier nicht in der Liebe tätig, konnte sie auch keine oder nur wenig geistige Kraft in sich aufnehmen. Weil die Seele die ihr geschenkte **irdische** Lebenskraft nach ihrem Übergang aber verliert, ist sie im Jenseits überaus schwach und daher licht-, kraft- und oftmals auch willenlos, wenn sie in sich nicht durch Gottes Wort das Licht, die Kraft und das Leben aufgenommen und ein Leben in Liebe geführt hat. Darunter leidet sie unermesslich, so dass nun sehr viel Zeit vergehen kann, um das Versäumte nachzuholen, **weil sie aus eigener Kraft an ihrem Zustand nichts mehr zu ändern vermag.**

Zum Zwecke dieser Einsicht durchlebt sie dann eine Art Rückschau ihres Lebens, in der ihr gesamtes irdisches Wirken mit all ihren Gedanken und Motiven, Worten und Taten an ihr vorüberzieht, so dass sie für kurze Zeit dem Wechsel ihrer vergangenen irdische Bewusstseinszustände ausgesetzt ist. In den Offenbarungen des Johannes 3,5 + 20,12, sowie in Philipper 4,3, der Bibel, wird auch von dem „Buch des Lebens" gesprochen. Hierbei muss die Seele eine **Selbstbetrachtung durch ihren Geist ertragen**, die sie einmal als beglückend und dann wiederum als quälend empfindet, weil sie nun sowohl in das Bewusstsein ihrer guten als auch in das ihrer schlechten Denk- und Handlungsweisen gestellt wird, um zur wahren Erkenntnis ihres Charakters zu kommen. Sie kann jedoch nur dann die nötigte Erleuchtung erhalten, die sie zur Erkenntnis ihrer Fehler und Schwächen und zur Wandlung Ihres Wesens braucht, wenn sie durch das in ihr aufsteigende Falsche und Schlechte ihrer Handlungen reuemütig zur Einsicht kommt und um Hilfe bittet. Solange sie aber daran noch Freude hat, besteht die Gefahr, in tiefere geistige Sphäre abzusinken.

Etwas Ähnliches müssen schon die alten Tibeter gewusst haben, denn das „Tibetanische Totenbuch" lehrt, dass die Erforschung des menschlichen Innenlebens und der damit verbundene Kampf gegen den eigenen Egoismus **wichtiger** als alles andere auf der Welt ist. Demnach muss das erste Ziel des Menschen auch die **Überwindung des Vergänglichen** (also der Welt) sein.

Und im Hinblick auf das zweite Ziel heißt es hier wörtlich: *„Lerne zu sterben, und du wirst leben"*, was nichts anderes bedeutet, als dass jeglicher Egoismus mit dem alten Menschen sterben muss, damit nun Christus durch uns wieder auferstehen und in uns leben kann, wie dies schon der Apostel Paulus (der vormalige Saulus) in seinem Brief an die Galater, Kap. 2, Vers 20, bezeugt.

Also trägt allein die Seele die ganze Last der Verantwortung für ihr Erdenleben, weil sie der Träger des freien Willens ihres Geistes ist. Sie würde aber zumeist verkehrt denken und handeln, wenn nicht Gott ihr in ihrem Herzen **für ihr Erdenleben** einen zusätzlichen Anteil Seiner Liebe beigegeben hätte. Dieser Liebeanteil, der ein weiterer Geistfunke Gottes ist, sucht nun mit Hilfe des Gewissens seinen Einfluss auf den Menschen auszuüben, jedoch ohne zwingend auf ihn einzuwirken.

Deshalb steht es der Seele auch völlig frei, sich entweder dem Begehren ihres unter negativem Einfluss stehenden materiellen Körpers und der Welt **oder** dem Geist aus Gott zu unterstellen. Und **dies ist die eigentliche Erdenlebens-Probe**, die ein jeder als Mensch bestehen muss, wenn er das Ziel erreichen will, das ihm Gott gesetzt hat. Meistens ist dem Menschen die Lösung dieser Aufgabe aber nicht wichtig, so dass er im geistigen Reich auch nicht erwarten kann, dass sich die Gnade Gottes schnell an ihm auswirkt.

Da Gott dies weiß, schenkte Er so manchem Todkranken oder Sterbenden noch vor dessen Hinübergang die

Fähigkeit, den für ihn wesentlichen Teil seiner geistigen Umwelt wahrzunehmen. Durch die geistige Sehe bemerkt der Mensch nun die Wesenheiten bereits verstorbener Verwandter und Bekannter, die gekommen waren, um ihn abzuholen, so dass ihm die Liebe Gottes den Abschied von der Welt erleichterte. Hinzu kommt, dass die sich um ihn sorgenden Menschen durch seine vorherigen Äußerungen und Reaktionen noch so manches erfahren dürfen, was sie oftmals sicher werden lässt, dass um ihn herum etwas geschieht, das sie nicht zu sehen vermögen, damit sie sich darüber ihre Gedanken machen können.

Hierzu ist mir ein Fall bekannt, in dem der Ehemann die Lichtwesen schemenhaft zu Gesicht bekam, die die Aufgabe hatten, während des Sterbevorgangs die feinstoffliche Seele seiner Frau von deren Körper zu lösen. Dabei stieg ihre Seele wie schleierhaft aus der Gegend ihres Herzens nach oben, um ihm dann wenig später als komplettes feinstoffliches, seelisch-menschliches Gebilde sichtbar zu werden, bevor sie vollständig aus seinem Gesichtskreis verschwand. Ihre beiden älteren Kinder hatten von alledem jedoch nichts mitbekommen.

Unsere Seele besteht aus einer ätherischen Substanz, deren Lichtatome sich nach dem Tode des Leibes wieder zu einer vollkommenen Menschenform zusammensetzen. Sie ist das **Aufnahmegefäß der Lebenskraft** ihres Geistes, während die ihr von Gott geschenkte weltliche Lebenskraft nur das Bindeglied zwischen ihr und dem materiellen Leib war. Weil ihre **irdische** Kraft nach dem Leibestode wieder vergeht, speichert der Mensch schon **auf Erden durch ein liebevolles Wirken** die ihm zugehende göttliche Kraft in seinem Geist, die dann später im Jenseits in seiner Seele kraftvoll zu leuchten beginnt, indem sie seine Seele durchstrahlt. Dabei ist die Liebe das Feuer und die Weisheit dessen Licht; beides aber ist die Kraft, die ihr das Leben gibt.

Wieviel Kraft eine Seele in sich aufnehmen kann, richtet sich danach, wie stark sie auf Erden ihre Fehler und Schwächen abbauen und Liebesdienste verrichten, wie stark sie sich hier also zu reinigen vermag. Weil es die meisten Menschen aber versäumen, ihre Seelen von ihren Unzulänglichkeiten zu befreien, muss dieser Prozess von ihnen im geistigen Reich nachgeholt werden. Da eine **unreine** Seele nach dem Grade ihrer Belastung jedoch noch erkenntnisschwach ist und deshalb meist keine oder nur wenig wahre Liebe in ihr geistiges Reich mitbringt, sollten wir auf Erden alles tun, um unsere Unzulänglichkeiten zu bekämpfen und auszumerzen, damit die Seele wieder rein und kristallklar wird, wie sie es einst vor ihrem Fall aus dem Himmel schon einmal war.

Die Fehler und Schwächen des Menschen machen der Seele zwar im Erdenleben oftmals sehr zu schaffen, doch im Jenseits bestimmen sie solange mit ihren Weg, bis sie von ihr erkannt und geläutert wurden. Und das kann dauern! Diesen Zusammenhang muss wohl schon vor unserer Zeit der dt. **Dichter Emanuel Geibel** erkannt haben, als er hierzu schrieb:

*"Im Leben geht's nicht ohne Kampf,
versuch' nicht, ihn zu vermeiden.
Ring' in der Welt um deinen Platz,
doch sei dabei bescheiden.*

*Und wenn im Kampf der Leidenschaft
dein Herz droht zu zerspringen,
dann hör' nicht auf, dann lass' nicht ab,
dich selber zu bezwingen!"*

Die Kraft Gottes im Menschen ist das Feuer des Licht's Seiner Liebe, die eine auskristallisierte Seele derart durchstrahlt, dass sie nach ihres Leibes Tode zu einem hell leuchtenden Geistwesen wird. Dieses Liebe-Licht besitzt eine sehr starke geistige Strahlkraft, die sie wie magnetisch direkt in ihre Sphäre und nach einiger Zeit himmelwärts zieht. Weil die meisten Seelen jedoch noch mit mehr oder weniger starkem Unrat belastet sind, wenn sie das geistige Reich betreten, müssen sie von diesem Unrat und Ballast erst noch befreit werden, bevor sie in den Himmel eingehen. Ein solcher Reinigungs- und Läuterungsprozess kann aber sehr lange dauern, denn im Gegensatz zum Erdenleben kann sie sich davon **nicht mehr selbst befreien**.

Alles, was eine Seele auf Erden oder im Jenseits will und vollbringt, entspricht **ihrer** Liebe. Da die Seelen ihre Handlungen demnach aus der ihnen **eigenen** Liebe vollbringen, die gut oder schlecht ausgerichtet sein kann, liegt es nun allein an der Art ihrer Liebe, die ihnen im geistigen Reich angebotenen Aufstiegsmöglichkeiten anzunehmen oder zu meiden. Deshalb sollte der Mensch darauf achten, dass er nicht von den schlechten Neigungen und Leidenschaften der Welt gefangengenommen wird. Auch sollte sich seine Seele ihren Körper untertan machen, ihn führen und sich nicht von ihm bestimmen lassen. Da sie aber mit ihrer Intelligenz der Träger der Willensfreiheit ist, liegt es somit an ihr, ob sie den weltlichen Weg wählt, der sie wieder von Gott wegführt, oder den geistigen Weg, indem sie die Welt durchschaut und sich von Gott, ihrem Vater, zum ewigen Leben in Seligkeit führen lässt.

Neben dem ewigen Leben ist die Freiheit des Willens das Allergrößte, das uns der Himmlische Vater schenkte. Hierin liegt jedoch auch die größte Gefahr, vom Willen Gottes abzuweichen und somit wieder aus der göttlichen Ordnung zu treten. Wer aber dazu bereit ist, Gott und seinen Nächsten zu lieben, auf sein Gewissen zu hören und danach zu handeln, der beschreitet bereits den rechten Weg, denn Gott lässt nichts geschehen, was wir Menschen nicht bewältigen können. Wenn wir uns aber nicht an Gottes Willen halten, fallen wir automatisch unter die Herrschaft der Welt, so dass unsere Seele auch ein Kind der Welt bleibt und Gefahr läuft, der Welt zu erliegen, sich also an die Welt und nicht an Gott bzw. Jesus Christus zu binden.

Deshalb hängt auf Erden alles vom Denken und Handeln des Menschen ab, zumal erst bestimmte Umstände und Verhältnisse zusammentreffen müssen, bis er dass erreichen kann, was er erreichen möchte. **Im geistigen Reich ist das jedoch völlig anders.** Hier ist das Innerste seiner Seele, also der Geist, die große Fundgrube, weil in ihm all die Schätze ruhen, die er einst von Gott geschenkt bekam. Diese Schätze können wir aber erst erkennen, wenn wir den Geist in uns erweckt haben. Dann wird Er sich auch in uns kundtun, wie es bereits so manchem widerfuhr, der Gott über alles liebte und seinen Nächsten wie sich selbst. Nun wird sich unser auch die innere Ruhe, der Friede und die Zufriedenheit bemächtigen, nach denen wir uns so sehr sehnen.

**Der geistige Anteil Gottes** in uns ist daher auch die Verbindung zu Seiner unendlichen Kraftquelle und das eigentlich Schöpferische im Menschen. Aus Ihm gehen unsere Empfindungen, Gefühle und Gedanken sowie die Kraft zur Verwirklichung unserer Gedanken und Ideen sowie unseres Willens hervor, denn **ohne Ihn könnten wir nichts tun.** Doch wegen der Willensfreiheit des Menschen wird der Geist unseren Willen niemals zwangsweise beeinflussen, sondern ihn lediglich durch das Gewissen auf unsere falschen Denk- und Handlungsweisen aufmerksam machen. Wir können also im Diesseits ebenso wie im Jenseits das Rechte wie das Unrechte tun, ohne dass der Schöpfer in unseren Willen eingreift. Dann dürfen wir die guten Folgen unseres Denkens und Handelns genießen, müssen aber die schlechten auch selbst tragen.

Mit dem Tod des Leibes wechselt die Seele lediglich ihren Aufenthaltsort. Hier soll sie nun in dasjenige Reich zurückkehren, aus dem sie einst ihren Ausgang nahm. Demzufolge lebt sie auch in **dem** Bewusstsein weiter, in dem sich ihr geistiger Zustand befindet. Deswegen kann sie sich und ihre neue Umwelt nach kurzer oder längerer Zeit auch erkennen, denn sie bleibt dasselbe Wesen, dessen Ich-Bewusstsein nicht verloren geht. Allerdings hängt ihre Lebensqualität nun von den guten und schlechten Werken ab, die sie auf Erden verrichtete, weil sie nichts als ihren Glauben und ihre Werke mit ins Jenseits nimmt. Da diese jedoch sowohl gutartig als auch bösartig sein können, bestimmt sie damit selbst ihren Zustand im geistige Reich (Offenbarung Johannes, 14,13), so dass sie nun licht- und kraftvoll oder auch licht- und kraftlos ist und entweder in ihrer Finsternis oder in ihrem Licht wohnt.

Wohin eine Seele nun gelangt, hängt somit ganz davon ab, welchen geistigen Fortschritt sie auf Erden erzielen konnte. Jede geistige Ebene, in die sie gelangt, stellt nämlich den Bewusstseinszustand dar, in dem sie von der Erde schied. Deshalb gelangt sie auch in die Welt **ihrer** Vorstellungen, in der sie meist von gleichgearteten Verwandten, Freunden und Bekannten empfangen wird, die sie in ihre neue Umgebung einführen.

Zur Förderung und Erweiterung ihres Bewusstseins wird sie nun im Laufe der Zeit in den verschiedensten Sphären und Läuterungsstufen ebenfalls mit Gleichgesinnten zusammenleben, wobei in der Literatur die Sphären oftmals als größere Bereiche und die Stufen als Ebenen bezeichnet werden. Hier kann sie sich durch die freiwillige Erledigung der ihr gestellten Aufgaben dazu ausbilden lassen, die Unzulänglichkeiten in sich zu erkennen und mit Gottes Hilfe aufzulösen. Und daher kommt sie durch jede neu gewonnene Erkenntnis auch ihrem Ziel näher. Verweigert sie sich aber den ihr gestellten Aufgaben, wird ihr Bewusstsein stets trüber, was sich automatisch an einer finstereren und schlechteren Umgebung bemerkbar macht, in die sich nun auch ihre vorherige Umgebung verändert hat. Es kommt also auf den Charakter einer Seele und auf ihre Gesinnung an, ob sie zur Dunkelheit oder zum Licht tendiert.

Somit gestaltet sich der Mensch durch sein Denken und Handeln auch **seinen** Himmel oder **seine** Hölle selbst. Und die Vorbereitung dazu trifft er bereits auf der Erde. Daher gehört der Selbstfindungs-Prozess ebenfalls zu den Aufgaben, die er auf Erden an sich vornehmen muss, um seine Seele zum Wahren und Guten auszurichten. In ihr befindet sich nämlich sein Selbstbewusstsein und sein Charakter und alles das, was seine Persönlichkeit ausmacht. Sein Körper wurde deshalb mit einem sinnlichen Wahrnehmungsvermögen ausgestattet, das der Seele nun täglich die Reize der Welt vor Augen führt. Und weil sie die alleinige Entscheidungsfreiheit besitzt, kann sie durch ihren freien Willen ihren Charakter ebenso positiv wie negativ verändern. Deswegen wird die Persönlichkeit eines Menschen im Laufe seines Erdenlebens auch von dem geprägt, wohin seine Seele ihren Willen richtet. Daher ist es ihre Hauptaufgabe, nach den Ordnungsgesetzen Gottes zu leben, um die wahre Liebe in sich zu erwecken und wieder zu Gott zurückzufinden, von dem sie einst ausging. **Und das bedeutet Kampf mit sich selbst!**

> *„In der Bilanz eines Erdenlebens*
> *zählen somit die liebevollen Momente mehr*
> *als viele normal verlaufende Jahre."*
>
> (K. H. Karius)

Die Seele ist demnach das Gefäß, das das eigentliche Leben des Menschen trägt. Und dieses Leben kommt aus dem Geist aus Gott und währt ewig. Jede andere Lebensform ist deshalb im gewissen Sinne auch nur ein Scheinleben, weil es vorübergehend und nicht **ständig** besteht, wie z. B. unsere Existenz auf der Erde. Und wer das weiß, der versteht, dass **die Seele** und nicht der Leib die eigentliche treibende Kraft des menschlichen Willens in sich trägt. Dies lehren auch die „Weisen des fernen Ostens", wenngleich ihre Lehre von der Selbsterlösung **falsch** ist.

Der frühere Fußballspieler „Beckenbauer" hat einmal gesagt, dass er glaubt, dass wir Menschen von den Sternen kommen. Danach ist im Grunde genommen jeder Mensch ein „Außerirdischer". Doch die meisten werden bei dieser Aussage schmunzeln, weil sie das für weltfremd halten. Es gilt aber zu bedenken, dass die

Wissenschaftler glauben, dass **unsere Erde** mehr als **vier Milliarden Jahre** alt ist, das **materielle Weltall** hingegen ca. **14 Milliarden Jahre**, also mehr als dreimal so alt wie unsere Erde. Unsere Sonne mit ihren Planeten und auch die Erde können jedoch nicht aus einem Nichts entstanden sein, sondern nur durch das, was zuvor bereits erschaffen war, also **durch die noch älteren Sternenwelten**. Somit sind wir - **dem Leibe nach** - „Kinder des Weltalls" und nicht nur Erdenbewohner, doch mit dem Unterschied, dass dieses Beispiel lediglich ein **materieller** Hinweis auf unsere Herkunft ist.

Weil unsere Seele aber ein Informations- und Datenträger ist, trägt sie das Wissen ihrer Herkunft und zusätzlich noch das in sich, was sie einstmals durchlebt hat. Daher kann man sie auch als ein mit unzähligen Daten gespeichertes Miniaturformat bezeichnen. Als Mensch werden Sie das wahrscheinlich für unmöglich halten, doch wenn Sie einmal in die Dimensionen des Geistigen eingegangen sind, können Sie so manches verstehen und erleben, was Sie bis dahin nicht für möglich hielten. Ihre Seele besitzt nämlich ein **geistiges** Zentrum, das sich in der Mitte Ihres Herzens befindet. Und dieses Zentrum ist der Geistfunke, ein Miniaturfunke aus dem Urlicht Gottes, der als Sender und Empfänger von Liebe und Kraft dient, um die Seele wieder zu dem zu erheben, was sie einst war: **vollkommen**.

Der Geist hingegen ist der von Gott ausgegangene Wille, also ein Funke des Feuers Seiner reinsten Liebe,

Weisheit und Kraft, und somit - als unser eigentlicher Urlebenskeim - ein Anteil des liebevollen Wesens Gottes. Dieser Urlebenskeim wurde auch Ihnen als Geistfunke **vor** Ihrer Geburt in das Herz Ihrer Seele gelegt, um sie wieder lebendig zu machen. Deshalb birgt Ihr Herz das wahre Zentrum Ihres Lebens in sich. Und auch unsere Fachärzte wissen, dass ein Mensch sofort stirbt, wenn sie dieses Zentrum bei einer Operation verletzen.

Zwar ist der Geist an sich formlos, doch ist Er diejenige **Kraft**, die die Formen schafft, um sie zu beleben. So schafft er sich mit der Befruchtung im Schoße eines weiblichen Wesens nach dem Ebenbild Gottes eine feinstoffliche Hülle, die wir "Seele" nennen, und belebt sie. Die Seele wiederum umhüllt sich mit den ihr durch die Befruchtung geschenkten materiellen Substanzen, deren Ausreifung sie über ihre weltliche Geburt hinaus fördert. Deshalb trägt Ihre Seele auch ihr eigentliches Kraftpotential in sich, den unsterblichen göttlichen Geist, **durch den sie nur bestehen kann, weil es Gott gibt.**

Nach außen stellt die Seele zwar das eigentliche „Ich" des Menschen dar, seine Persönlichkeit liegt jedoch - genau genommen - in seinem Ich-Bewusstsein, also in seinem Geist- und Gottesfunken. Und dieser Funke ist seinem Wesen nach die Liebe, über die Gott uns das Leben schenkt, das unvergänglich ist - wie Gott Selbst. Somit sind wir Menschen Geist aus dem Geiste Gottes und Liebe aus Seiner Liebe, also auch Kraft aus Seiner Kraft sowie Licht aus Seinem Licht, und besitzen das

**Leben einzig und allein aus Seinem Leben**. Das besagt, dass der ewige Lebensgeist im Menschen kein Menschengeist ist, sondern ein **Gottesgeist im Menschen**, da der Mensch sonst kein Ebenmaß Gottes wäre. Diese Aussage müsste uns unwahrscheinlich beglücken, weil wir Menschen eigentlich Kinder Seiner Liebe sind.

Es ist somit im Grunde der Geist in der Seele, der den menschlichen Willen dazu animiert, das zu verwirklichen, was wir für unsere Wesenswandlung tun sollen. Und Sein Sprachrohr ist das Gewissen, das uns das Rechte oder Falsche unseres Willens bewusst machen soll. Deshalb müssen wir lernen, das Gute in uns stark werden zu lassen und uns in **Geduld und Demut** zu üben, da die werktätige Arbeit in unserer Welt nur langsam vonstatten geht, während es im Jenseits oftmals nur einiger Gedanken bedarf, um das zu realisieren, was wir möchten. Weil der Wille jedoch von unserer Gesinnung ausgeht, aber im Diesseits wie im Jenseits derselbe ist und vorerst auch bleibt, besteht der einzige Unterschied zwischen dem hiesigen und dem geistigen Leben darin, dass uns die Materie Grenzen setzt, während unser Wirken im geistigen Reich - je nach dem Reifegrad der Seele - grenzenlos sein kann.

Da Gott der Urgrund unseres Lebens ist, sind wir deswegen auch als **Seine Erben** dazu ausersehen, die Herzenskinder des Vaters zu werden. Deshalb besteht der Mensch auch aus der **Dreiheit von Körper, Seele**

**und Geist**. Doch nur der Geist- oder Gottesfunke ist das eigentlich Göttliche im Menschen. Er kennzeichnet uns **seit Adam** als „Gottes Kinder", denn die Menschen **vor** Adam besaßen einen solchen Liebe-Geist nicht. Zwar besaßen sie bereits den Verstandesgeist, jedoch fehlte ihnen die Liebe, da sie als sog. „Präadamiten" die Aufgabe hatten, die Erde für das höhere Leben der Menschen vorzubereiten, denn nach Gottes weisem Ratschluss muss sich nicht nur die Materie, sondern auch die Natur langsam höher entwickeln und kennt daher keine Entwicklungssprünge.

Der göttliche Geist ist somit das eigentliche unzerreißbare Band, das den Menschen mit dem Vatergeist von Ewigkeit verbindet, sobald er seine Seele durch die Liebe zu einem lebendigen Tempel Gottes gemacht hat. Weil die Liebe des Menschen in der Regel aber nur sehr gering ist, hat uns Gott ein zusätzliches zweites Licht durch **Sein Wort** geschenkt, das ebenfalls mit Seiner Kraft gesegnet ist. Dadurch kann das Gute im Menschen durch die Liebe dieses Lichtes von **außen** und durch den Geistfunken auch im **Inneren** seiner Seele zum wahren Leben erweckt werden, wenn er sich ernsthaft mit der Liebelehre Gottes beschäftigt und danach handelt.

Auf diese Zusammenhänge haben bereits schon mehrere christliche Mystiker hingewiesen. Hierbei denke ich z. B. an **Johannes vom Kreuz** (1542 - 1591) und **Theresa von Avila** (1515 - 1582), die beide den „**Weg** der Seele und des Geistes" bis zu ihrer Vollendung in mehreren Büchern schriftlich festgehalten haben. Dasselbe brachte schon der Apostel Paulus in der Bibel mit den Worten zum Ausdruck, nachdem er sein Leben Jesus Christus übergeben hatte und nur noch den Willen Gottes tat: **„Ich lebe, doch nicht ich, sondern Christus lebt in mir!"** (Galater 2,20).

Auf diese Weise wirkt der Geist aus Gott mehr und mehr im Menschen, dem sich Seele und Körper unterordnen sollen, um sich mit ihm vereinigen zu können. In dem **Zusammenschluss mit Gott** liegt daher auch die eigentlich wahre **Kommunion** und geistige Wiedergeburt, um die die christlichen Mystiker wussten, weil sie diese auf Erden selbst erlebt haben.

Somit nehmen wir mit den Augen des Fleisches die Dinge **außer uns** wahr und mit den Augen der Seele die Welt des Geistes **in uns**. Aber **erst** durch das Geschenk des göttlichen Liebe-Lichtfunkens kann der Mensch die Fülle des Geistigen in sich erkennen, wenn er sich zur Liebe wandelt und das Gebot der Liebe verfolgt. Dann beginnt sein Geist zu erwachen, so dass es nun langsam hell und lebendig in ihm wird.

Sein Streben wird jedoch nur dann von Erfolg gekrönt sein, wenn ihn die Liebe zu Gott und nicht die Weltliebe dazu treibt. Deshalb kann die Reinheit seiner Seele, die er nach dem Erdenleben vorzuweisen hat, auch geringer oder größer als vor seiner irdischen Geburt sein.

Doch **der Geist** wird seine Seele mit Hilfe des Gewissens stets dazu veranlassen, sich nach der Vollendung zu sehnen, damit sie sich auch ins Licht der Göttlichkeit erheben und in die ewige Heimat zurückkehren kann, die sie einst verlassen hatte.

Die meisten Menschen wissen nicht, dass Geist und Seele während des Tiefschlafes aus ihrem Körper treten können, um nach dem jeweiligen Reifegrad in den jenseitigen Sphären Sonderaufgaben zu verrichten. Dabei bleiben sie aber über die sog. "Silberschnur" mit ihrem Körper verbunden, in den sie jederzeit wieder eintreten können, solange diese Verbindung besteht. Wenn der Mensch erwacht, weiß er davon meist nichts mehr, es sei denn, dass er seine Erlebnisse mit in sein Wachbewusstsein nehmen konnte, was jedoch vom Reifegrad seiner Seele abhängig ist.

Eine mit mir freundschaftlich verbundene Dame vom Bodensee hatte vor Jahrzehnten ein solches außerkörperliches Erlebnis, das durch ihre Liebe zum Herrn sowie zu ihrer „Ziehtante" vor Weihnachten ausgelöst wurde. Sie erwachte aus dem Schlaf und stand vor ihrem Bett, obwohl ihr materieller Körper noch darin lag, und sie wusste nicht, was mit ihr geschehen war. Plötzlich hörte sie die Kirchturmuhr 7 x schlagen und erschrak, weil sie um 8:00 Uhr von ihrem Onkel abgeholt werden sollte, um ihre Tante zu besuchen, die sich schwerkrank in einem weit entfernten Krankenhaus befand. Doch – was war das? Als sie an die Tante dachte, ging alles sehr schnell. Sie schwebte bereits über den Dächern ihrer Stadt und die dahinter liegenden Landschaften, ohne den Fahrtwind und die winterliche Kälte zu verspüren, und landete auf dem Flur der Etage des Krankenhauses, auf der die Tante lag.

Zwar wusste sie nicht, was ihr geschah, doch bat sie in ihrer Not Jesus, ihr zu helfen. Nun handelte sie sehr besonnen und versuchte, die Zimmertür zum Raum ihrer Tante zu öffnen. Als ihr dies nicht gelang, weil sie immer wieder durch die Klinke griff, wurde die Türe plötzlich von innen aufgetan. Eine Nonne kam herausgestürzt und lief durch sie hindurch. Erschreckt trat sie einen Schritt zurück und dann ins Krankenzimmer und sah, dass eine zweite Nonne vor dem Bett ihrer Tante betete. Plötzlich öffnete die Tante jedoch ihre Augen, drehte den Kopf zu ihr hin und stammelte: *„Ach, Elfriede, bist du doch noch gekommen."* Dann verstarb sie.

Erstaunt sah die Nonne zur Türe, schien dort aber niemanden zu bemerken. Nun hörte sie, wie die andere Nonne aufgeregt mit einem Arzt zurückkam, die ebenfalls durch Elfriede hindurchliefen. Nachdem dieser den Tod der Tante festgestellt hatte, merkte sich Elfriede für alle Fälle den Todeszeitpunkt von 7:15 Uhr, den sich auch der Arzt notiert hatte. Nun kam sie sich überflüssig vor und wünschte, wieder zu Hause zu sein, worauf sie schon über die Dächer des Ortes auf demselben Weg zu ihrer Wohnung schwebte, den sie gekommen war. So wurde sie über die wie unendlich dehnbare sog. „Silberschnur"

(Salomo 12,6), die sie mit ihrem materiellen Körper verband, wieder wie von Geisterhand zurückgeleitet.

Als sie sich durch das geschlossene Fenster hindurch sanft vor ihrem Bett herabsenkte, ihren menschlichen Körper darin liegen sah und sich fragte, wie sie nun dort wieder hineinkommen könne, wachte Elfriede in ihrem Bett auf und dachte: *„Was war denn das? War das ein Traum oder Wirklichkeit gewesen? Doch – hatte sie sich nicht den Todeszeitpunkt der Tante gemerkt? Und kannte sie nicht die Reaktion der betenden Nonne auf die letzten Worte ihrer Tante?"*

Nachdem Elfriede nun mit aller Vorsicht, jedoch akribisch genau alles überprüft und für wahr befunden hatte, nachdem sie mit dem Onkel im Krankenhaus angelangt war, wusste sie, dass ihr Erlebnis kein Traum war, sondern ihre Seele den Körper für kurze Zeit verlassen hatte. Durch die Gnade Gottes konnte sie eine **außerkörperliche Erfahrung** machen, die ihre Seele aus großer Liebe zum Herrn und zu ihrer Tante erleben durfte.

Dieses Ereignis war für Elfriede ein Beweis dafür, dass dem Geist eines Menschen nichts unmöglich ist. Er kann fühlen, denken und wollen und, wenn er durch die Liebe dazu inspiriert wird, auch zeitweise aus seinem materiellen Körper austreten. Somit schlummern in unserem Geist all' die uns geschenkten Talente und Fähigkeiten, die wir für unser irdisches Leben sowohl zur geistigen Erkenntnis als auch zum Erkennen Gottes benötigen.

In den letzten Jahrzehnten erleben immer mehr Menschen außerkörperliche Wahrnehmungen. Sie sprechen aber nur ungern darüber, um nicht ausgelacht oder gar für geistig gestört gehalten zu werden, weil viele ihrer Mitmenschen dem Geistigen entweder ablehnend oder skeptisch gegenüberstehen. Es gibt jedoch auch solche, die derart feinfühlig sind, dass sie die Fähigkeiten besitzen, die geistige Welt wahrzunehmen, sei es nun hellhörend, hellfühlend oder hellsehend. Dabei handelt es sich in der Regel immer um mediale Zustände, die allein deswegen **nicht** zu verwerfen sind, denn neben den medialen Eigenschaften ist auch der Glaube des Menschen sowie der Reifegrad seiner Seele das Kriterium. Mediale Fähigkeiten sind deswegen aber weder eine Gewähr für die Rechtschaffenheit eines Mediums noch für die Übermittlung der Wahrheit.

Durch solche Wahrnehmungen erkennt der Mensch aber, dass seine Seele die äußere Erscheinungsform des Geistes ist, die im Jenseits sichtbar wird. Sie ist die Hülle, die alle Stadien bis zu ihrer Vollkommenheit durchleben muss, um wieder eins mit ihrem Geist zu werden. Demnach ist die Seele das Kleid des Geistes, das bewirkt, dass sich der Geist **nicht** in die Unendlichkeit verströmt. Sie dürstet nach Liebe und Wissen und kann somit nichts vergessen, was sie jemals erlebt und damit in sich aufgenommen hat. Deswegen soll sie sich auf Erden auch reinigen, damit sie eines Tages wieder von ihrem Geist durchstrahlt werden kann. Dann wird der Mensch die ihm geschenkten Talente erkennen und durch eine von Gott gewollte Lebensführung sein Seelenkleid so hell und klar gestalten, dass er vollkommen werden kann, wie Gott vollkommen ist.

Als Ergänzung dazu weist uns Jesus Christus nun in der Dudde-Kundgabe Nr. 7153 darauf hin, dass wir alles daransetzen sollten, um auf Erden ständig an der Verbesserung unseres seelischen Zustandes zu arbeiten, weil wir uns dadurch im Jenseits so manche Unannehmlichkeiten ersparen können. Hierzu heißt es wörtlich:

*„Nichts darf euch davon zurückhalten, die Arbeit an eurer Seele zu leisten, denn sie allein bestimmt euer Los in der Ewigkeit. Und niemand kann euch diese Arbeit abnehmen, niemand kann sie für euch leisten. Und darum ist auch jeder Tag verloren, an dem ihr nicht an eurer Seele einen kleinen Fortschritt errungen habt, und wenn es nur ein einziges Liebewerk ist, das ihr verrichtet, es hilft dies aber eurer Seele zum Ausreifen.*

*Jeder Tag, der **nur** eure Ichliebe befriedigt hat, der nur eurem Körper Vorteile brachte, ist ein verlorener, denn sowie die Seele darben musste, war ein solcher Tag vergeblich gelebt. Und doch könntet ihr leicht vorwärts schreiten, denn es bieten sich euch viele Gelegenheiten, da ihr euch bewähren könnet, da ihr ebenjene Seelenarbeit leisten könnet, Gelegenheiten, wo ihr euch selbst überwinden müsset, wo ihr ankämpfen müsset gegen Begierden oder Untugenden aller Art, wo ihr Freude bereiten könnt durch gute Handlungen, freundliche Worte oder Hilfeleistungen, die immer eurer Seele einen geistigen Vorteil eintragen.*

*Immer wieder werden sich euch Gelegenheiten bieten, wo ihr auch innige Zwiesprache halten könnt mit eurem Gott und Vater, um daraus Segen zu ziehen für eure Seele. Und immer wieder könnt ihr das Wort Gottes anhören oder lesen und durch diese Ansprache Gottes eurer Seele eine ganz besondere Hilfe zuteil werden lassen, weil ihr nun der Seele Nahrung bietet, durch die sie fähig ist zum Ausreifen.*

*Und ob die Tage noch so eintragsreich sein mögen für euch an irdischem Gewinn, eine noch so kleine **gute** Tat ist weit höher zu werten, denn sie bringt der Seele einen Gewinn, den sie ewig nicht mehr verlieren kann. Was aber der Körper empfängt, das bleibt ihr nicht, es ist nur geliehenes Gut, das ihm jeden Tag wieder genommen werden kann.*

*Und daher könnet ihr auch der Seele täglich Schaden zufügen, wenn ihr sie belastet mit Sünde, wenn euer Lebenswandel nicht gut ist und ihr zu der bestehenden Ursünde (des einstigen Abfalls von Gott) noch viele andere Sünden hinzufügt, die allein die Seele einmal verantworten muss, weil sie unvergänglich ist.*

*Und darum solltet ihr nicht gedankenlos in den Tag hineinleben, ihr solltet euch wohl bedenken, was ihr tut, und ihr solltet euch bemühen, mehr eurer Seele als eures Körpers zu achten, denn **die Seele ist euer eigentliches Ich**, das den Gang über die Erde zurücklegen muss zum Zwecke ihres Ausreifens, zum Zwecke ihrer Vervollkommnung, die sie nur auf Erden erreichen kann.*
***Aber dies setzt auch euren Willen voraus, der eben darin besteht, bewusst anzukämpfen gegen Schwächen und Fehler aller Art.***

*Und will nun der Mensch vollkommen werden, dann muss er sich auch die Kraft erbitten, nach Gottes Willen zu leben, d. h., Werke der Liebe zu verrichten, was ihm dann sicher auch gewährt wird. Er muss ein bewusstes Leben führen, immer mit dem Ziel, sein noch unvollkommenes Wesen zur Vollendung zu führen, und sich nach Kräften bemühen, es zu tun. Und er wird dann auch von innen heraus angetrieben werden zum Wirken in Liebe, er wird nicht anders können, als gute Werke zu verrichten, und so also auch täglich einen geistigen Fortschritt verzeichnen können.*

*Und dann wird er sich auch nicht zurückhalten lassen durch weltlichen Anreiz. Denn sowie es ihm einmal ernst ist um das Erreichen seines Zieles, zur Vollendung zu gelangen, wird er die Arbeit an seiner Seele immer voranstellen, und es wird ihm auch stets geholfen werden von seiten der geistigen Wesen, die über seinen Erdengang wachen, die immer wieder seine Gedanken so zu beeinflussen suchen, dass er im Willen Gottes denkt, redet und handelt.*

*Denn der Erdenzweck ist allein das Ausreifen seiner Seele, was aber selten nur erkannt wird. Darum ist das Los der Seelen oft ein unglückseliges, jedoch aus eigener Schuld, denn immer wieder wird es dem Menschen vorgestellt, weshalb er über die Erde geht. Will er nicht glauben, so muss seine Seele es einst büßen, indem sie die Finsternis mit in das jenseitige Reich hinübernimmt, mit der sie die Erde als Mensch betreten hat.*

*Amen"*

Sobald der materielle Leib gestorben ist, ist also nur noch die Seele ihr alleiniger Außenkörper. Deshalb sind die jetzigen materiellen inneren und äußeren Organe des Menschen auch lediglich die Hilfsmittel, mit denen die Seele ihren freien Willen auf Erden zum Ausdruck bringen kann. Demnach sind die Sinne des Körpers gewissermaßen die Zügel, mit denen sie ihren Leib führt. Damit der Leib aber uneingeschränkt leben und funktionieren kann, befinden sich in seinen materiellen Organen die gleichen geistigen Organe, die mit Hilfe der Sinne seine Körperfunktionen steuern. Doch allein die Seele überlebt, während der Leib stirbt. Diese Aussage wird dadurch erhärtet, dass Menschen, die z. B. ein Bein verloren, seitdem oftmals das Gefühl haben, das Knie, ihre Fußsohle oder sogar einen Zeh bzw. ihren Fuß zu spüren, so dass hin und wieder auch die uns bekannten Phantomschmerzen auftreten.

*„Was wir sind, wollen und sollen,*
*geht zwar von unserer Seele aus,*
*doch **der Geber** des ganzen*
*i s t  **der Geist** in uns,*
*der ein Anteil Gottes ist."*

**FAZIT**: Der Mensch muss sich dessen bewusst werden, dass er ohne die ihm geschenkte geistige Kraft Gottes weder zu leben noch etwas zu tun vermag. Nur durch diese Kraft besitzt ein jeder die Möglichkeit, das Falsche und Schlechte in sich zu beherrschen und auszumerzen, indem er an eine solche Macht glaubt und sie demütig anruft. Und weil der Geist Gottes nicht teilbar ist, ist unser Geistanteil auch ständig mit Ihm verbunden, so dass Gott mit uns lebt und deshalb allwissend ist.

Dessen sind sich die meisten Menschen jedoch noch nicht bewusst. Zu einem solchen Bewusstsein können wir aber gelangen, indem wir den Geistanteil Gottes in uns erwecken. Dann werden wir auch verstehen, dass kein Mensch aus sich selbst leben kann, sondern nur aus Gott. Deswegen möchte uns die Liebe Gottes bereits auf Erden in die rechte Erkenntnis einführen, damit wir von dem frei werden, was uns hier noch bindet, und uns bemühen, Seine Gebote zu halten. Auf diese Weise kommen wir Ihm stets näher, so dass wir Seine unendliche Liebe spüren und uns nun danach sehnen, auch bei und daher mit Ihm leben zu wollen.

Wenn der Körper eines Menschen stirbt, löst sich seine Seele und der sich darin befindlichen Geist von ihm, um in den Bereich zurückzukehren, der dem Bewusstseins-Zustand seiner Seele entspricht. Über kurz oder lang wird sie nun erkennen, dass sie durch den ihr geschenkten freien Willen und den göttlichen Geist in ihr ein eigenständiges, völlig freies, intelligentes und denkfähiges Wesen ist, das einst von Gott ausging und nun wieder in den Bereich zurückkehren soll, aus dem sie sich vor unendlichen Zeiten im freien Willen entfernt hat.

Da die meisten Seelen aber noch unvollkommen und schwach sind, wenn sie das geistige Reich betreten, weil sie nun in **der** Welt leben, die ihrer Liebe und somit auch ihrer Gesinnung entspricht, ist es dort oftmals trübe und dunkel um sie herum und nur selten hell, licht und klar. Und da sie meist nur gleichgesinnte Wesen treffen, die ihnen nicht aus ihrer Verzweiflung heraushelfen können, kann ihnen auch nur dann geholfen werden, wenn sie selbst um Hilfe bitten und nach empfangener Hilfeleistung auch dazu bereit sind, entsprechende Liebesdienste an den jenseitigen armen Seelen zu leisten.

Deshalb ist es gut, wenn sich der Mensch schon auf Erden seiner Fehler und Schwächen bewusst wird und sich zu bessern versucht, damit seine Seele möglichst kraftvoll und unbelastet ins geistige Reich eingehen kann. Dazu wird der Mensch ständig von seinem Geist angeregt, der nicht ruht, ihm ins Gewissen zu reden, wenn er Gefahr läuft, Fehler zu machen. Unterdrückt er jedoch sein Gewissen, weil sein Sinnen und Trachten der Welt und ihren Machenschaften gilt, kann er Gott auch nicht dafür verantwortlich machen, dass sich seine jenseitige Welt dereinst trübe bzw. dunkel, öde oder wie eine Wüstenei darstellt.

## 6. „Tod", wo ist dein Stachel?

Sobald wir in ein unbekanntes Land reisen wollen, werden wir uns rechtzeitig darauf vorbereiten. Wir holen Erkundigungen über die Gegend, ihre Bewohner und deren Gepflogenheiten ein und werden uns so ausstatten, dass wir dort gut zurechtkommen, um den Zweck unserer Reise zu erfüllen.

Da jeder Mensch einmal **seine letzte Reise** antreten muss, die ihn in seine ursprüngliche Heimat zurückführt, sollte er frühzeitig ebenso handeln. Und weil er dort ewig leben wird, müsste er hierzu eigentlich entsprechende Vorbereitungen treffen und Erkundigungen einholen, damit er sich dort auch zurechtfindet und nicht unglücklich ist. Leider sind jedoch nur wenige so klug und weise und tun hierfür das Richtige.

Daher fühlen sich heutzutage die meisten Menschen auch ratlos, hilflos und alleingelassen, wenn sie plötzlich mit dem „Tode" eines ihrer Lieben konfrontiert werden. So mancher benötigt dann viel Ruhe und innere Kraft, die er aus dem Gebet zu seinem Herrn und Heiland schöpfen kann, wenn er mit seinen Gefühlen fertig werden will. Derjenige aber, der an ein Leben nach dem Tode glaubt, wird auch frühzeitig dafür etwas tun, so dass es ihm leichter fällt, eines Tages dem irdischen Tod ins Auge zu sehen.

Alle Religionen geben uns als Trost mit auf den Weg, dass etwas in uns über den Tod hinaus weiterlebt.

Schon deshalb ist der körperliche Tod nichts anderes als das Tor zum ewigen Leben unserer Innenwelt, die in der Seele zu Hause ist. Durch dieses Tor schreiten auch Sie eines Tages in **Ihr wahres Leben**, ein Leben in völliger Willensfreiheit, wie wir es uns auf Erden nicht vorstellen können. Deshalb brauchen Sie keine Angst vor Ihrem "Tod" zu haben, denn den vollständigen Tod, an den viele Menschen glauben, gibt es in Wahrheit nicht. Erst recht braucht niemand traurig oder verzweifelt darüber zu sein, wenn einer seiner Lieben von ihm gegangen ist, weil er ihn dereinst wiedersehen wird, sobald er es will und in dessen Sphäre gelangen kann. Der „Tod" und das **vorläufige „Alleinsein"** sollen uns jedoch dazu anregen, über den Sinn und Zweck unseres irdischen Lebens und über die Ewigkeit ernsthaft nachzudenken. Sie sind nicht nur ein Wegweiser für unser Erdenleben, sondern auch ein Wegweiser für das jenseitige Leben, der uns von der Hoffnung **in die Gewissheit eines besseren Daseins führt, wenn der Mensch hier seine „Hausaufgaben" gemacht hat.**

Wer also allzu sehr trauert, der sollte sich intensiv darum bemühen, seine Trauergefühle im Zaum zu halten, um nicht die Trauergeister anzuziehen. Diese Geistwesen werden ihn derart zu beeinflussen suchen, dass er oftmals selbst nicht mehr leben will. Solche Menschen sollte man trösten und über die geistige Welt aufklären, denn je mehr Menschen über das Jenseits etwas wissen, desto weniger sorgen Sie sich über Ihren körperlichen Tod und das Leben danach.

Ihre Verzweiflungsgefühle schaden jedoch dem Heimgegangenen, da sie meist egoistischer Natur sind und die Seele des Verstorbenen an die Hinterbliebenen kettet. Sie ist ein so zartes feinstoffliches Gebilde und wesentlich empfindsamer, als wir Menschen uns das vorstellen können. Auch besitzt sie die gleichen Sinnesorgane wie wir, die aber geistiger Art und dadurch unendlich feinfühliger sind. Weil sie deshalb die Gedanken und Gefühle der Hinterbliebenen wesentlich stärker empfindet als in der Materie ihres verstorbenen Körpers, wirken sich nun Freude und Leid ebenfalls stärker in ihrer Denk- und Handlungsweise aus.

Das ist auch mit ein Grund dafür, warum sich die Seele oftmals so lange nicht von einem geliebten Menschen lösen kann, der um sie trauert, da sie von ihm gefühlsmäßig angezogen und festgehalten wird. Die Seele leidet nämlich oft noch unter dem, was ihre Angehörigen für sie empfinden. **Wir sollten deshalb nicht übermäßig um einen Heimgegangenen trauern**, sondern ihm liebevolle Gedanken schenken und mit dem Herzen für ihn beten. Hierbei können wir ihn darauf aufmerksam machen, dass er sich von der Welt abwenden und sich an seinen Herrn, Heiland und Erlöser wenden möge, Der ihm durch Seine Boten helfen wird, ins Licht der Wahrheit zu gelangen, weil nach Joh. 8,32, allein die Wahrheit eine Seele frei macht. Durch die Trauer und Klagen der Menschen kann die Seele des Verstorbenen sonst von diesem Weg abgehalten werden.

Der körperliche Tod, den wir oft als unangenehm oder als Strafe empfinden, hatte bis zur Kreuzigung Jesu einen ganz anderen Stellenwert als danach, da seinerzeit noch **keine** Seele in das Reich Gottes zurückkehren konnte, von dem sie sich einst entfernt hatte, wovon Ihnen noch im Band III berichtet wird. Das änderte sich erst durch Jesu Verdienste, denn **die Trennung zwischen der von Gott geschaffenen geistigen Welt und der Erde war und ist der eigentliche Tod, den Jesus als erster Mensch (Erstling) überwunden hat** (1. Korinther 15,20). Er ging völlig sündenfrei über die Erde, indem Er den Menschen allein durch die Liebe diente, sich erniedrigte und gehorsam war bis in den Tod (Philipper 2,8). Dadurch kann Er auch alle Menschen erlösen, die gesündigt haben, indem Er sie mit Gott versöhnt und ihnen das ewige Leben gibt. Somit wurde Er geistig vollständig (also auch seinem Leibe nach) wiedergeboren, was Moses und Buddha gem. Judas 9 der Bibel nicht gelang. Sie hatten jedoch die Wiedergeburt ihrer Seelen erreicht, um die wir hier noch ringen müssen.

Zwar konnte Jesus, wie auch wir, Seiner Seele nach nicht getötet werden, so dass Er bereits unmittelbar nach dem Leibestode am Kreuz in das Reich des Todes hinab stieg, um all' jene zu erlösen, die bereits zuvor als Menschen auf Erden entschlafen waren und sich als bis dahin noch Unerlöste im Zwischenreich befanden, das die Volksmythologie als Totenreich oder "Hades" kennt (Offenb. 20, 13).

Dieses Reich ist die sog. "Vorhölle", aber noch nicht die eigentliche Hölle. Hierin ging die Seele Jesu für drei Tage und predigte den dort Unerlösten ebenfalls das Evangelium, doch nicht als "Sieger", sondern als Gekreuzigter mit Seinen Wundmalen. Auch dort sollte keine Seele gezwungen werden, Ihn als Erlöser und Messias anzuerkennen. Und das ist auch der Grund, warum in Matth. 27,51 – 53, geschrieben steht: *„Und siehe da, der Vorhang im Tempel zerriss in zwei Stücke, von oben bis untenaus, und die Erde erbebte und die Felsen zerrissen und die Gräber taten sich auf, und (es) standen auf viele Gräber der Heiligen, die da schliefen (noch an die Erde gebunden waren) und gingen aus den Gräbern nach Seiner (Jesu) Auferstehung und kamen (ihrer Seele nach) in die heilige Stadt (Jerusalem) und erschienen vielen (Menschen)."*

Weil Jesus nach Johannes 11, 25, die Auferstehung und das ewige Leben ist und trotz allergrößter Anfechtungen auf Erden ein sündenfreies Leben führte, hatte Sein Geist der Liebe jede Zelle und somit auch jedes Atom Seines materiellen Leibes durchdrungen und Seinen irdischen Körper vollständig vergeistigt, nachdem Er am Kreuz zwar leiblich gestorben war, nicht aber Seiner Seele nach. Dadurch, dass Er **als Mensch** die Sünden der Welt freiwillig auf sich genommen hatte, wurde Seine Seele vergöttlicht, so dass sie sich vollkommen mit Gott vereinigen konnte und Jesus Christus fortan Herr über Leben und Tod wurde (Joh. 3,14 – 16, 32 + 34, und Philipper 2,9).

Somit baute Er für alle, die von Gott abgefallen waren, eine Brücke und bahnte damit einen gerechten und festen Weg, der fortan den Himmel mit der Erde verbindet, so dass es uns jetzt ein Leichtes ist, **auf diesem Weg** wieder selig zu werden. Ein jeder Sünder muss somit nur Jesus Christus freiwillig und voller Demut als Erlöser und Gottessohn anerkennen und sich Ihm übergeben, wenn Er wieder in seine ursprüngliche Heimat gelangen will.

**Seitdem ist Jesus Christus der zuverlässige Wegweiser, dem alle Wege ins Vaterhaus wohlbekannt sind und dem man vertrauen kann.** Wer auf Seinem Wege wandelt, der wird das rechte Ziel auch nicht verfehlen, weil Jesus der Weg, die Wahrheit und das Leben ist (Joh. 14,6).

Durch Sein freiwillig auf sich genommenes Leiden und Sterben am Kreuz konnte Jesus zwar die Sündenvergebung nicht zwangsweise auf die Sünder übertragen, sondern Er schuf die Voraussetzungen dafür, dass jeder ab diesem Zeitpunkt die Möglichkeit hat, seinen Heiland und Erlöser um Vergebung der von ihm begangenen Sünden zu bitten. Und ihm wird die Absolution erteilt, wenn er sich **ernsthaft** bemüht, fortan nicht mehr zu sündigen.

Hätte Jesus nun alle vergangenen, gegenwärtigen und zukünftigen Sünden ohne reuevollen Selbstentscheid den Menschen erlassen, gäbe es keine Krankheiten, Sorgen und Nöte mehr. Dadurch wären aber alle Erlösten auch die Marionetten Gottes, weil sie nicht zu ihrer

Erlösung beigetragen hätten. Doch Sein Ziel ist die Gotteskindschaft für alle, die nur freiwillig errungen werden kann. Jede Seele wird sich deshalb mindestens einmal mit einem materiellen Kleid umhüllen müssen, solange sie noch mit der Ursünde behaftet ist

Das Gesetz, "Was du säst, wirst du ernten", wurde also durch Jesu Tod nicht aufgehoben, sondern in Barmherzigkeit umgewandelt, so dass der Mensch durch die Gnade Jesu Christi seine Verfehlungen nicht bis auf den letzten Heller abtragen muss, wenn er sie wahrhaft bereut, denn Jesus ist nicht in die Welt gekommen, um die Menschen zu richten, sondern um ihnen zu helfen, selig zu werden (Joh. 3,17). Es gibt aber immer noch Menschen, die der Ansicht sind, dass sie sich ohne die Inanspruchnahme Jesu von ihrer Sündenschuld befreien können. Sie muss ich enttäuschen, weil die unendliche Größe der Urschuld des einstigen Abfalls von Gott im geistigen Reich solches ausschließt. Die einstige Sünde der gefallenen Engel wider den Geist Gottes (und nicht die Folgesünden) war nämlich derart groß, dass nicht einmal das "Rad" einer mehrmaligen Inkarnation ausreichen würde, diese Urschuld ohne Christi Hilfe aufzulösen.

Jesus Christus ist deshalb auch nicht zu den Starken gekommen, um ihnen zu helfen, sondern in erster Linie zu den schwachen und kranken Menschen. Daher ist derjenige, der sich unter Seinen Schutz stellt, auch von Seinen Engeln umgeben. Die Engel sind der verlängerte Arm des Herrn, der helfen soll, alles Gefallene von ihrem

Joch zu befreien und in ihre wahre Heimat zurückzuführen. Deshalb sollten wir Jesus Christus stets in unser Leben mit einbeziehen, indem wir an Ihn denken und gedanklich um Seinen Rat bitten, dürfen aber später dabei das Danken nicht vergessen.

Wer bereits vom Heilsplan Gottes gehört hat, der weiß, dass Gott kein zorniger, sondern ein liebevoller Vater ist. Doch zum Schutz der bei Ihm verbliebenen Kinder musste Er das Hochmütige, das durch den Abfall von Ihm letztendlich noch bösartig geworden war, vom Gutartigen trennen. Deshalb schuf Er das Reich der Materie, in das das böse Gewordene zu seiner Läuterung gebannt wurde. Hierzu erhielt ich vor kurzem ein Schreiben, dem ein Gleichnis beigefügt war, das der Himmlische Vater am 24. u. 25. 08. 2011 einem Wortempfänger in einem christlichen ungarischen Kreis kundgab. Aus diesem Text verspürt man die unendliche Liebe und göttliche Barmherzigkeit, die von Seinem Wesen ausgeht:

*„Kommet her zu Mir, ich will euch erquicken. Ich will euch alle durchströmen mit Meinem Strahl des Heils, mit Meinen Strahl des Wortes. Doch auch euch, die ihr hier am Tische sitzt, die ihr noch nicht das Wort aufnehmet, auch euch will Ich ganz besonders sagen: Ihr seid wichtig hier, für die Gruppe, für die Gemeinschaft, denn ihr gleicht vieles aus, ihr tragt vieles bei zur Harmonie, zur Abrundung des Ganzen.*
*Ich brauche viele starke, viele offene Herzen, die sich bemühen um all jene, die Ich durch euch ansprechen*

möchte, die sich berühren lassen von dem Wort, das durch eure Schar gegeben wird. Wisst, dass Mein ganz besonderer Segen auf euch liegt, die ihr in selbstloser Weise Mir dient.

So möchte Ich im Anschluss an gestern Euch **ein Gleichnis** geben. Seht, es war einmal ein Fürst, der hatte ein gar herrliches Reich mit fruchtbaren Feldern, mit Wiesen und Wäldern, mit schönen Tälern, Bergen und Seen. Und es war herrlich, in diesem Reich zu leben. Und er hatte viele Untertanen, die er allesamt als seine Kinder betrachtete, denn er war ein väterlicher Fürst und wollte nicht herrschen, sondern wie ein Vater hat er sich bemüht, um ein Reich zu gestalten, in dem ein herrliches Miteinander möglich war. Und jeder seiner Untertanen hatte auch eine entsprechende Arbeit und konnte lernen, konnte wachsen mit seinen Aufgaben; denn der Fürst war gar mächtig, und er hatte nicht nur ein Reich, nein viele Reiche nannte er sein Eigentum. Und so hat er für alle eine ganz besondere Position in seinem Reiche ausersehen, wo sie **die sie erfüllende Aufgabe** bekommen haben.

Doch seht, eine Gruppe seiner Kinder, seiner Untertanen, war nicht mehr zufrieden mit dem Gegebenen. Sie sahen, dass der eine oder andere eine herrliche Stellung hatte, denn die Begierde war in ihnen erwacht, selbst zu herrschen. Und so standen sie auf wider den Fürsten. Zuerst waren sie nur trotzig, erledigten nicht die Arbeit, die für sie vorgesehen war. Und dies ging schließlich bis zum öffentlichen, zur offenen Bekämpfung des Fürsten, ja, sie begannen einen förmlichen Krieg.

*Was tat der Fürst? Seht, er sendete seine starken Wachen aus, und er stellte die Aufwiegler und ließ sie in sein Gefängnis werfen. Doch da er ein väterlicher Fürst war, so hießen seine Gefängnisse "Besserungs-Anstalt", die dazu dienten, jene, die sich wider ihn erhoben, wieder auf den rechten Weg zu führen, dass sie die Einsicht bekamen, dass der Fürst nur Gutes für sie wollte. In diesen Besserungs-Anstalten wurden sie auch zur Reue geführt, so dass sie von sich aus die Sehnsucht erlangten, sich wieder einzureihen in die Schar der seligen Geister dieses Fürsten.*

*Und ihr wisset wohl, wer dieser Fürst ist. Und seht, die Besserungs-Anstalt ist die* **Fall-Schöpfung**, *die gesamte gefallene Geisterwelt, die sogenannten "Reinigungs-Ebenen". Das Gesetz von Ursache und Wirkung ist - so könnte man sagen - die Exekutive, die all jene, die ihren freien Willen gegen Gott missbrauchten, an den Ort ihrer Bestimmung führt, an dem sie das optimale Lernprogramm erhalten, um zur Reue zu finden, so dass die Sehnsucht in ihnen wieder erwacht, doch wieder dazu zu gehören zu jenem guten Fürsten, zu jenem guten Vater, der nur das Beste für sie will.*

*Ich bin das Zentrum dieser Schöpfung, und Ich möchte alle Meine Kinder wieder heimholen zu Mir ins Vaterhaus. Und so rufe Ich euch auf, helft Mir heim zu tragen; helft Mir wiederzugewinnen, helft Mir, dass all jene, die noch wider Mich sind, zur Reue finden, indem ihr - wie ich einst zur Materie gestiegen bin - so seid auch ihr nun zur Materie gestiegen; und durch Mein Vorbild, durch Meine Liebe und durch Mein Opfer kamen viele zur*

Reue, zur Umkehr. So folget Mir nach, bringet auch ihr dieses Opfer, seid auch ihr dieses Vorbild, so dass durch euer Vorbild diejenigen zur Reue kommen, die wider euch sind, indem ihr ihnen verzeiht, indem ihr Böses mit Gutem vergeltet.

Ja, dies ist kein leichter Weg, Ich weiß es wohl. Doch seid gewiss, ich bin bei euch, Ich durchflute euch mit Meinen Kräften, Ich stelle euch Meine Engel zur Seite, Ich gebe euch innere Gesichter. Ich lasse euch sehen, ja Seher werden, so dass ihr im Vorhinein seht, was die Menschen wollen. Ihr werdet die Menschen durchschauen, ihr werdet stets wissen, was das Rechte ist zu tun, was der eine oder andere braucht, um auf seinem Weg zu wachsen. So seid Meines Segens gewiss! Und je näher ihr Mir kommt, auch durch das Opfer, das ihr bringt, und durch die Erfüllung alles dessen, was **Mein** Wille ist, je mehr euer Wille also **eins** wird mit dem Meinen, desto stärker werden die Kräfte, die durch euch fluten. Denn euer Geist, der Geist aus Meinem Geiste ist, wird mehr und mehr erwachen, wird zunehmend wachsen. Und ihr werdet zu jenen strahlenden Sonnen, wie Ich sie euch verheiße. So strahlt ihr hinein in diese Materie-Welt und in diese Besserungs-Anstalt.

Und seid gewiss: Meine Liebe und Barmherzigkeit führt jeden, der über die Materie geht, der über die Reinigungs-Ebenen geht, so dass auch dieser sein Weg, seine sogenannte Gefangenschaft - denn sie sind **gefangen in sich selbst, in ihrem Widergeist** - letztendlich zur Rückkehr ins Vaterhaus führt.

*Jeder wird so geführt, dass er nicht all das tragen muss, was er verursacht hat, sondern Meine Liebe und Barmherzigkeit waltet über allem Sein und reicht jedem die Hand. Und ihr wisset es, was damals geschah, als der verlorene Sohn nach Hause kam. Der Vater veranstaltete ein großes Fest. Seine Freude war groß, und Meine Freude ist groß über jeden, der umkehrt und heimkehrt.*

*So helft mit, zur Umkehr und zur Heimkehr zu rufen. Meine Kraft und Mein Segen ist mit euch und wird sich vermehren, je mehr ihr euch dieser Aufgabe stellt. Der Segen des Himmels ruht auf euch. Kommet her zu Mir, schmiegt euch an Mich, Ich will euch umarmen, jeden Einzelnen von euch; empfindet es. Seid gesegnet!*

*Amen"*

Solche liebevollen Worte sagen uns, dass unser Vater allen Menschen bereits die Hälfte der Wegstrecke, die diese eigentlich zur Erlangung ihrer Seligkeit zurücklegen müssten, entgegengekommen ist. Jetzt ist es Ihre Aufgabe, Ihm den restlichen Weg entgegenzugehen. Und die Entfernung hierzu ist gar nicht so groß. Doch kann sie kein Navigationssystem so zuverlässig messen wie ein liebevolles Herz.

Der Mensch, der sein irdisches Leben in **wahrer** Liebe zu leben versucht, an Jesus Christus glaubt und Ihn in Liebe annimmt, wird von Gott nimmermehr getrennt sein, sondern vom Irdischen in einem Augenblick ins Geistige erhoben und **den Tod nicht „schmecken"**

**ewiglich** (Johannes 8,52). Und das verdanken wir einzig und allein dem Sieg Jesu am Kreuz. Deshalb versteht man - geistig gesehen - unter dem „Tod" in Wirklichkeit den Zustand, **von Gott getrennt zu sein**. Diesen **geistigen Tod** hat Jesus Christus, stellvertretend für **alle** Menschen, durch sein Opfer am Kreuz überwunden. Er hat die zerstörte Verbindung zu Gott und Seinem Reich für all jene wieder hergestellt, die an Ihn glauben und Seine Gebote halten.

Durch Seinen Kreuzestod hatte **der Mensch Jesus** einen neuen Bund mit Gott geschlossen, wodurch jeder erlöste Mensch wieder ins Reich Gottes zurückkehren kann, was nach dem Abfall der Kinder von Gott um Seiner Gerechtigkeit willen nicht mehr möglich war. Jetzt kann jeder vom Joch seiner Sündenschuld erlöst werden, der sich bemüht, ein Leben in Liebe zu führen und Gottes Gebote zu halten. So wurden nun geistige Sphären geschaffen, in denen die Seelen stufenweise vorwärtsschreiten können, um wieder in ihre ursprüngliche Heimat zurückzukehren (Johannes 14,2). **Angesichts einer so völlig selbstlosen Liebe müsste es eigentlich schwerer sein, sich Gott zu versagen, als sich Ihm hinzugeben!**

*Der Gottessohn wurde also zum Menschensohn, damit wir Menschensöhne zu Gottessöhnen werden können!* (H. P. Roger)
(Siehe hierzu auch 1. Korinther 6,3, der Bibel)

Der Tod des menschlichen Körpers ist zwar eine ganz reale Angelegenheit und nicht hinwegzuleugnen, doch wenn es im 1. Korintherbrief 15,5, der Bibel heißt: **„Tod, wo ist dein Stachel?"**, dann deswegen, weil das Selbstbewusstsein des Menschen nicht aus seinem Leib kommt, sondern aus seiner Seele (was von den Kirchen leider sehr unterschiedlich und z. T. auch falsch ausgelegt wird). Deshalb wird die Seele desjenigen auch **im Licht leben**, der an Jesus Christus glaubt und Seine Gebote gehalten hat, wenngleich sein Leib stirbt. **Und solche Seele wird den „Stachel" des Todes auch nicht spüren**, sondern in einem Augenblick vom irdischen ins geistige Dasein hinübergehen, ohne auf den „jüngsten Tag" in ferner Zukunft warten zu müssen.

Dass ihr Weg sodann nicht so unangenehm ist, wie man landläufig annimmt, zeigen uns einige Auszüge aus dem Büchlein von **Estelle Stead**, "Die blaue Insel" (Samsara Verlag), in denen der Vater der medial veranlagten Autorin, ein seinerzeit bekannter englischer Journalist, der mit der **"Titanic" untergegangen** war, seiner Tochter die märchenhaft schöne Ankunft zusammen mit seinen Schicksalsgefährten beschrieb, bevor die Welt überhaupt von diesem Untergang erfahren hatte.

Die Sphäre, in der er sich nun mit vielen seiner ebenfalls verstorbenen Mitreisenden aufhielt, war eine große Insel, auf der es keinerlei Boote gab. Es muss sich jedoch nicht immer um große Wasserflächen handeln, die eine Sphäre oder Stufe begrenzen, in denen sich die

Seelen zu Anfang befinden. Solche Begrenzungen können auch überhohe Berge, sehr tiefe Schluchten oder unendliche Wüsten darstellen, die anfangs von den Seelen nicht überwunden werden können.

Ab einem gewissen Zeitpunkt hat die Seele, die auf Erden ihre Lieben zurücklassen musste, den tiefen Wunsch, ihnen verständlich zu machen, dass sie lebt und wie es ihr ergangen ist. So übermittelte auch der Vater seiner medial veranlagten Tochter (Auszug):

*„Es war, wie man aus einer düsteren, nebligen englischen Landschaft plötzlich unter den herrlichen Himmel Indiens versetzt wird. Alles war Schönheit und Glanz. Wir sahen das Land schon von fern. Jene unter uns, die schon auf Erden entsprechendes geistige Wissen gesammelt hatten, wussten, dass wir uns dem Ort näherten, an dem manche unvorbereitet aus dem irdischen Leben gerissene Seelen ihre erste Heimat finden.*

*Wir spürten, dass die ganze Atmosphäre heilsam wirkte. Sie durchströmte jeden Neuankömmling mit belebender Kraft und bewirkte, dass ein jeder sich rasch erholte und sein verlorengegangenes geistiges Gleichgewicht wiederfand. Wir kamen an, und - so seltsam es klingen mag - waren wir irgendwie stolz auf uns selbst. Alles um uns war so licht und lebendig, alles so wirklich, ja geradezu physisch, in dieser letzten Hinsicht in jeder Weise so real wie die Welt, die wir gerade verlassen hatten.*

*Ein jeder der Ankommenden wurde sogleich von einer Gruppe alter Freunde und Verwandter, die ihm auf*

*Erden nahegestanden hatten, herzlich in Empfang genommen. Dann trennten wir uns, die wir die schicksalhafte Reise von jenem unglückseligen Schiff bis hierher gemeinsam bestanden hatten. Ein jeder war wieder freier Herr seiner selbst - umringt von einer kleinen Schar lieber Freunde, die ihm den Weg in dieses Land vorangegangen waren.*

*Mein Vater, mein Freund und ich machten uns auch gleich auf den Weg. Eine recht kuriose Feststellung machte mir dabei einiges Kopfzerbrechen: Ich war genauso angezogen, wie stets früher auf Erden, und es war mir nicht möglich zu begreifen, dass und wieso ich meine Anzüge hierher mitgebracht hatte.*

*Mein Vater war ebenfalls so gekleidet, wie ich ihn von früher her kannte. Alles und jeder schien ganz "normal", so wie auf Erden. Wir gingen ganz normal miteinander aus und nahmen, wie gewohnt, alsbald eine Erfrischung. Dann folgten - wie üblich - lange Gespräche und Nachfragen nach gemeinsamen Freunden auf beiden Seiten.*

*Ich machte meinem Vater gegenüber, der übrigens viel vitaler und jünger aussah als auf Erden in der letzten Zeit vor seinem Tode, die Bemerkung, dass ich den Eindruck hatte, dass die Farbe der Landschaft hellblau sei, und zwar in verschiedenen Schattierungen. Ich sprach also von der auffallend blauen Färbung der Landschaft, und er erklärte mir, dass meine Wahrnehmung durchaus richtig sei. Das Licht enthielte eine besonders starke blaue Strahlung, was diesen Ort auch gerade für den Aufenthalt erholungsbedürftiger Seelen besonders ge-*

eignet mache, da diese blaue Lichtschwingung wunderbar heilkräftig sei.

Nun werden einige Leser wahrscheinlich einzuwenden haben, dass das ein ausgemachter Unsinn wäre. Ihnen möchte ich sagen: Habt ihr nicht auch auf Erden bestimmte Kurorte, die aufgrund ihrer Lage zur Heilung bestimmter Krankheiten hervorragend geeignet sind? **Nutzt doch euren gesunden Menschenverstand und begreift endlich, dass der Schritt von der irdischen in die jenseitige Welt nur ein sehr kleiner ist.** Demnach müssen sich doch auch die Lebensverhältnisse in diesen beiden Bereichen sehr ähnlich sein, wie sollte denn ein gleichgültiger Mensch nur durch seinen Tod plötzlich zu vollendeter Göttlichkeit gelangen. So etwas gibt es nicht! **Alles ist Entwicklung, Aufstieg und Fortschritt** - und wie mit den Menschen, so auch mit den Welten. Die "nächste Welt" ist nur eine Ergänzung eurer jetzigen.

Jenes Land wurde bewohnt von einer seltsamen gemischten Bevölkerung. Es waren Menschen aller sozialen Schichten, Rassen, Farben und Größen. Man lebte zwar miteinander, aber jeder hielt vor allem Einkehr bei sich selbst. Jeder war mit sich selbst ausreichend beschäftigt und in seine eigenen Belange vertieft. Für die Erde eine zweifelhafte Sache - hier aber Notwendigkeit zum Guten sowohl für die Allgemeinheit als auch für jeden Einzelnen. Ohne diesen Zustand gäbe es hier keinen Fortschritt und keine Gesundung…"

„Tod - wo ist also in Wahrheit dein Stachel, und Hölle - wo ist dein Sieg?"

**FAZIT**: Es wäre für den Menschen von großem Nutzen, wenn er sich bereits zu Lebzeiten seine Gedanken über den "Tod" und das Leben danach machen würde. Seine Seele ist nämlich ein derart feinstoffliches Gebilde, das wesentlich empfindsamer ist als sein grobmaterieller Körper, da sie z. B. auch die Gedanken der Menschen empfangen kann, die um sie kreisen. Und hatte sie sich seinerzeit versündigt, so sollte sie sich dringend an ihren Heiland und Erlöser mit der herzlichen Bitte um Vergebung wenden, der sich aus Liebe und Barmherzigkeit für alle Sünder um der Gerechtigkeit willen kreuzigen ließ, um auf diese Weise die Sünder wieder mit Gott zu versöhnen, wenn sie sich reuemütig erlösen lassen wollen.

## Habe Vertrauen!

*Einer ist immer zur Hilfe bereit,
kommst du in Unglück, in Krankheit und Leid –
drückt dich die Sorge um's tägliche Brot,
quälst du dich selber in seelischer Not.
Dann blick vertrauend zum Himmel empor.
Er hat für Flehende immer ein Ohr!*

*Denke daran: Der das Ungemach schickt,
weiß am besten, wie sehr es dich drückt.
Ferner bedenke, warum Er dies tut.
- Habe Vertrauen - Er meint es nur gut!
Siehe des wechselnden Schicksals Spiel
sind ja nur Mittel und Wege zum Ziel.*

*Aber die grundtiefe Weisheit des Herrn
liegt unserer geistigen Blindheit zu fern.
Drum hab Vertrauen und klag Ihn nicht an,
wenn Er dich zieht auf die geistige Bahn.
Du bist Sein Eigen, denn Er ist dein Herr
- aber dein Vater ist Er noch viel mehr.
Darum vertrau' Ihm, schenk' Ihm dein Herz!
Was sind dann Erdennot, Krankheit und Schmerz?!*

F. B.

# 7. Der Kampf zwischen Licht und Finsternis

Wir Menschen haben von Gott viele gnadenvolle Geschenke erhalten. Die größten Geschenke sind das **Licht von innen**, durch den Gottesfunken im Herzen, und dass **Licht von außen**, durch Sein Wort, von dem es in Johannes 1,4, heißt, dass in Gottes Wort das Licht und das Leben und damit auch die Kraft erhalten ist. Somit ist beides ein Anteil Gottes. Und da Gott die Liebe ist (1. Joh. 4,8 + 16), ist die Liebe auch das geistige Licht der Erkenntnis, das uns aber nur dann im Jenseits leuchten kann, wenn wir es auf Erden in uns erweckt haben. Deshalb herrscht auch in dem Teil des geistigen Reiches, in dem man keine Liebe findet, große geistige Finsternis.

Das Licht der Liebe hat im geistigen Reich jedoch einen ganz anderen Stellenwert als auf Erden. Auf Erden schenkt uns die Sonne das äußere Licht, wonach sich viele Menschen sehnen, weil es ihnen gut tut und der Natur das Leben schenkt. Im Jenseits aber zählt nur das **innere** Licht. Trotzdem wird die Entstehung des Sonnenlichtes für uns immer ein Rätsel bleiben, das kein Forscher je nach wissenschaftlichen Grundsätzen lösen kann, weil es sich um ein halbmaterielles **geistiges** Licht handelt. Wenn jedoch schon das Sonnenlicht für das Wohlergehen des äußeren Menschen so wichtig ist, um wie viel wichtiger ist dann erst das geistige Licht für den inneren Menschen.

Nun steht diesem Licht die Finsternis mit ihrer Unwahrheit sowie dem Schlechten und Falschen gegenüber, die das Licht der Wahrheit und das damit verbundene Gute gefangen nehmen und auslöschen möchte. Ihre Quelle ist Satan, der von Gott abgefallene „Luzifer" (Lichtträger), der seit seinem Fall die Dunkelheit in sich trägt und deshalb auch gegen das lichte Gesetz der Liebe Gottes und somit gegen die Wahrheit und das Leben streitet, um es zu vernichten.

Daher müssen die Licht- und Wahrheitsträger, also die Licht- und Engelwesen, auch gegen die Wesen der geistigen Finsternis vorgehen, um sie zum erlösenden Licht der Liebe zu führen. Und das ist sowohl in der geistigen als auch in unserer irdischen Welt der Fall. Dieser Machtkampf stellt sich jedoch anders dar, als es der Mensch landläufig kennt, denn es ist kein Kampf mit materiellen Mitteln, sondern ein Kampf durch die Macht der Gedanken. Und das Objekt, um das es hierbei geht, ist die Seele des Menschen, die durch gute Gedanken von den Lichtwesen zu guten, sie **ent**lastenden Handlungen, und von den dunklen Wesen zu schlechten, sie **be**lastenden Handlungsweisen angeregt wird.

Da jeder Mensch einen freien Willen besitzt, darf er auch von **keiner** geistigen Kraft zu einer Entscheidung oder einem Dienst gezwungen werden. Das ist ein Gesetz Gottes. Deshalb übertreten die lichten Wesen dieses Gesetz auch nicht, und die dunklen Mächte dürfen es nicht übertreten. Der Mensch kann sich also **frei entscheiden, welchem „Herrn" er dienen will**. Dazu wurde er in eine für ihn sichtbare Welt hineingestellt, die gleichzeitig noch von einer ihm unsichtbaren Welt umgeben ist, einer Parallelwelt, deren Bewohner ihn beeinflussen dürfen. Der Vorgang des Dienens läuft deshalb allein nach **seinem** Willen und daher für ihn auch unbewusst ab. Somit kann der Gegner Gottes, der auch unser Gegner ist, mit seiner geistigen Anhängerschaft nicht direkt auf unsere materielle Welt einwirken, und unser Schöpfer wird dies durch Seine unzähligen Lichtwesen ebenfalls nicht tun, sondern immer nur **indirekt** über den Willen der Menschen, den beide Seiten nun in ihrem Sinne zu beeinflussen suchen. Dadurch wird der Mensch unbewusst auch zum Vollstrecker der guten oder der schlechten Gedanken und Ideen, die er aus dem geistigen Reich nach der Art seines Charakters und seiner Gesinnung aufnimmt.

Hierin besteht nun der eigentliche „Kampf" zwischen dem Licht und der Finsternis, der erst durch den Sieg Jesu am Kreuz so richtig begonnen hat, denn zuvor konnte kein Wesen, das als Mensch über die Erde gegangen war, in das Reich Gottes zurückkehren, was nun aber durch das Verdienst und die Gnade Jesu Christi wieder möglich ist. Weil das der Gegner Gottes aber verhindern will, da seinem Reich durch jedes ihm den Rücken kehrenden Wesen etwas an Lebenskraft verliert, wird auch der Kampf der Finsternis gegen das Licht solange anhalten, bis der letzte Sünder durch seine freiwillige Rückkehr zu Gott das Reich der Materie überflüssig macht. Bis dahin werden aber noch Milliarden Jahre vergehen.

Das bestätigen auch die Prognosen unserer Astrophysiker, die die materiellen Veränderungs- und Auflösungsvorgänge in unserem Weltall bereits seit über hundert Jahren kontinuierlich beobachten. Es kann also noch sehr lange Zeiten dauern, bis der Gegner Gottes als Letzter seine Taten bereuen, um Licht und Kraft bitten und freiwillig die Rückkehr in sein Vaterhaus antreten wird. Doch letztendlich wird die Liebe und das Licht siegen, so dass die geistige Finsternis ihr Ende findet und der Sieg Jesu am Kreuz für alle sichtbar ist.

Unzählige Geistwesen hatten sich einst freiwillig von Gott entfernt und sind Luzifer gefolgt, der deswegen auch ein Anrecht auf sie hat. Als ihr Schöpfer besitzt Gott aber ein noch größeres Anrecht auf diese Seelen. Weil Er ihnen jedoch den freien Willen schenkte, liegt es allein am Willen der Menschen, welchem Herrn sie nun dienen möchten. Somit treffen sie ihre Entscheidung auch durch die Art und Weise, wie sie auf dieser Erde leben und was sie tun.

Weil sich in den meisten Menschen aber diejenigen Seelen **der** Geistwesen befinden, die seinerzeit von ihrem Schöpfer abgefallen sind, schenkt uns der Vater über Sein Wort immer wieder Sein Licht und damit auch die Hilfen, die unseren Willen zum geistigen Aufstieg stärken sollen. So macht Er uns u. a. in der Kundgabe Nr. 6455 von B. Dudde darauf aufmerksam:

„Es bleibt euch Menschen allein überlassen, was ihr aus eurem Erdenleben für einen Nutzen zieht. **Der Weg ist euch vorgezeichnet, den ihr gehen müsset**, d. h., schicksalsmäßig tritt alles so an euch heran, dass jeder Tag, jedes Erleben und jeder Gedanke eurer Seele zur Vollendung dienen kann. Doch die Auswertung alles dessen steht euch völlig frei, d. h., ihr könnet euch dadurch bestimmen lassen in eurem Denken, Wollen und Handeln, dass ihr euch ganz in göttlicher Ordnung bewegt, ihr könnet aber auch bewusst euch jedem tieferen Eindruck verschließen, ihr könnet nur rein weltlich euren Lebenslauf betrachten, was ihr dadurch beweiset, dass ihr glaubet, selbst euer Schicksal meistern oder das Leben in andere Bahnen lenken zu können.

**Es ist euer eigener Wille ausschlaggebend**. Und diesen Willen suchen sowohl gute als auch schlechte Kräfte zu beeinflussen, Kräfte, die euch helfen wollen zu einem Leben in Seligkeit nach dem Tode des Leibes, und solche, die eure Wandlung, eure Vollendung, verhindern wollen. Diese können nun immer nur auf euren Willen einwirken, und sie tun es in jeder erdenklichen Weise. Diese Kräfte sind entweder Gott zugehörig oder Dessen Gegner, sie haben Zugang zu euch, entsprechend eurem Willen, können aber nicht euren Willen zwingen. Dies muss herausgestellt werden, dass ihr Menschen nicht unter ihrer Gewalt steht, dass sie sich nicht eindrängen können in euer Haus wider euren Willen, sondern ihr ihnen selbst die Tür öffnen müsset, durch die sie nun Eingang finden bei euch.

***Es kann also eure Seele noch stark dem Triebgesetz unterworfen sein***, das bedeutet, dass ihre Substanzen sich in der Vorentwicklung, im Musszustand, noch nicht genug geläutert haben, dass sie noch viel des Triebhaften aus diesem Zustand in sich tragen. Und die Folge davon ist, dass geistige Kräfte gleicher Veranlagung, also Wesen mit gleicher Triebhaftigkeit, **nicht die Abwehr des Willens finden**, wenn sie diesen zu beeinflussen suchen. Dann wirken also jene „Abgesandten" des Gegners von Gott auf die Menschen ein und oft mit Erfolg. Ebenso wollen auch die Lichtwesen, also die Kräfte, die im Auftrag Gottes sich betätigen, den Willen der Menschen gewinnen, und sie können dies gleichfalls nur durch gedankliche Übertragung erreichen. Und **der Mensch selbst gibt den Ausschlag, welchen Gedanken er in sich den Raum gibt**.

Sowie er trotz seiner Triebhaftigkeit dem Drängen der Lichtwesen nachgibt, vertreibt er alle Ungeister, die ihm übel wollen. Es muss also der Mensch seine Seelensubstanz befreien von den ihm noch anhaftenden Trieben, von allem noch der göttlichen Ordnung Widersprechendes, von allen Eigenschaften, die noch eine falsch gerichtete Liebe beweisen, denn zu diesem Zweck ist der Seele das Erdenleben als Mensch gewährt worden, damit sie, als einst gefallener Urgeist, sich völlig entschlacke von allem Unreinen, was diesen Urgeist noch von Gott trennt. Und dieses Werk muss in völlig freiem Willen vor sich gehen.

*Wird nun eine Seele vom Gegner Gottes und seinem Anhang übermäßig bedrängt, da sie zu schwach ist, ihnen Widerstand zu leisten, weil sie **Den** nicht anruft, Der ihr die nötige Kraft geben kann, dann können wohl die bösen Kräfte Besitz nehmen von dem Menschen und die Seele wieder weit zurückschleudern. Doch es bedeutet dies nicht immer den völligen Absturz in die Tiefe, weil die sonstige Beschaffenheit der Seele im jenseitigen Reich noch einen Aufstieg ermöglicht, weshalb Seelen, die sehr geschwächt sind, oft plötzlich abgerufen werden und im jenseitigen Reich durch ihre völlige Apathie den schlechten Kräften keinen Angriffspunkt mehr bieten und darum sich langsam wiederfinden können und das Einwirken von guten Kräften dann von Erfolg sein kann.*

*Jeder Mensch ist den Bedrängungen von wesenhaftem Geistigen ausgesetzt, das ihn gedanklich zu beeinflussen sucht. Doch **wider** seinen Willen dürfen sich solche Wesen **nicht** in einem Körper festsetzen, doch die ihm ähnlichen Seelensubstanzen fühlen sich angesprochen und beginnen zu revoltieren. Und der Wille des Menschen kann ihnen gebieten zu schweigen, doch immer nur dann, wenn Jesus Christus ihm die nötige Stärkung gibt, wenn sich der Mensch voll und ganz dem göttlichen Erlöser übergibt, dass Er ihn befreie aus jeglicher geistiger Not.*                          *Amen"*

Weil die Menschheit immer ungläubiger wird, geschehen durch die von den negativ gepolten Wesenheiten ausgehenden Gedankeneinflüsse auf der Welt viele uns unerklärliche und oftmals geheimnisvolle Dinge. Solche Einflüsse umschwirren uns wie die Motten das Licht. Sie führen dadurch viele Entgleisungen im Leben eines Menschen herbei, wenn er zu schwach ist, das Unwahre, Falsche und Schlechte in seinen Gedanken und seiner Umgebung zu erkennen, um dagegen anzukämpfen. Und dazu gehören nicht nur die in uns aufsteigenden falschen Gedanken, sondern auch eine plötzlich auftretende Launenhaftigkeit und Reizbarkeit sowie Wut, Zorn und Hass etc..

In seinem Buch "Dreißig Jahre unter den Toten", das im Otto Reichl Verlag erschienen ist, hat uns der amerikanische Arzt und Psychiater Dr. Wickland bereits vor einiger Zeit auf die unterschiedlichsten Reaktionen sowohl der Besessenen als auch auf die die Personen besetzenden Verstorbenen hingewiesen, in dessen Sitzungen seine Frau als Medium wirkte. Hierbei bekannte einmal ein "Verstorbener" in zwei weit auseinanderliegenden Sitzungen (Auszüge):

*„Ich trat hinüber ins jenseitige Leben mit der Vorstellung, dass es nach dem Tode nichts weiter gäbe. Ich starb sehr plötzlich; als der Tod kam, war es nicht anders, als ob ich einschliefe. Ich wurde dann wieder wach und sah meine liebe kleine Frau weinen; sie war sehr traurig, aber ich selbst wurde gar nicht gewahr, dass sich an mir der Übertritt ins andere Leben (und somit in einen anderen Bewusstseins-Zustand) vollzogen hatte.*

*Sie hörte nicht, was ich sagte, - sie schien überhaupt nicht zu hören. Ich rief sie an und fragte, was denn eigentlich los sein, doch sie gab mir keine Antwort. Ich fragte mich verwundert, was wohl geschehen sei, denn wir hatten uns beide sehr lieb. Allmählich fühlte ich mich kräftiger werden und wollte nicht fort von ihr. Schließlich kam ich in unmittelbarste Verbindung mit ihr und meinte, nun müsse sie doch aber zu mir kommen und wieder bei mir sein; wir hatten uns nie getrennt.*

*Durch ihre Trauer wurde ich zu ihr hingezogen und meinte, sie müsse doch zu mir kommen. Ich hatte gar nicht begriffen, was für eine Veränderung sich an mir vollzogen hatte; ich wusste nur, sie wollte dort sein, wo ich war, und so legte ich alles darauf an, dass sie zu mir kommen sollte.*

*Es heißt in der Bibel: "Wo euer Schatz ist, da ist auch Euer Herz" (Lukas 12,34). Mein Schatz war meine liebe Frau, und als ich aufwachte, befand ich mich in ihrer magnetischen Aura. Sie schenkte mir gar keine Beachtung, und ich fragte mich verwundert, was denn eigentlich los sei, warum sie mir nicht antwortete, wenn ich mit ihr sprach. Ich fühlte mich so eigenartig und wusste gar nicht, wo ich war.*

*Der Tod ist ja nur ein Schlaf, ein so natürlicher Schlaf, wie wir ihn jede Nacht auf Erden erleben. Wenn man aus dem Todesschlaf erwacht, dann ist alles so natürlich, dass man meint, man sei noch bei den Seinen. Und wenn man dann in die magnetische Aura eines Menschen gerät, so lebt man richtig mit ihm, man ist ganz und gar bei ihm.*

*Ich war in der Aura meiner Frau und konnte nicht begreifen, warum ich überallhin mitgehen musste, wo sie hinging, und nicht mehr ein unabhängiger Mensch war, wie ich es doch gewohnt gewesen war; und das war mir höchst unbequem. Ich geriet darüber in Verzweiflung. Ich meinte, meine Frau müsse doch zu mir kommen; ich wusste zwar nicht wohin, aber haben wollte ich sie. Meine Liebe zu ihr war so stark, dass ich sie gegen meinen Willen quälte, eben, weil ich vom wahren Leben auf der anderen Seite keine Ahnung hatte.*

*Ich liebte meine Frau zärtlich und dennoch belästigte ich sie, ich wusste es ja nicht besser. Sie wurde gequält von dem Einen, der sie liebte und vergötterte. Aber schließlich kam sie zu diesen gütigen Menschen (Ehel. Wickland) und wurde von ihrem Quälgeist befreit; ich danke Ihnen immer wieder, dass Sie uns beiden (durch Ihre Aufklärung) geholfen haben.*

*Wir würden beide auch jetzt noch unglücklich sein, wenn sie nicht Bescheid gewusst hätte; denn ich hatte gar keine Ahnung vom Jenseitsleben und hatte auch nie etwas davon wissen wollen.* **Ich möchte Euch alle hier eindringlich warnen: Zweifelt niemals am jenseitigen Fortleben.** *Eines Tages werdet ihr alle denselben Weg gehen müssen. Darum lasst uns forschen und prüfen, um dahinter zu kommen, was Wahres daran ist, bevor wir in das große Jenseits übertreten. So können wir diesen Schritt mit offenen Augen tun, mit sicherem und klarem Wissen, wohin wir gehen.*

*Wenn meine liebe Frau dieses Wissen nicht schon in sich getragen hätte, dann hätte ich sie wohl dazu gedrängt, sich das Leben zu nehmen - und was wäre dann wohl aus uns geworden? Es scheiden viele aus dem Erdenleben, die sich in ganz ähnlicher Lage befinden. Sie finden sich in der magnetischen Aura irgend jemandes wieder und können nicht heraus, dann machen sie die betreffende Person besessen.*

*Ich wollte gerne aus meinem Elend heraus, doch wusste ich nicht wie; und die einzige Möglichkeit schien mir die, dass meine Frau zu mir käme.*

*Die Zeit muss kommen, wo Sitzungen dieser Art in jeder kleinen Gemeinde, in jeder Kirche gehalten werden. Dann wird man auch keine Menschen mehr in Irrenhäuser sperren - man wird ihnen wirklich helfen.* **Viele der armen Erkrankten, die sich in den Irrenanstalten befinden, sind von Geistern besessen, und man könnte ihnen helfen.** *Aber die meisten Menschen denken ja, diese Kranken seien es nicht wert, dass man sich ihretwegen Umstände mache. Sie ziehen es vor, solche Leute in das Irrenhaus zu schicken und sie dort zu lassen.*

*Wir dürfen aber auch die Bessenheitsgeister nicht verdammen, weil sie ja während ihres Erdendaseins über das höhere Leben nicht belehrt worden sind und somit nichts davon wissen."*

Alle Menschen haben in ihrem Erdenleben drei große Lebensprüfungen zu bestehen, und zwar in der Liebe, in der Demut und in der Geduld. Die Prüfungen sollen seine Standhaftigkeit zu der Liebelehre testen, die in sämtlichen Religionen enthalten ist und wozu stets ein guter Wille gehört. Daher treten in solchen Fällen die Schutzengel auch zurück und lassen denen den Vortritt, die gegen das Gute sind, damit wir das Falsche erkennen und nach Gott rufen, indem wir um Seine Hilfe bitten. Tun wir das, ist in solch einem Augenblick auch der Bann gebrochen, den die negativ veranlagten Wesen um uns schlagen durften und uns kurzzeitig von Christus trennten, so dass wir eine von vielen Prüfungen bestanden haben. So konnte auch der armen Seele nur dadurch geholfen werden, weil die Frau ein geistiges Wissen besaß, das es den guten Geistwesen ermöglichte, ihr die richtungsweisenden Gedanken einzugeben, nachdem sie um Hilfe gebeten hatte.

Sobald die Liebe eines Menschen tief und inniglich zu Jesus Christus gerichtet ist, kann es möglich sein, dass ein Geistwesen mit einem solchen Menschen in Kontakt treten möchte - was nicht das erste Mal wäre. Und gelingt ihm dies, so rate ich, zuerst einmal sehr wachsam zu sein, sofort nachzufragen und alles, was einem nun begegnet, zu prüfen, ob es von Gott kommt. Sind Sie aber besonders dann vorsichtig, wenn Sie allein die Neugierde dazu anregt, Geisteskontakte aufzunehmen. In diesen Fällen haben Sie es zumeist mit Wesenheiten zu tun, die noch keine Lichtwesen sind und in der Bibel als "Totengräber der Menschheit" bezeichnet werden.

Zuerst gaukeln sie Ihnen gedanklich oder gefühlsmäßig gewisse Vorteile vor, mit denen Sie Ihre geheimen

Wünsche und Vorstellungen angeblich zu realisieren vermögen. Und wenn Ihr Wille darauf reagiert, wird man Ihnen einen Weg eingeben, der Sie vermeintlich auch zu Ihrem ersehnten Ziel gelangen lässt. Mit diesem Trick wird das Falsche und Schlechte zuerst nicht erkannt, so dass Sie die Gegenkräfte dazu anregen, sich weiterhin zu entäußern. Am Ende werden Sie dann von solch einer Quelle entweder vollständig beeinflusst oder langsam zur Besinnung kommen, was immer mit mancherlei inneren Kämpfen verbunden ist, weil der Gegner Gottes sein Feld nicht kampflos räumt. Einen solchen Fall haben Freunde meines ältesten Sohnes erlebt. Er wird Ihnen in Band II geschildert.

Durch die dem Menschen durch seinen Fall anhaftenden Fehler und Schwächen besitzt die Gegenseite sehr viele Möglichkeiten, ihn zu überlisten und damit zu beherrschen, so dass wir dies oftmals nicht bemerken. Sie haben es insbesondere auf die egoistischen, triebhaften und willensschwachen Menschen abgesehen, zu denen sie sich zu Hunderten und gar Tausenden gesellen, um deren Triebe, falsche Wünsche und Gelüste bis zum Exzess anzuregen, damit sie ihnen hörig werden.

Gerade deshalb stehen Ihnen viele geistige Helfer zur Seite, deren gute Einflüsse Sie bereits spüren können, wenn Sie einen Weg beschreiten, der Sie aufwärts führen soll. Jesus Christus ist bei jedem, der sich in Liebe mit Ihm verbindet, und auch bei denen, die noch nichts von Ihm wissen wollen. Er möchte alle ins Vaterhaus zurückführen, doch die meisten erkennen Seine unendliche Liebe nicht und wollen nichts von Ihm wissen. Er möchte uns so gerne Sein Wort schenken, das wir benötigen, wenn wir die Rückkehr zu Gott antreten wollen. Doch liegt es ganz im freien Willen des Menschen, dem Licht der Liebe zu folgen oder in geistiger Dunkelheit zu verbleiben.

Vor allem dort, wo Menschen ihren Mitmenschen die Wahrheit aus Gott darbringen wollen, wo also das Licht in die geistige Dunkelheit der Welt leuchten soll, werden die Gegenkräfte auf den Plan gerufen. Sie wollen das Licht verlöschen, das die Menschen in der Dunkelheit der Welt erleuchten soll, weil ein jeder, der sich der Ewigen Liebe zuwendet, für sie verloren ist und ihnen somit keine Kraftzufuhr mehr geben kann. Deshalb legen sie uns auch die größten Schwierigkeiten in den Weg, die sie können. Und Christus lässt solches zu, damit wir durch die inneren Kämpfe, die sich sodann unser bemächtigen, die richtigen Erkenntnisse erhalten, um daran seelisch zu erstarken und zu wachsen.

In jedem Fall ist es gut, für solch arme Seelen zu beten, die nicht viel anderes kennen als Egoismus, Neid, Missgunst, Hass, Zwang, Gewalt usw. Durch das Licht, dass Sie ihnen über Ihr Herzensgebet schenken, schaffen Sie sich so manche unsichtbaren Freunde und vermehren dadurch Ihren Schutz. Alle Menschen sollen deshalb die Wahrheit erfahren, damit sie am Erlösungswerk Jesu Christi mitarbeiten können. Die unendliche Liebe sehnt sich doch auch nach der Rückkehr Ihrer ehemaligen Kinder, die der Herr wieder in Seine Arme schließen möchte.

So sah ich z. B. am späten Abend des 19. 11. 2011 eine vom Fernseh-Sender "Phoenix" ausgestrahlte Sendung, in der einem geistig wissenden die Machenschaften des Gegners und das Wirken Gottes recht anschaulich vor Augen geführt wurden.

Der Dokumentarfilm zeigte uns, dass durch den Programmierungsfehler eines sowjetischen, über den USA ausgesetzten Beobachtungs-Satelliten, im Jahre 1983 plötzlich Falschmeldungen an die Moskauer Befehlszentrale übermittelt wurden, deren Interkontinental-Raketen mit Atomsprengköpfen bestückt sind. Der Fehlalarm löste nun die sofortige Abschussbereitschaft dieser Raketen aus.

Es kam aber nicht zu dem Abschuss, der einen Atomkrieg ausgelöst hätte, weil sich der befehlshabende Major der entscheidenden Moskauer Raketenbasis dem ihm in solch einem Falle vorgeschriebenen strikten Abschussbefehl widersetzte. In dieser hochbrisanten Situation war er in sich gegangen, hatte nachgedacht und auf seine innere Ahnung gehört, die ihm sagte, dass die Öffnung von nur fünf von ca. 120 auf die UDSSR gerichteten Abschussrampen noch kein Angriff auf sein Land sein kann und deshalb mit dem Alarm etwas nicht stimmen könne. Über ihre Spionagenetze, deren Mitarbeiter durch dieses Vorkommnis nun aktiv wurden, kamen beide Regierungen kurzfristig dahinter, welcher Gefahr die Welt durch den Programmfehler kurzzeitig ausgesetzt war, so dass nur die Umsicht des russischen Kommandanten eine weltweite Katastrophe verhinderte. Dadurch entschieden sich nun beide Seiten endlich zur Zusammenarbeit, um u. a. auch in Verhandlungen vernünftige Abrüstungskriterien zu vereinbaren.

Ob Sie die alles entscheidenden Minuten, in denen sich der russische Kommandant befand, nun weltlich oder geistig auslegen, fest steht jedenfalls: Sie und ich befänden sich schon längst nicht mehr auf dieser Erde, wenn es im Jahre 1983 zu dem GAU gekommen wäre. Daher bin ich der Überzeugung, dass Gott es nur deswegen zu solch einer prekären Situation kommen ließ, damit die Mächtigen der Welt die Gefahren des Wettrüstens endlich begreifen und friedfertiger miteinander umgehen. Zudem meine ich, dass hierdurch auch die Wiedervereinigung Deutschlands von "langer Hand" mit vorbereitet wurde. Solange sich der Hochmut der Menschen jedoch nicht in uneigennützige, selbstlose Nächstenliebe und Demut wandelt, wird unser Herr noch vieles zulassen. Die Menschheit muss endlich begreifen, dass Feindschaften töten können, der Umgang in Freundschaft aber belebend und zufriedenstellend wirkt, **während ein Umgang in wahrer Liebe beseligend ist**.

**FAZIT**: Unsere Erde ist der wichtigste Kampfplatz im gesamten Universum, auf dem ein ständiges Ringen zwischen den lichten und dunklen Kräften um die Seelen der Menschen stattfindet.

Während die lichten Kräfte versuchen, die Seelen wieder für das Reich Gottes zurückzugewinnen, versuchen die dunklen, diesen Loslösungsprozess von ihrem Angehör zu verhindern. Eigentlich ist es leicht, aus der Dunkelheit ins Licht zu gehen, doch leider gibt es in der Welt derart viele Irrtümer und Irrlehren, die der Gegner in die Welt gesetzt hat, dass es manchen Menschen schwerfällt, die Wahrheit der Liebe zu erkennen.

Das größte Problem ist aber, dass der Gegner an seiner Arbeit nicht gehindert wird, weil Gott ihm dieses Recht nicht schmälert. Doch durch die Widerstände, die ihm jeder Mensch entgegensetzen kann, kristallisiert sich am besten heraus, welche Richtung er bevorzugt.

Je stärker sich der Mensch also gegen das Unwahre, Falsche und Schlechte stemmt, desto mehr Lichtwesen befinden sich auch bei ihm, die voller Liebe, Kraft und Erkenntnis sind und nun versuchen, ihn recht zu führen und vor dem Einfluss des Gegners zu schützen. Und dabei spielen das Gewissen und das Gebet des Menschen eine große Rolle, auf die er stets besonders achten soll, wenn ihn die Gegenseite anzugreifen versucht. Jetzt kommt es besonders darauf an, inwieweit er das Wort Gottes in sich aufgenommen hat, das mit Seiner Kraft gesegnet ist.

# 8. Die Bedeutung von Leid, Not, Krankheit und Heilung

## a) Ursachen und Zweck des Leidens

Ein Mensch, der immer gesund und glücklich ist und stets ohne Not und Kummer lebt, stellt sich kaum die Frage nach dem Sinn seines Erdenlebens. Danach fragt erst einer, der des öfteren Leid, Not und Krankheiten erfahren hat. Auch das Buch „Hiob", das schon die Juden aus einer Tradition heraus in das Alte Testament der Bibel übernahmen, erzählt davon. So ist bereits seit Menschengedenken die Frage nach dem Sinn des Leidens und nach Gottes Duldung menschlichen Elends, die berühmte Hiob-Frage also, eigentlich ohne befriedigende Antwort geblieben, wenngleich sie immer wieder neu gestellt wird.

Aus diesem Grunde bedarf gerade dieses Thema ganz besonders der Klärung, denn es gibt kaum ein Gebiet, das so viele Frage aufwirft und oftmals so einseitig und unvollständig behandelt wird wie die Krankheits- und Leidfrage. Und hierauf geben uns die Offenbarungswerke von J. Lorber und B. Dudde die richtungweisenden Antworten.

Bei Lorber kommt besonders die Dreieinheit von Körper, Seele und Geist zur Geltung, die bei den meisten Kranken aus der göttlichen Ordnung geraten ist. Und dabei liegt es an dem Kranken selbst, seine seelische Unordnung wieder in Einklang mit der Harmonie und

Ordnung Gottes zu bringen, wenn der Mensch gesund bleiben oder gesund werden will. Dieser enge Zusammenhang von Körper, Seele und Geist wird heutzutage auch von der Schulmedizin anerkannt. Viele Mediziner kennen jedoch die Bedeutung des Geistes im Menschen nicht, der Energie- und Speicherquelle zugleich ist. In ihm ruht die uns von Gott gegebene Lebenskraft, mit der ein jeder Mensch wegen seiner irdischen Aufgaben schicksalsmäßig völlig unterschiedlich ausgestattet ist.

Zwar wird der Leib des Menschen in seiner Form, dem Wachstum, seiner Einrichtung und der Lebensdauer stets von der Allmacht Gottes gestärkt und geleitet, doch vom menschlichen Willen beeinflusst. Deshalb kann Gott auch jeden kranken Körper augenblicklich heilen. Seine Allmacht wird jedoch die Seele niemals zwangsweise durch Beweise beeinflussen, um ihre Willensfreiheit nicht zu gefährden. Daher sind dem Menschen seine Verhaltensregeln auch in den 10 Geboten nicht als „Du musst", sondern unter dem **„Du sollst"** gegeben worden.

So wird unsere Seele zumeist erst im Jenseits erkennen, warum sie auf Erden von Leid, Not und Elend heimgesucht wurde und ihr Körper die Geißel der Krankheit zu tragen hatte. Diejenigen aber, die auf Erden schon eines guten Willens sind und sich um ein gottesfürchtiges Leben bemühen, werden von Gott stets auf den rechten Weg geleitet, so dass sie auch, ohne den genauen Grund zu wissen, die Bedeutung von Leid, Elend und Not erkennen.

So heißt es dazu im Bd. IX, Kap. 35, des GEJ (Gr. Ev. Joh.) von J. Lorber: *"Würden die Menschen sich nie von Gott abwenden, so würden sie auch nie in Not und Elend verfallen. Wenn ihr sonach auch in euren Nachkommen stets in und bei Mir im Glauben und in der Tat nach Meiner Lehre verbleiben werdet, so werdet ihr auch nie ein Elend zu bestehen haben. Auch des Leibes Krankheiten werden eure Seelen nicht ängstlich und kleinmütig machen, denn des Leibes Krankheiten sind allzeit nur die bittern Folgen der Nichtbefolgung der von Mir den Menschen allzeit klar ausgesprochen gegebenen Gebote."*

Durch ihren Hochmut und die damit verbundene fortschreitende Gottlosigkeit ist es den meisten Menschen heutzutage aber kaum noch bewusst, welche göttlichen Gebote sie in ihrem Leben nur gering oder überhaupt nicht mehr achten, weil sie sich hier fast nur noch an den Gesetzen und Gepflogenheiten der Welt orientieren. Um uns jedoch zur Erkenntnis zu bringen und zu helfen, das Erdenleben im christlichen Sinne zu meistern, nehmen die Ursachen der Krankheiten und ihre Heilung sowie die Gesundheitspflege des Körpers im Offenbarungswerk Lorber's auch einen breiten Raum ein. In diesem Zusammenhang verweise ich deshalb besonders auf das Buch „Heilung und Gesundheitspflege", von J. Lorber, das Sie in Ihrer Buchhandlung bestellen können.

Im Gegensatz dazu wird im Offenbarungswerk von B. Dudde die Frage nach dem „Warum" des Leides wesentlich umfangreicher als im Lorberwerk behandelt. In der Beantwortung dieser Frage kristallisieren sich zwei Hauptgründe heraus, die es grundsätzlich zu unterscheiden gilt. Der erste Grund deckt sich mit der Aussage des Herrn bei Jakob Lorber, dass durch das Leid die glaubens- und gottlosen Menschen zur Erkenntnis und Umkehr bewegt werden sollen. In den Dudde-Kundgaben geht es jedoch nicht mehr um Einzelschicksale, sondern um die Ursachen des Leides. Dazu sagt uns der Herr nun in ihrer Niederschrift Nr. 5018:

*„Es wird euch nur das Schicksal auferlegt, das ihr benötigt zur Willenswandlung, zur Aufgabe des Widerstandes gegen Mich. Wie stark dieser Widerstand eurer Seele ist, das ersehe Ich allein, und **ihm entsprechend gestaltet sich euer Erdenleben**. Das Verhältnis des Menschen zu Mir kann so verschieden sein, was vom Mitmenschen nicht zu beurteilen ist, denn Ich erkenne auch die geheimsten Gedanken und Regungen einer Seele, und darum kann ein Mensch Mir kindlich nahestehen, dann wird er gewissermaßen geführt von Meiner Vaterhand, und wahrlich an jedem Abgrund vorbei, und er kommt sicher zum Ziel.*

*Andere aber wollen sich nicht führen lassen, sie glauben, allein gehen zu können, und vertrauen ihrer eigenen Kraft. Diese lasse Ich zuweilen anrennen, auf dass sie nach einem Führer rufen und Ich ihnen nahetreten kann. Wieder andere lehnen Meine Führung ab und bringen Mir Misstrauen entgegen, sie glauben nicht an*

*Mich und gehen allein durch das Leben. Und also widerstehen sie Mir noch, und diese sind es, die Ich hart anfassen muss und denen nichts erspart bleibt im Erdenleben, auf dass sie sich wandeln, ehe es zu spät ist. Nur die Willenswandlung suche Ich zu erreichen, und diese Wandlung kann oft ein Geschehen zuwege bringen, das euch als grausam und lieblos von Mir erscheint, sowie ihr noch nicht wisset, dass ihr nicht nur für dieses Erdenleben geschaffen seid, sondern die ganze Ewigkeit noch vor euch liegt. Und um dieser Ewigkeit willen wende Ich alle Mittel an, je nach der Härte eures Widerstandes.*

***Wer sich aber Mir ergibt, der braucht kein außergewöhnliches Erziehungsmittel mehr, und ihm breite Ich Meine Hände unter die Füße, und sein Erdenweg wird leichter passierbar sein**, wenngleich auch er noch zur Erhöhung seines Reifegrades Prüfungen benötigt, die ihn zu Mir hintreiben, bis auch der letzte Abstand von Mir überwunden ist, bis er in seliger Vereinigung mit Mir sein Erdenleben beschließen kann.          Amen"*

Des Menschen Rolle im Erdenleben bestimmt also Gott, der dafür auch die "Drehbuchrechte" besitzt. Möchte sie der Mensch jedoch ändern, so muss er dem "Regisseur" schon **beweisen**, dass er sich tatsächlich positiv verändern will. Dann wird ihm die neue Rolle auch die erhoffte Zufriedenheit bringen.

Denjenigen also, die ihr Leben Gott übergeben haben, wird zwar durch die Nachfolge Christi auch ein Kreuzlein auferlegt, das dann aber ihrer Vollendung in der Gotteskindschaft dient und nicht mehr der Umkehr. Damit sind wir bereits bei dem zweiten Hauptgrund angelangt, bei dem es um die Heilung der noch kranken Körper- und Seelenzubstanzen eines tiefgläubigen Christenmenschen geht. Eine jede Läuterung wirkt nämlich durch Leiden und Krankheiten auf die Substanzen des noch Unerlösten in der Seele und dem Leib eines mit Gott verbundenen Menschen **reinigend und auflösend**. Deshalb ist für solche Menschen mit dem Überwindungs-Erfolg auch eine geistige Kraftverstärkung verbunden, die sich für ihn befreiend auswirkt.

Dies ist jedoch nicht mit der Erlösung von allen Sünden zu verwechseln. Der zweite Grund besagt lediglich, dass es falsch und irrig ist, wenn z. B. Bibel-Fundamentalisten oder Esoteriker glauben, dass Gottes Kinder eigentlich nicht krank zu sein brauchen und deswegen dem Kranken suggeriert wird, dass er selbst an seinem Leid die Schuld trägt. Das kann zwar durchaus richtig sein, darf aber nicht auf alle Fälle übertragen werden, wie das nachfolgend noch begründet wird.

Derartige Ansichten und entsprechende Redensarten können manchmal seelisch sehr grausam und verletzend auf die Betroffenen wirken. Dessen sind sich aber diejenigen offensichtlich nicht bewusst, die solche Worte unerleuchteten Geistes von sich geben, weil sie sonst zurückhaltender und einfühlsamer mit diesem Thema umgehen oder dazu schweigen würden.

Leider gibt es auch eine Menge Menschen, die alles Gute, das ihnen widerfährt, sich selbst zuschreiben und die Verantwortung für alles andere auf Gott abwälzen. Sie denken nicht daran, dass sie meist selbst direkt oder indirekt die Verursacher ihres Leides waren oder es noch sind. Weil sie sich, d. h. ihren Seelenzustand, nur ungenau kennen und daher nicht wissen, welchen Gefahren ihre Seelen durch Vergnügungen und Süchte aller Art ausgesetzt sind, fühlen sie sich stark und leben in dem Glauben, dass sie von ihren **unguten** Angewohnheiten nicht abhängig werden können. Deshalb sind sie auch der irrigen Ansicht, dass das noch harmlos ist, was sie tun. Und aus dieser Ansicht kommen sie meist nicht mehr heraus, weil sie den Übergang vom Normalen zum Anormalen bis zur evtl. Sucht nicht mehr zur Kenntnis nehmen (wollen).

Leider ahnen sie nicht, mit welcher List und Tücke sich der Gegner Gottes ihre seelischen Schwächen zunutze macht, um sie langsam aber sicher in sein Netzwerk zu verstricken, aus dem sie sich dann kaum noch entwinden können. Das Satanische beschert den Menschen nur Trübsal und Leid, Krankheiten und Abhängigkeit sowie letztendlich gar den körperlichen und vielleicht auch den seelischen Tod. Und Gott greift in den freien Willen der Menschen nicht ein, weshalb sie im Erdenleben oftmals „hart angepackt" werden müssen, um sie zur Vernunft zu bringen. Deswegen besagt ein Sprichwort des franz. **Philosophen Descartes** auch: *„Der Mensch kommt nie über die Vernunft zur Vernunft."*

Weil Not, Leid und Krankheiten den geistigen Aufstieg des Menschen fördern können, enthalten die Kundgaben von B. Dudde hierzu auch mannigfach aufklärende Hinweise. Dabei ist besonders zu beachten, dass es z. B. falsch wäre, einen Menschen allein nach seiner Gesundheit zu beurteilen. Hierbei kann man sich gewaltig täuschen, da nach Jesu Aussage ein kranker Körper eine gesunde Seele bergen kann. So ist es möglich, dass ein solcher Körper eine Aufgabe zu erfüllen hat, die den Mitmenschen zum Heil gereicht, wenn dieser z. B. durch seine Beschwerden andere zur Nächstenliebe anregen soll. Und weil sich **die Seele vor ihrer Inkarnation** als Mensch mit dieser Aufgabe einverstanden erklärt hatte, soll sich der Körper möglichst ihrem Verlangen anpassen und darf ihrem Begehren keinen Widerstand leisten. Deshalb kann ein kranker Körper auch nicht als Gradmesser für die göttliche Liebeanstrahlung eines Menschen angesehen werden, zumal so manche Kranke von Gott auserwählte Werkzeuge sind, die durch ihren Glauben Sein Wirken an ihnen zulassen und damit ihren Mitmenschen u. a. ebenfalls zum Glauben verhelfen sollen.

Also muss die Beschaffenheit des Körpers nicht unbedingt der Beschaffenheit der Seele entsprechen. Sie kann über die körperlichen Beschwerden jedoch leichter zu der von ihr gewünschten Reife gelangen, während der Körper sonst längere Zeit dazu benötigen würde, bis er sich den Wünschen der Seele und des in ihr befindlichen Geistes angleicht. Hierzu wird uns in der Heiligen Schrift ein anschauliches Bespiel gegeben, in dem in

Joh. 9, 1-3, über die Heilung eines Blindgeborenen geschrieben steht: *"Und Jesus ging vorüber und sah einen, der blind geboren war. Und Seine Jünger fragten Ihn und sprachen: ‚Meister, wer hat gesündigt, dieser oder seine Eltern, dass er blind geboren?' Jesus antwortete: ‚Es hat weder dieser gesündigt noch seine Eltern, sondern es sollen die Werke Gottes offenbar werden an ihm.'"*

Der Blindgeborene litt also zur Verherrlichung Gottes bis zu dem Augenblick, als ihm Jesus das Augenlicht schenkte."

Die wenigsten Menschen wissen aber, welche Geheimnisse sich hinter so manchen körperlichen Leiden und Schmerzen verbergen. Wäre ich z. B. nicht schon vor Jahrzehnten von einer sich ständig verschlimmernden Arthrose und Arthritis geplagt worden, so hätte ich nicht ernsthaft nach den verschiedensten Linderungs- und Heilungsmöglichkeiten gesucht. So wurde ich auf diese Weise auch auf eine mögliche Geistheilung aufmerksam, die mich neugierig machte, so dass ich dadurch die christliche Wahrheit erkannte und annahm. Der Himmlische Vater hat also schon seine Gründe für jegliche Krankheit und deren Heilung, denn Ihm liegt nur das Ausreifen der Seelen am Herzen. Er allein weiß, auf welche Arten die einzelnen Seelen zur Reife geführt werden müssen, ohne dass ihr freier Wille dabei angetastet wird.

Einige Seiner Gründe teilte Er deshalb auch B. Dudde über das innere Wort mit. Der Herr lüftete damit so manchen Schleier, der bisher wie ein Geheimnis über sämtliche Krankheiten lag, damit diejenigen, die eines guten Willens sind, bereits auf Erden ein Fünkchen Seiner Liebe, Weisheit und Barmherzigkeit in sich aufnehmen und daran reifen können. Der Leser der Dudde-Kundgaben wird daher auch erkennen, dass wir Menschen durch Leiden und Schmerzen des Körpers vielen noch darin befindlichen unreifen Substanzen zum Ausreifen verhelfen. Auch das sind Wesenheiten, wenngleich Winzigkeiten, die in uns ausreifen sollen, indem wir auch für sie kleine Sühneopfer bringen und im bewussten Zustand unser Leid ergeben tragen. Unter „Wesenheiten" sind gem. Bd. III auch die Elementargeister der in der Materie gefestigten (eingezeugten) Seelenpartikel eines einst gefallenen Urgeistes zu verstehen, die sich zum Zwecke ihrer Läuterung nicht nur in der festen Materie, sondern ebenfalls in der Natur- und Tierwelt sowie in unserem Körper befinden, weil sie bisher noch nicht voll ausreifen konnten.

Die im menschlichen Körper gefestigten Elementargeister sollen nun dereinst, also nach dem Tode des sie umhüllenden Fleisches, selbst als Seelensubstanz die letzte Willensprobe auf Erden ablegen, indem sie mit Hilfe ihres Geistes als Seele einen anderen menschlichen Körper beleben. Daher können wir in unserem Erdenleben nicht nur unsere eigene Seele zum Ausreifen bringen, sondern verhelfen auch einem anderen Urgeist zur schnelleren Läuterung. Deswegen ist es von großer Bedeutung, wenn wir alles Ungeistige in uns, das noch dem Widersacher Gottes angehört, durch unsere Liebe und unseren

Hilfswillen erlösen helfen. Hierzu sagte uns Jesus Christus in seiner Schrift Nr. 8508 über B. Dudde u. a.:

„*Bedenket, ihr Menschen, dass eure Seele während des Erdenlebens ausreifen soll, dass also die noch unreifen Substanzen sich vergeistigen sollen. Doch dies geschieht nur durch Liebe oder Leid, denn nur dadurch lösen sich die Hüllen auf, die es verwehren, dass Mein Liebelicht in die Seele einstrahlen kann. Und gleichzeitig machen auch die Substanzen des Körpers den Menschen noch zu schaffen, die in ihrer Entwicklung noch zurück sind und Krankheiten jeglicher Art veranlassen und die durch Geduld, Liebe und Ergebung in Meinem Willen gesänftigt und so vergeistigt werden sollen, was doch eure eigentliche Erdenaufgabe ist, damit ihr eurer Seele zur größtmöglichen Vollendung verhelft ...*"

Gewiss hat es ein jeder Leidende schwer. Aber wer kennt schon die Gründe, weswegen er sein Leid zu tragen hat? Der menschliche Geist weiß es, und die Seele ahnt es, weil sie sich vor ihrer Inkarnation damit einverstanden erklärt hatte, jedoch wurde ihr für das Erdenleben das Erinnerungsvermögen genommen. Trotzdem ist der Mensch aufgrund seiner Intelligenz dazu in der Lage, durch seinen Glauben und die hiermit verbundene Vorstellungskraft die Gründe seiner Leiden durch eine Selbstbetrachtung in Erwägung zu ziehen und dabei das **„Warum"** zumindest zu überdenken. Und durch die damit verbundenen Herzensgebete an die Allmacht wird sein Wille zur Besserung und zur **Änderung seines Wesens zur Liebe** von Christus gestärkt.

Nach den Aussagen des Herrn in den Kundgaben von B. Dudde gibt es noch andere Gründe, die für das Tragen von Leid ausschlaggebend sein können. Sie sind jedoch derart vielseitig, dass ich sie hier nicht alle im einzelnen aufzählen kann. Ich möchte aber darauf hinweisen, dass derjenige, der in einem früheren Leben eine große Schuld auf sich geladen hatte, und auch diejenigen, dessen Vorväter mannigfaltige Sünden begingen, sowie solche, deren Seelen zur Erringung der Gotteskindschaft besonders geläutert werden müssen oder wegen der Endzeit schneller ausreifen sollen, oftmals sehr schwere Erdenschicksale auf sich genommen haben. In Erkenntnis ihrer Sühne- bzw. Ausreifungsmöglichkeiten haben sich solche Seelen also **vor ihrer Inkarnation** als Mensch mit ihren Erdenschicksalen einverstanden erklärt. Dies ist auch bei denjenigen der Fall, deren Leiber nicht lange lebensfähig sind und deswegen vorzeitig abberufen werden, was sich z. B. durch den frühen Tod so mancher Kinder auswirkt.

Jeder Mensch muss sein Schicksal selbst tragen, sollte es aber trotz einer eventuell schweren Krankheit nicht bewusst in die Richtung lenken, die man heutzutage in einigen Nachbarländern auch als "Sterbehilfe" bezeichnet, in Wirklichkeit jedoch Beihilfe zum Selbstmord ist. Auch wenn wir noch so krank sind und die Angst groß ist: Durch die Schmerzen reinigen wir unsere Seele von dem ihr anhaftenden Unrat, während wir durch die Angst die dunkle Seite stärken, weil sie uns dadurch einen Teil unserer Lebenskraft entziehen kann.

In einem ängstlichen Zustand wird der Mensch daher stets schwächer, wenn er es in seiner Not oder Verzweiflung versäumt, seinen Heiland und Erlöser um Hilfe zu bitten. Und dabei wartet Jesus Christus sehnsüchtig auf unseren Hilferuf, weil Seine Liebe allen helfen möchte, Er aber ohne unser Bitten nicht helfen kann, da dies ein göttliches Gesetz ist. Er allein kann uns stärken und die Angst und auch die Schmerzen nehmen, die uns schwächen, doch müssen wir zuerst zur Wahren Liebe gefunden haben.

Neben den Geschehnissen zum Zwecke der geistigen Umkehr und geistigen Vollendung der Seelen (Gotteskindschaft) werden im Offenbarungswerk von B. Dudde immer wieder die Liebe, der feste Glaube und das Leid herausgestellt, wodurch eine Menschenseele in der Lage ist, ihr Ziel zu erreichen. Das Leid ist dabei stets nur ein Mittel zum Zweck und kein Selbstzweck, denn es gilt, die Verunreinigungen in der Seele aufzulösen, die eine Folgewirkung der Sünde ist, so wie es z. B. auch in der Bibel im 1. Korinther 7,1, sowie in Joh. 1,9, geschrieben steht.

Damit eine Seele lichtdurchstrahlt in das jenseitige Reich eingehen kann, sollte sie am Ende ihres Erdenlebens ihren Leib also möglichst kristallklar gereinigt und geläutert verlassen können. Deshalb ist es unsere Aufgabe, auf Erden die uns belastenden dunklen geistigen Hüllen aufzulösen, damit sie der Seele die jenseitige Lichtdurchstrahlung Gottes nicht verwehren. Daneben gibt es aber auch zeitliche Beweggründe für Leidperioden in der Welt, deren Ursachen in den Denkungs- und Handlungsweisen der Menschen in gewissen Regionen sowie in ihrem sich stets erweiternden Unglauben liegen. In solchen Fällen nimmt der Herr mehr oder weniger Seinen Schutz von ihnen und lässt ihrem Willen und damit auch den Machenschaften Seines Gegners einen großen Spielraum in der Hoffnung, dass Einzelne dadurch wieder zu Ihm zurückfinden. Das kennzeichnet besonders die heutige Zeit, weswegen es in der Dudde-Kundgabe Nr. 3415 auch heißt:

*„Trotz größter irdischer Not findet die Menschheit nicht zu Mir zurück, und das veranlasst Mich, sie weiter durch eine harte Schule gehen zu lassen, denn in kurzer Zeit ist das Erdenleben beendet, das ihnen diese Möglichkeit noch gibt.*

*Die Menschen nehmen Meine Mahnungen nicht an, sie hören Meine Stimme nicht, wenn ich durch Leid zu ihnen spreche, sie öffnen nicht die Tür ihres Herzens, an die Ich leise und lauter poche, ihre Gedanken sind nur irdisch gesinnt, sie fürchten nur für ihren Körper und beachten die Not ihrer Seelen nicht. Und darum muss ich noch lauter rufen, Ich muss das Leid noch verschärfen, um ihren Seelen Hilfe zu bringen. Und darin müsset ihr den Beweggrund suchen, wenn über euch Menschen ein untragbar scheinendes Leid hereinbricht; ihr müsset wissen, dass Ich euch näher bin denn je, denn Mich dauert eure Beschaffenheit, Mich erbarmet eure geistige Blindheit und eure Verstocktheit, deren Folgen ihr nicht ermessen könnt, die Ich aber nimmermehr wider euren Willen von euch abwenden kann. Und darum suche Ich, den Willen zu wandeln, denn sowie er sich nur Mir zuwendet, kann ich den Menschen beistehen und ihnen Kraft und Hilfe gewähren.*

*Und so hebet nun eine Notzeit an, welche die Endzeit so recht erkenntlich macht. Und wer den Blick nicht zu Mir wendet, wer seine Hände nicht bittend zu Mir erhebt, der wird von der großen Not zu Boden gedrückt werden und sich nicht mehr erheben können. Wer aber Mir verbunden bleibt, wer zu Mir findet in der Not, der wird hindurchgeführt werden durch alles Leid, und Meine Liebe und Gnade wird ihn begleiten, indem Ich alles Schwere erträglich werden lasse und ihm Kraft spende jederzeit.*

**Doch es muss euer Ruf aus dem Herzen kommen, ihr müsset in der Tiefe eures Herzens glauben können, dass Ich bin und dass Ich euch helfen kann und will,** *dann erst erkennet ihr Mich an, und dann erst kann Ich euch spürbar bedenken mit Kraft und Gnade, Ich kann das Leid von euch nehmen und euch irdisch Erleichterung gewähren. Doch solange ihr an Mir vorübergeht, wenn Ich durch Mein Wort euch in den Weg trete, solange ihr dieses Mein Wort nicht annehmet als eine Liebesgabe von Mir, solange ihr Mein offensichtliches Wirken nicht erkennt oder Meinen Namen nur im Munde führet, ohne das euer Herz dabei beteiligt ist, solange dürfet ihr auch nicht erwarten, dass ihr bessere Zeiten erleben werdet. Denn dann geht euer Erdenleben er-*

*folglos für eure Seelen vorüber, wenngleich euere Körper die Erleichterung des Lebens dankbar anerkennen würden.*

**Doch Ich gedenke der Seelen, denn diese sind in großer Not.** *Und da des Körpers Not nur noch von kurzer Dauer ist, die Seele dagegen Ewigkeiten schmachten muss, komme Ich der Seele zu Hilfe. Erst wenn der Mensch keine irdischen Wünsche mehr hat, wendet er sich seiner Seele zu, d. h., er beschäftigt sich gedanklich mit dem ihm vermittelten Wissen, und er gibt der Seele die Möglichkeit, sich in das geistige Reich zu erheben, und also suchet er Mich, und Ich lasse Mich von ihm finden. Ich bringe ihm Mein Wort nahe, und sowie er das gläubig annimmt, es befolget und also in der Liebe lebet, wird er reifen an seiner Seele, er wird die Verbindung herstellen mit Mir und aus der Not der Zeit den rechten Nutzen gezogen haben, er wird erfolgreich zur Höhe streben und sich vergeistigen schon auf Erden.            Amen"*

Gott schickt uns zwar kein Leid, auch wenn es sich in dieser Kundgabe so liest, aber Er lässt es zu. So müssen wir nach der Heiligen Schrift (Makkabäer 7, 32) unserer eigenen Gründe wegen leiden. Und da Gott allein der Herr ist, geschieht in der gesamten Unendlichkeit nichts, was Er nicht will oder was Er nicht zulässt, weil Er allein die Gründe und die Folgen allen Geschehens kennt. Deshalb liegt das Leid, das wir zu tragen haben, auch in Seinem Willen. Trotzdem Jesus nicht möchte, dass wir leiden, wird es also von Ihm zugelassen, weil unsere **Liebe allein** zur Läuterung unserer Seele **nicht ausreicht**. Daher ist auch das Leid ein Ausdruck der Liebe Gottes, um uns jenseitig dadurch vor Unheil und Schwierigkeiten zu bewahren. Gott schaut nur auf das Ergebnis und das Ziel, weswegen auch die uns von Ihm gegebenen Wege oftmals sehr leidvoll sind und daher von den Menschen meist nicht verstanden werden.

Somit ist es auch verständlich, wenn gesagt wird, dass es Gottes Liebe ist, die Ihn veranlasst, solches zuzulassen. Es gibt wohl kein wirksameres Mittel als das Leid, um eine Seele zur Vernunft zu bringen. Deshalb gehört auch das Leid zu den Möglichkeiten der seelischen Gesundung - wenn auch zu den unangenehmsten.

Es ist demnach von großer Wichtigkeit, dass wir im Leid die Liebe zu unserem Himmlischen Vater und zu unseren Mitmenschen nicht vergessen, denn Leid und Liebe bringen die Seele zum Ausreifen, indem sie sich bemüht, beides miteinander zu verbinden. Und somit sollen wir geduldig ertragen, was uns belastet, weil **alles zum Besten unserer Seele** und zu unserem Heil gereicht. Es ist also nichts ohne Bedeutung, was uns beschieden wird, denn die Krankheit des Körpers bringt oft die Gesundung der Seele zustande, wenn wir in uns gehen, unsere Fehler und Schwächen erkennen und mit Hilfe unseres Herrn dagegen anzukämpfen beginnen.

Das Leid ist demnach ein Läuterungsmittel für die menschliche Seele, das dazu führen kann, durch einen guten Willen zum festen Glauben zu gelangen, so dass hierdurch ihre Untugenden durch liebevolle Taten wieder zu Tugenden gewandelt werden können. Es kann den Hochmut brechen und wahre Demut im Menschenherzen hervorrufen, so dass sich auch der Ungeduldige zu Sanftmut und Geduld hingezogen fühlt. Das Leid kann jedoch auch die Erkenntnis der eigenen Unzulänglichkeiten erwecken, Reue über vergangene Taten hervorrufen und den Menschen anregen, zukünftig liebevoller, gerechter und nachsichtiger zu handeln. Hierdurch ist es möglich, dass sich das Wesen des Menschen zum Guten wandelt und seine Seele bereits auf Erden vollständig ausreift.

Liebe und Leid entschlacken also die Seele. Sie sind daher das Läuterungsmittel, durch das alles Unreine von ihr abgestoßen und sie wieder lichtdurchlässig werden kann. Sobald sie das erreicht hat, ist die Seele so gestaltet, dass sie wieder in das Lichtreich einzugehen vermag, ohne vor der Lichtanstrahlung Gottes, die ihr sodann widerfährt, fliehen zu müssen, weil sie sie nicht erträgt. Deshalb ist das Leid nicht nur negativ zu bewerten, sondern **weitaus mehr sind dem Leid viele positive Seiten abzugewinnen**, denn auf jedem Leid, das der Mensch annimmt, ruht der Segen Gottes.

Nun sind diese Aussagen aber nicht so zu verstehen, als dürfe sich der Mensch seiner Gesundheit nicht mehr erfreuen. Dazu sagen uns z. B. die Dudde-Kundgaben, dass es nicht Gottes Wille ist, dass der Mensch leide. Doch ein Leben nur in Glück und Freude kann sehr leicht zu seinem geistigen Niedergang beitragen, weil er dann zumeist nur noch der Welt gedenkt und nicht mehr seiner Seele.

Das Leid kann also die Bindung zu Jesus Christus ungemein fördern. Trotzdem sind keinerlei Bestrebungen des Menschen zu verurteilen, wieder gesund zu werden oder Maßnahmen der Gesunderhaltung zu ergreifen, wenn sie keine Gefahr für die Seele bilden. Unser Herr möchte, dass wir freudig durchs Leben gehen und uns durch das Leid nicht niederdrücken lassen. Deshalb ist gewiss nichts dagegen einzuwenden, dass wir einen guten Arzt aufsuchen und solche Heilmittel einnehmen, die unsere Beschwerden lindern oder mit Gottes Hilfe sogar aufheben.

*„Man kann zwar nicht klug werden und gleichzeitig dumm bleiben, aber man kann alt werden und im Herzen jung bleiben!"* (K. H. Karius)

**FAZIT**: Die Gesundheit ist das höchste Gut, das der Mensch auf Erden besitzt. Wenn er jedoch krank wird, so liegen die Ursachen meist in seiner Seele, die aus der Ordnung geraten ist, weil sie entweder die Gebote Gottes missachtet oder sich von Ihm abgewandt hat. Daher sind Krankheiten und Leid oftmals auch Erziehungsmittel, mit dem kranke Menschen wieder zur Erkenntnis und Umkehr bewegt werden können. Bei den mit Gott verbundenen Menschen hingegen dient das Leid nicht mehr der Umkehr, sondern der Vollendung in der Gotteskindschaft.

Deshalb ist es falsch, einen Menschen allein nach seiner Gesundheit zu beurteilen, weil ein kranker Körper auch eine gesunde Seele enthalten kann. Unter Umständen hat der Körper mit der Krankheit z. B. eine Aufgabe zu erfüllen, die seinen Mitmenschen zum Heil gereichen soll, um durch seine Beschwerden andere zur Nächstenliebe anzuregen. Somit muss die Beschaffenheit des Körpers nicht unbedingt der Beschaffenheit seiner Seele entsprechen. Sie wird jedoch durch das Tragen ihrer Beschwerden leichter zu der von ihr gewünschten Reife gelangen.

## b) Heilungsmöglichkeiten

Dass wir Menschen allesamt Sünder sind, steht nicht nur in der Heiligen Schrift, das wissen wir meistens auch selbst. Dass aber **das Leid das beste Heilmittel dagegen ist und keine Strafe**, wie es oftmals gedacht oder verkündet wird, hat uns unser Heiland u. a. über J. Lorber und B. Dudde offenbart. Und da Er weiß, wie sehr uns Leid und Krankheiten oftmals niederdrücken und mutlos werden lassen, lässt Er es auch in seinen Kundgaben nicht fehlen, uns auf Seine Liebe und Fürsorge sowie auf Seinen ständigen Hilfswillen aufmerksam zu machen.

Die meisten unserer Sorgen und Beschwerden sind jedoch Zeugnisse unserer Unzulänglichkeiten. Und hin und wieder verstärken wir sie noch dadurch, indem wir sie akzeptieren, uns darauf konzentrieren und sie sogar pflegen, anstatt sie zu übersehen bzw. dagegen anzukämpfen und den Herrn um Seine Hilfe zu bitten. Deshalb sprach Jesus Christus in der Kundgabe Nr. 8653 auch u. a. zu Bertha Dudde:

*„Ihr Menschen könet jederzeit die Hilfe eines Arztes in Anspruch nehmen, die Heilung aber bestimme Ich Selbst, werde aber auch oft die Bemühungen dessen segnen, so dass ihr gesundet; doch solltet ihr aus jeder Krankheit auch einen Vorteil ziehen für eure Seele, dass ihr euch Mir und Meinem Willen ergebet, dass ihr in Geduld die Leiden traget und Mir danket dafür, weil eure Seele großen Gewinn erzielet, wenn ihr euch in einer*

*Krankheit bewähret. Ihr könnet aber auch durch felsenfesten Glauben von jeder Krankheit frei werden, wie Ich Selbst bei Meinem Erdenwandel die Menschen heilen konnte, "deren Glaube ihnen geholfen hatte…" Denn Mir ist nichts unmöglich, und wenn eure Liebe so tief ist, dass sie einen lebendigen, starken Glauben gebäret, so werdet ihr nicht eine Sekunde zweifeln an Meiner Liebe und Macht. Und dann könnet ihr schlagartig gesunden, weil diese Gesundung dann **kein Glaubenszwang** für euch ist, da ihr einen felsenfesten Glauben besitzet.*

*Wer von euch aber bringt diesen starken Glauben auf, dass er sich ungezweifelt Meiner Macht bedienet, dass er sich Mir ganz und gar hingibt mit der Bitte, ihn gesunden zu lassen, und auch überzeugt ist, dass seine Bitte Erhörung findet? Dann kann wahrlich jedes Wunder geschehen, sei es an euch selbst oder an einem Mitmenschen, für den ihr diese glaubensstarke Bitte aussprechet.*

*Wer aber ganz innig Mir verbunden ist, der steht auch schon gänzlich in Meinem Willen, und er lässet Mich Selbst walten und greifet nicht durch seinen Willen vor. Er erträgt auch das schwerste Leid in Ergebung in Meinem Willen und leistet so seiner Seele einen weit größeren Dienst als durch die Gesundung des Körpers. Immer aber werde Ich so an euch wirken, dass euer Los erträglich ist, und wo ein Mensch durch große Schmerzen gehen muss, kommt auch nur Meine Liebe zu seiner **Seele** zum Ausdruck, die es Mir dereinst danken wird im geistigen Reich, dass sie auf Erde schon viele Schlacken* *abstoßen konnte, dass sie auch Schuld abtragen durfte auf Erden und nun weit weniger belastet in das geistige Reich eingehen konnte, was sie niemals mit einem gesunden Körper hätte erreichen können.* Amen"

Jesus Christus ist der beste Arzt und Heiland, denn er heilt mit der Kraft Seiner Liebe-Weisheit, Geduld und Barmherzigkeit. Dazu benötigt Er weder Chemie noch Heilkräuter, Magnetismus oder das Sonnenlicht und ebenfalls nicht die in der Homöopathie üblichen Heilweisen. Sie haben aber große Erfolge aufzuweisen, wenn sie mit Seinem Segen versehen sind und richtig angewandt werden.

Also bewirkt der Herr solche Heilungen, die man oftmals als „Wunder" bezeichnet. Sie stehen jedoch in Wirklichkeit mit einem sich liebevoll veränderndem Bewusstsein oder mit dem sich in Liebe entwickelnden rechten Glauben eines Menschen im Zusammenhang. Sobald wir nämlich unsere Gesinnung im wahren Glauben ausrichten, verbessern sich langsam aber sicher auch unsere Lebensumstände, die zu einer körperlichen Gesundung führen können, wenn wir Ihn darum bitten. Und Christus bewirkt oftmals eine solche Heilung, sobald der Mensch ein liebevolles Wesen annimmt, trotzdem sich dieser dessen meist nicht bewusst ist. Doch die Krankheit kann ihn verändert haben, und durch die Liebe ist er innerlich ein anderer Mensch geworden, was dann auch nach außen zutage tritt.

Obwohl die Wissenschaft solche Heilungen, die heutzutage bereits des öftern vorkommen, nicht als göttlich anerkennt und sie deshalb in den Bereich der Selbstheilungskräfte des Menschen verweist, ist es einzig und allein der Geist Gottes im Menschen, der solches bewirkt hat. Deshalb erläutert der Herr allen Wissbegierigen im GEJ, Bd. III, Kap. 12,8 – 10, dass sich ein jeder, der eine lebendige Seele besitzt, die nach der Ordnung Gottes lebt, Seiner Hilfe gewiss sein kann. Die Geistheilung ist nämlich die ursprüngliche, natürlichste und somit auch die einfachste Heilweise, weil sie aus dem allmächtigen Geist kommt, der **alles** kann und **alles** schafft:

*„Ich bin ein Heiland. Wie, fragen sich die toten und stockblinden Menschen, kann Mir doch solches möglich sein? Und Ich sage euch, dass Ich keines Menschen Fleisch heile, sondern* **wo irgendeine Seele noch nicht zu mächtig mit ihrem Fleische vermengt ist***, mache Ich nur die Seele frei und erwecke, insoweit es sich tun lässt, den in der Seele begrabenen Geist. Dieser stärkt dann sogleich die Seele, die frei wird, und es ist ihr dann ein leichtes, alle Gebrechen des Fleisches in einem Moment in die normale Ordnung zu setzen.*

*Das nennt man dann eine Wunderheilung, während das doch die allerordentlichste und natürlichste Heilung des Fleisches ist! Was jemand hat, das kann er auch geben; was er aber nicht hat, das kann er auch nicht geben.*

*Wer eine lebendige Seele nach der Ordnung Gottes hat und einen freien Geist in ihr, der kann auch seines Bruders Seele frei machen, wenn sie noch nicht zu sehr inkarniert (verfleischlicht) ist, und diese hilft dann leicht ihrem kranken Fleischleib. So aber der Seelenarzt selbst eine überaus kranke Seele hat, die viel mehr tot denn lebendig ist, wie sollte der hernach einer zweiten Seele geben, was ihm selbst gänzlich mangelt?"*

Daher ist es einem jeden wahrhaft mit Christus verbundenen Menschen auch möglich, mit Gottes Hilfe das zu tun, was er mit dem Herzen von seinem Himmlischen Vater erbittet. Und dazu gehört ebenfalls die Kraft der Krankenheilung. Aus diesem Grunde verheißt der Herr all denjenigen, die Ihm nachfolgen, im GEJ, Bd. IX, Kap. 43,6 - 9: *„Ein Zeichen Meiner mächtigen Gegenwart bei, in und unter euch wird auch das sein, dass es, so ihr den leiblich kranken Menschen aus wahrer Nächstenliebe in Meinem Namen die Hände auflegen werdet, mit ihnen besser werden soll, wenn dies zum Heil ihrer Seelen dienlich ist.*

*Es versteht sich auch da von selbst, dass ihr dabei allzeit im Herzen sagt:* **'Herr, nicht mein, sondern nur Dein Wille geschehe!'** *Denn ihr könnt nicht wissen, ob und wann das Besserwerden des Leibes einer Seele zum Heile dienlich ist, und ein ewiges Leben auf dieser Erde im Leibe ist keinem Menschen beschieden. Daher kann das Händeauflegen auch nicht allzeit und jedem Menschen von seinen Leibesübel Befreiung verschaffen. Aber ihr werdet dennoch keine Sünde dadurch begehen, so ihr jedem Kranken die euch angezeigte Liebe erweist; den Helfer werde schon Ich machen, so es zum Seelenheil des Menschen ist.*

*So ihr irgend aus der Ferne vernommen habt, dass da der ein oder andere Freund von euch krank daniederliegt, da betet über ihn und leget im Geiste die Hände auf ihn, und es soll auch besser werden mit ihm! Dabei aber bestehe das nur im Herzen auszusprechende Gebet in folgenden wenigen Worten: ‚Jesus, der Herr, wolle dir helfen!* **Er stärke dich, Er heile dich durch Seine Gnade, Liebe und Erbarmung!'** *So ihr das voll Vertrauen zu Mir über einen noch so ferne von euch befindenden Kranken aussprechen und dabei über ihn im Geiste eure Hände halten werdet, wird es mit ihm zur Stunde besser werden, wenn das zu seinem Seelenheil dienlich ist."*

Es ist somit allein die Liebe, die heilt. Sie besitzt alle Macht und Kraft und fließt demjenigen zu, der soviel Liebe und Erbarmung in sich trägt, dass eine Herzensverbindung zwischen seinem Heiland und ihm zustande kommt. Dabei handelt es sich fast immer um starke Persönlichkeiten, in deren Seelen die himmlischen Kräfte wirken, die ihren irdischen Leib durchstrahlen. Nun können die Heilströme unseres Herrn als lindernde oder gesundmachende Kraft über ihre Handflächen dorthin fließen, wo sie mit Sehnsucht erwartet und in Liebe aufgenommen werden.

So hatte mein ältester Sohn einen Miniskusabriss am linken Knie und sollte daran operiert werden. Probeweise suchte er eine Geistheilerin auf, die ihn danach zwei Wochen aus der Ferne behandelte. Obgleich er später keinerlei Schmerzen mehr verspürte, begab er sich ins Krankenhaus, um die Angelegenheit überprüfen zu lassen und einen evtl. Operationstermin festzulegen. Dem Arzt erzählte er anfangs nichts von der Fernbehandlung, zumal das Knie für die OP-Vorbereitung nochmals geröntgt werden musste. Beim Vergleich der alten mit der neuen Aufnahme konnte der Arzt jedoch keinen Abriss mehr feststellen, so dass er zuerst vermutete, das falsche Knie geröntgt zu haben, bis ihm mein Sohn die Wahrheit sagte. Das wollte er aber nicht glauben. Er war vielmehr der Ansicht, dass das Röntgengerät nicht richtig funktioniert habe.

Leider ist die Geistheilung heutzutage bei manchen Europäern deshalb noch verpönt, weil diesem Gebiet großes Unverständnis entgegengebracht wird und hier noch viele Scharlatane tätig sind, die ohne den Segen des Herrn arbeiten. Da meiner Frau die Heilung kranker Menschen aber sehr am Herzen liegt, gelangten wir vor einigen Monaten an den Vertreiber eines computergesteuerten Gerätes, das im menschlichen Körper die krankmachenden Blockaden erkennt und zu beseitigen helfen soll. Weil uns der Kaufpreis sehr hoch erschien, recherchierten wir, um die Effektivität dieses Gerätes zu prüfen. Hierbei wurde uns mitgeteilt, dass der Hersteller die Maitreya KFT sei und *„Maitreya im Buddhismus als der Buddha der Zukunft und der große kommende Weltlehrer gilt."*

Nun hatte ich vor Jahren das **Buch von Coralf**, „**Maitreya – Christ oder Antichrist?**", aus dem C. Müller

Verlag gelesen und später gehört, dass dieser Mann tatsächlich in London bereits für eine neue Weltlehre wirbt, die jedoch mit der christlichen Lehre nichts gemein hat. Daraufhin befragte meine Frau eine uns befreundete Wortempfängerin, ob die Anschaffung dieses Gerätes im Sinne unseres Herrn sei. Seine Antwort war einleuchtend: *„Warum setzt sie das Gerät vor Meine Arbeit?"* Beschämt nahmen wir deshalb von einem Kauf Abstand.

Bei der Krankenheilung muss berücksichtigt werden, dass die Krankheit zumeist eine aus dem physischen Körper ausfließende Schuld ist, deren Ursprünge in der Seele zu finden sind. Der dt. Dichter Chr. Morgenstern sagte darum auch: *„Man soll sich seiner Krankheit schämen und freuen, denn sie sind nichts anderes als auszutragende Verschuldung."* Wird ein Kranker daher ohne Beachtung der Schuld und der Lebenseinstellung (vorübergehend) geheilt, so wird die ausfließende Seelenschuld wieder in die Seele zurückgedrängt und ist somit nicht aufgehoben, sondern kann in einem anderen körperlichen Bereich wieder zutage treten.

Immer wieder gibt uns der Herr zu verstehen, dass Er denjenigen, den Er lieb hat, durch viel Trübsal und Leid hindurchführt, um ihn zu läutern, solange er noch auf Erden weilt. Deswegen heißt es auch in der Offenbarung Johannes, 3,19: *„Welche Ich lieb habe, die strafe und züchtige Ich."* Der bessere Ausdruck für "strafen" ist aber das, was Jesus in einer Kundgabe zu B. Dudde sagte: *„Wer Mir nachfolgt, der muss leiden"*, **denn Jesus möchte ihn damit ganz gewinnen** und nicht nur halb. Und deshalb kann Er ihm die zukünftige Seligkeit auch nicht einfach schenken. Jesus weiß, dass Leid oftmals ein erfolgreicheres Heilmittel sein kann als Seine Lehre, weshalb Er so manchem Menschen auch ein Kreuz auferlegt.

Deshalb soll sich derjenige, der leidet, von Gott besonders geliebt wissen, denn Er zieht ihn durch diese Trübsal näher an Sich heran, als dies gewöhnlich der Fall ist, damit er dereinst eine größere Glückseligkeit erlangt. Dadurch lässt Jesus solche Menschen oftmals steinige Wege wandeln und Lasten tragen, die sie fast niederdrücken, weil ihnen eine solche Kreuzeslast zum großen Segen gereicht.

Gottes Liebe gilt zwar all Seinen Geschöpfen, Seine Fürsorge ist jedoch besonders bei denen, die es nicht mehr weit haben, um das letzte Ziel, die vollendete Gotteskindschaft, zu erreichen. Deshalb lässt Er auch gottgetreue Menschen leiden. Doch nur Jesus allein weiß, warum Er derartige Prüfungen über manche Menschen kommen lässt und wie stark Er solche Seelen belasten kann. Typische Beispiele hierfür sind z. B. die uns bekannten sog. "Heiligen". Auch das sind Hilfen Gottes für die geistig arme Menschheit.

In meinem Freundeskreis kenne ich eine Dame, die einst im Traum ein Kreuz gezeigt bekam, wie es Jesus auf Seinem Wege nach Golgatha trug und das einige Menschen noch von alten Gemälden her kennen. Dabei wurde sie gefragt, ob sie ein großes oder ein kleines Kreuz tragen möchte, worauf sie sich für das kleine entschied.

Die Schwere eines solchen Kreuzes hängt wahrscheinlich mit den Folgen des Geisterfalls zusammen, von dem im 2. Kapitel dieses Buches bereits die Rede war. Weil die Seelen seinerzeit unterschiedlich tief gefallen waren, ist deshalb wohl auch die Schwere der nun von ihnen auf Erden zu tragenden Lasten verschieden. Auch ist nicht jeder Mensch dazu in der Lage oder dazu bereit, eine schwere Last zu tragen. Wenn demnach Jesus in Matth. 11,30 sagt: *„Mein Joch ist sanft und meine Bürde leicht!"*, so ist Er es doch in Wahrheit, der unser Kreuz mitträgt. Dadurch empfinden wir es oftmals nicht so schwer, so dass wir durch Seine Hilfe gestärkt werden und das uns gesetzte Ziel erreichen können, ohne an unserem Kreuztragen zu zerbrechen.

Nun gehören aber auch die Krankheiten zu dem Kreuz, das wir zu tragen haben. Sie sind daher nicht völlig überflüssig, wie so manche glauben. Und auch das Leid ist kein überflüssiger Selbstzweck, sondern stets ein Mittel zum Zweck, was auch bei der Heilung zu berücksichtigen gilt.

Krankheiten und Leid können jedoch vielerlei Ursachen haben. So las ich einst von einem Manne, der an Magenkrebs litt und deshalb von heftigen Schmerzen geplagt wurde. Durch die Scheidung von seiner Frau, die er ca. 30 Jahre nicht mehr gesehen hatte, musste er sich seinerzeit hoch verschulden. Dadurch war er noch derart verbittert, dass er sie trotz seiner Beschwerden am liebsten umgebracht hätte. In mehreren Gesprächen mit einem „Wissenden" erkannte er den Sinn und Zweck des Erdenlebens und den Zusammenhang zwischen seiner Krankheit und dem Hass auf seine frühere Frau. Nachdem er ihr dann im Laufe der Zeit von ganzem Herzen vergeben hatte und sogar für ihr Seelenheil betete, schlug die ärztliche Behandlung an. Die Magenschmerzen, die die Ärzte vorher nicht lindern konnten, ließen nach und verschwanden dann sogar völlig. Und auch das Krebsgeschwulst wurde in einer späteren Röntgenuntersuchung nicht mehr festgestellt.

Von solchen oder ähnlichen Fällen hört man hin und wieder, wenn auch die wahren Ursachen meist im Dunkeln bleiben. Sie sind aber eklatante Beweise dafür, dass ein guter, in die Tat umgesetzter Wille, der wichtigste Schritt für einen seelischen und körperlichen Heilungsprozess ist.

Die Heilung oder Besserung eines krankhaften Zustandes kann jedoch auch mit Hilfe ärztlicher Mittel zustande kommen. Zwar gibt es viele Menschen, die zum Arzt gehen, wenn sie sich krank fühlen, aber nicht an Gottes Hilfe denken und trotzdem eine Besserung erlangen. Auch dies wird von Gott zugelassen. Wenn sich das Wesen solcher Menschen trotz körperlicher Besserung jedoch nicht zum Guten verändert, dann erzielt der Mensch meist nur eine vorübergehende Besserung, so dass die Krankheit zurückkehrt oder sich in eine neue Erkrankung verlagert, weil deren Ursache nicht beseitigt wurde.

Sobald alle Maßnahmen nicht helfen wollen, greifen unsere Ärzte gerne zum Skalpell, obwohl nachweislich viele Operationen überflüssig sind. Daher lobe ich mir den Lehrsatz des griechischen Arztes Asklepius, der ca. 1.200 vor Christus gesagt haben soll:

*„Zuerst das Wort, dann die Pflanze,
und zuletzt das Messer."*

Da unser Himmlischer Vater gegen alle Krankheiten und Beschwerden jeweils ein Kräutlein wachsen lässt, beschäftigen sich immer mehr Ärzte heutzutage auch mit der Alternativ- oder sanften Medizin, obwohl gerade das, was heilt, nach dem derzeitigen Arzneimittelgesetz nicht mehr durch die gesetzlichen Krankenkassen und die Beihilfe (Beamtenrecht) erstattet wird. So etwas ist doch mehr als merkwürdig! Es ist wohl der Preis dafür, dass man bisher immer mehr der technischen und allopathischen Medizin vertraut, wodurch die Menschen aber nicht gesund werden, sondern neben den Verwaltungskosten immer größere Geldsummen notwendig werden, um diese Verfahren überhaupt noch bezahlen zu können. Deshalb werden sie auch bald unbezahlbar werden. Die Folge davon ist, dass immer mehr erstattungspflichtige Leistungen aus dem Leistungskatalog herausgenommen und solange auf den Versicherten abgewälzt werden, bis er trotz hoher Beiträge fast alles selbst bezahlen muss.

In diesem Zusammenhang möchte ich auf die Heilmethoden des dt. **Arztes Samuel Hahnemann** (1755 – 1843) aufmerksam machen, der als einer der Ersten die Grundlagen für die Homöopathie legte. Dabei verabreichte er Arzneien in sehr starken Verdünnungen (Potenzierungen), die bei einem Gesunden den Krankheiten ähnliche Erscheinungen bewirken, so dass durch diese Gegenwirkung ein Kranker auch gesunden kann. Im Gegensatz dazu wollte der engl. **Arzt Dr. Bach** (1886 – 1936) ein Heilmittel entwickeln, das es einem medizinisch nicht vorgebildeten Menschen ermöglichen sollte, sich und andere schnelle Hilfe zu bringen. Nach den Überlieferungen konnte er mit der von ihm entwickelten (Bach-)Blüten-Therapie bei psychosomatischen Erkrankungen oftmals ungewöhnliche Heilerfolge erzielen.

Trotz der Erfolge, die weltweit mit der Homöopathie erzielt werden, wurde die Arzneimittel-Gesetzgebung in Deutschland derart einseitig ausgerichtet, dass weder die dementsprechenden ärztlichen Leistungen noch die homöopathischen Medikamente von den gesetzlichen Kassen erstattet werden.

„Ein Schelm, der Schlechtes dabei denkt!"

Eine Therapie, die im Grunde einen göttlichen Ursprung hat und der die Menschen unserer Zeit immer noch zu wenig Beachtung schenken, ist die Musik. Zwar fehlt ihr die wissenschaftliche Anerkennung, doch weiß man heute, dass die Klangtherapie ebenfalls ein Heilmittel ist, das uns von Gott geschenkt wurde. Deshalb kann auch sie durch ihre Schwingungen dazu beitragen, eine beunruhigte oder kranke Seele zu besänftigen und gesunden zu lassen.

Weil aber nur eine gute Musik himmlische Klänge irdisch auszudrücken vermag, liegt in ihr auch eine Art himmlische Harmonie, die sowohl die Lebensenergie als auch den Lebenswillen des Menschen stärken und deshalb heilsam und stärkend wirken kann. Ihre Kraft liegt in den beruhigenden Klängen, den harmonischen Schwingungen und im Rhythmus, die allesamt das Gefühl des Menschen anregen. Das wiederum kann für den Kranken recht heilsam sein, weil die Harmonie musikalischer Klänge eine emotionalheilende Wirkung auf eine kranke Seele hat.

Gute Musik, wie z. B. die des Barockzeitalters oder des österr. **Komponisten W. A. Mozart**, ist also auch dazu in der Lage, durch ihre harmonischen und belebenden Schwingungen die göttlichen Heilkräfte in uns wieder freizusetzen, während disharmonische und laute Musik oftmals Verkrampfungen, Blockaden und Kopfschmerzen im Menschen hervorrufen. Eine harmonisch anzuhörende Musik hingegen beruhigt, tröstet und erfreut und wird deshalb auch zu Therapiezwecken eingesetzt. Dabei werden jedoch nur solche Kompositionen für eine Menschenseele heilsam sein, deren Komponisten durch himmlische Wesen dazu inspiriert wurden. Der Segen des Herrn ruht auf allen harmonisch und damit beruhigend wirkenden Musikstücken, die einst von den Komponisten mit Liebe und Hingabe ins Leben gerufen wurden, was bestimmt kein Zufall war.

Am 18. 12. 2011 lief im ZDF ein Bericht, in der uns der Moderator auf solche Tatsachen hinwies, die selbst der Wissenschaft unerklärlich sind. In einem dieser Fälle wurde bei einer Frau ein drei Zentimeter großes Karzinom festgestellt, das inoperabel war, so dass sie nach Angaben der Ärzte nur noch ca. sechs Monate zu leben hatte. Daraufhin verkaufte sie ihre gesamte Habe und zog nach Mallorca, um sich in der ihr noch verbleibenden Zeit einen Traum zu erfüllen. Hier spielte sie Musik für ältere Leute, gründete eine Band und fühlte sich dabei immer besser.

Nach einiger Zeit musste sie jedoch die Klinik ihrer Heimatstadt aufsuchen, um den Stand ihrer Erkrankung feststellen zu lassen. Zum Erstaunen der Ärzte war das Karzinom aber völlig verschwunden. Die Musik als Erfüllung ihrer Lebensaufgabe hat wahrscheinlich zu einer seelischen Befreiung geführt.

Viele Menschen machen jedoch die Erfahrung, dass trotz ihrer Gebete eigentlich nichts Besonderes geschieht und sie nach wie vor krank bleiben. Darüber sind sie dann enttäuscht und hadern sogar mit Gott. Zwar werden alle Gebete um Hilfe erhört, doch wird der Mensch dadurch um das Heil seiner Seele willen nicht immer gesunden. Trotzdem kann ihm sein Gebet Trost und Frieden bringen, weil er fortan sein Kreuz nicht mehr alleine tragen muss. Nun hilft ihm Jesus Christus tragen, damit er die Last nicht zu stark verspürt.

Einen solchen Menschen drückt nun das Leid nicht mehr derart massiv, so dass er daran zu erkennen ist, dass er trotz seiner Beschwerden meist relativ heiter und unbeschwert die Tage verbringt, worüber sich schon manche verwundert haben. Während viele Ungläubige wegen der Schwere ihres Lebens jammern und klagen und manchmal sogar verbittern oder daran zerbrechen, weil sie jegliche Hoffnung verloren haben, gibt sich der Gläubige meist froh und hoffnungsvoll, denn er weiß Jesus Christus an seiner Seite.

Die meisten bitteren Erfahrungen sind aber für den Menschen vermeidbar, wenn er mit dem Herzen seines Himmlischen Vaters gedenkt. Jede Bitte um Hilfe im Gebet und in der Wahrheit findet nämlich Erhörung! Zwar erfolgt hierdurch nicht immer die Gesundung des Leibes oder die Erfüllung seiner Wünsche, weil es um die Heilung der Seele geht, doch kann dem Menschen stets **innerlich** geholfen werden. Eine solche Gebetserhörung kann daher wertvoller sein als die Heilung des Leibes, worüber jedoch nur derjenige berichten wird, der das erlebt und erkannt hat.

Der Mensch weiß aber, dass er einmal diese Erde wieder verlassen muss. Wenn er bis dahin nicht an ein geistiges Weiterleben seiner Seele nach dem Leibestode glauben konnte, so ist es ihm unverständlich, dass ihm die irdischen Krankheiten seiner Seele auch im Jenseits zur Erkenntnis ihres wahren Zustandes verhelfen können. Die Liebe des Himmlischen Vaters nutzt jede Gelegenheit, eine Seele in die Erkenntnis und somit in Seine Wahrheit einzuführen. Er weiß, dass so manche Seele, deren materieller Körper an einer Krankheit verstarb, noch nicht erkennen kann, dass sie sich bereits im Jenseits befindet.

Wie im Diesseits, so kann sie auch im Jenseits in entsprechenden Genesungsstätten weiterbehandelt werden. Mit der Zeit trifft sie hier auf gleichartig Erkrankte, die ebenfalls ihren körperlichen Tod noch nicht begriffen haben. Sie alle erhalten nun die Gelegenheit, über sich selbst nachzudenken. Dabei werden sie mit ihren Beschwerden und Schmerzen solange in ihrer Unwissenheit belassen, bis sie an sich selbst verzweifeln und ernsthaft um Hilfe bitten. Wenn sie dann über die Denkanstöße, die sie des öfteren von den sie betreuenden hilfswilligen Geistwesen (Krankenschwestern und -pflegern) erhalten, über sich selbst und ihre Gesinnung nachdenken und dabei ihre Mangelhaftigkeit erkennen, wird mit Jesu Christi Hilfe der Gesundungsprozess auch recht schnell voranschreiten.

Da solche Seelen aber zumeist über kein geistiges Wissen verfügen, kann es sehr lange dauern, bis sie bereit sind, innere Einkehr zu halten und das Wort Gottes in sich aufnehmen. Wie auf Erden, so wird es auch hier an Denkanstößen und Hinweisen ihrer Besucher und des Pflegepersonals nicht fehlen. In beiden Fällen handelt es sich um Lichtwesen, die jedoch nicht als solche zu erkennen sind. Ihre Aufgabe ist es, den Kranken, zur Selbsterkenntnis und damit zur Einsicht und Umkehr zu verhelfen, indem diese nun ihr früheres Fehlverhalten bereuen und wieder gutmachen wollen.

Weil alles Wissen hier aber nur stufenweise erlernt werden kann, können sie sich nun mit Unterstützung ihrer geistigen Helfer durch ein liebevoll-aufklärendes Wirken an hilfsbedürftigen Seelen im Laufe der Zeit **selbst** in immer stärkerem Maße von den ihnen noch anhaftenden Leiden befreien. Durch einen solchen Ausreifungsprozess fallen die sie belastenden dunklen Hüllen ab, so dass sie stets lichtempfänglicher werden. Und wenn sie dazu bereit sind, weitere Aufgaben in Liebe zu verrichten, können sie von Stufe zu Stufe in hellere und lichtvollere Sphären geführt werden.

**FAZIT**: Jesus Christus ist der beste Arzt und Heiler, und Seine Lehre ist die beste Medizin. Aber auch die Gesunden können zur Heilung ihrer Mitmenschen beitragen, indem sie ihrer in Liebe und in der Fürbitte gedenken, für sie beten und ihnen in uneigennütziger Nächstenliebe beistehen. Damit ziehen sie die Liebe ihres Heilandes an sich heran, so dass auch Wunder geschehen können, wo es sonst keine Hoffnung mehr gibt. Nun schlägt die Medizin plötzlich an, die vordem nichts bewirken konnte, oder die Gesinnung des Kranken verändert sich plötzlich zum Guten. Somit kann der Mensch erkennen, dass es zwischen Himmel und Erde Dinge gibt, die er sich nicht zu erklären vermag. Und das sind dann solche Denkanstöße, die er zu seiner eigenen geistigen Erkenntnis nutzen sollte.

## 9. Bittet, so wird euch gegeben

Wenn wir wieder zu Gott zurückkehren wollen, müssen wir die Ordnung beachten, die in Seinem Wesen durch die Liebe um Ausdruck kommt. Damit auch wir davon Gebrauch machen können, befindet sich in unserem Herzen ein Anteil Gottes, der durch die Liebe im Menschen zum Leben erweckt und lebendig werden soll. Solange wir dieses Licht in uns nicht lebendig gemacht haben, ist jeglicher Glaube auch nur ein toter Glaube.

Weil unsere Liebe in der Regel jedoch noch zu klein ist, schenkte uns Gott durch **Sein Wort** noch ein zweites Licht, das mit Seiner Kraft gesegnet ist, um uns den Rückweg zu Ihm zu erleichtern. Und da von den himmlischen Kräften alles Mögliche in die Wege geleitet wird, um den Menschen zu Gott zurückzuführen, sagte auch einst der weise **Kirchenlehrer „Augustinus"**: *„Nicht der Mensch findet zur Wahrheit, sondern die Wahrheit findet zum Menschen!"*

Wenn wir nun keine Fehler und Irrtümer mehr begehen wollen, sollten wir ständig in uns gehen und unsere Vorhaben von unserem Gewissen beleuchten lassen. Eine solche **Beleuchtung** erfolgt am wirksamsten **im Gebet**, denn **damit** besitzen wir den **alleinigen Schlüssel**, der auch der Erhörung unserer Bitten dient. Gehen Sie daher so oft wie möglich in Ihr stilles Kämmerlein, d. h. **in Ihr Herz**, wenn Sie Fragen, Probleme oder Schwierigkeiten haben, und bitten Ihren Heiland und Erlöser um

Erleuchtung und Beantwortung Ihrer Fragen sowie um die rechte Führung. Wenn Sie nun geduldig geworden sind und in Ihrem Gebet nicht nachlassen, kommt gewiss einmal der Zeitpunkt, an dem Ihnen der Schleier von den Augen genommen wird, der Ihnen bis jetzt noch die richtige Sicht versperrt, so dass Sie darauf reagieren und sich Ihre Lebensverhältnisse zum Guten wandeln. Dann trägt Sie der Herr über so manche Hindernisse hinweg, die Ihnen bisher das Leben schwer zu machen versuchten.

Um unser Innerstes zu erschließen, sollten wir uns daher morgens beim Erwachen mit **Dem** verbinden, Der der Schöpfer allen Lebens ist, um das geistige Licht Seiner Liebe aufzunehmen und jeden Tag in Ruhe und Frieden beschließen zu können. Während des Tages sollten wir Ihn aber nicht außer acht lassen und des öfteren inniglich um gute Gedanken sowie um Seinen Segen und Seine Führung bitten, damit wir **von innen heraus** darauf aufmerksam gemacht werden können, wenn wir vom rechten Weg abkommen und Fehler machen.

Der Vater hört und sieht alles, und **Er hört auch stets zu**, wenn wir zu Ihm sprechen. Doch antworten wird Er uns nur gedanklich, was wir dann aber für unsere eigenen Gedanken halten. Jesus wird uns zwar jederzeit helfen, die Wahrheit zu erkennen und das Rechte zu tun, weil Er möchte, dass alle Menschen den richtigen Weg gehen, um das ihnen gesetzte Ziel der Gotteskindschaft zu erreichen. Dafür reicht jedoch der Glaube an den

Herrn **allein nicht** aus, weil der rechte Weg nur in der Demut beschritten werden kann, von der es im Band II, Kap. 11, der „Haushaltung Gottes", von J. Lorber, heißt: *„Die Demut ist das einzige, was ihr Mir geben könnt, ohne es vorher von Mir empfangen zu haben."* Und weiter spricht der Herr in "Erde und Mond", Kap. 63: *„Eine demütige Seele findet sich bald in allem zurecht, und weil sie Mir am nächsten ist, so hat sie auch allezeit die allersicherste und allerbeste Hilfe bei der Hand."*

Jetzt wird vielleicht so mancher Leser einwenden, dass sich das zwar alles gut liest, Gott sich aber im täglichen Leben nur schwer finden lässt. Weil viele die Erfahrung gemacht haben, dass Er auch dann stumm zu bleiben scheint, wenn man oft und lange zu Ihm gebetet hat, darf ich Ihnen hierzu eine nette Geschichte erzählen:

*„Ein sehr gottgläubiger Pfarrer, der in einem Moor eine seltene Blume pflücken wollte, trat fehl und versank bis zur Brust darin. Als er zu Gott um Hilfe betete, kam ein Radfahrer vorbei, der ihm helfen wollte. Doch der Pfarrer sprach voller Vertrauen, dass ihm Gott schon helfen werde, und lehnte ab. Später kam ihm ein Postbote zu Hilfe, aber auch dessen Angebot lehnte der Pfarrer ab. Als ihm das Wasser nun bis zum Halse stand, kam die Feuerwehr. Doch auch von ihr ließ er sich nicht helfen, so dass er später ertank.*

*Im Himmel angekommen, wurde er direkt zu Gott vorgelassen. Hier beschwerte er sich bitter darüber, dass Er ihm nicht geholfen habe.*

*‚Warum ereiferst du dich so sehr?', sprach der Vater voller Liebe zu ihm. ‚Ich habe dir einen Radfahrer geschickt, danach den Postboten und letztendlich noch die Feuerwehr, doch du wolltest dir nicht helfen lassen. Bist du an deinem Schicksal nicht selbst schuld?!'"*

Wie oft werden wir durch gewisse Ereignisse innerlich erschüttert, so dass uns vielleicht bittere Gedanken kommen, wie: „Herr, wo bist Du? Warum spüre oder höre ich Dich nicht? Warum hilfst Du mir nicht? Hast Du mich verlassen und vergessen, oder gibt es Dich vielleicht doch nicht?" Durch derartige Zweifel und Kritik verbaut sich der Mensch oftmals selbst die Erhörung seiner Gebete. Gott kann sie nicht segnen und ihm gezwungenermaßen helfen, wenn dieser versteckt oder offen an Ihn zweifelt und sich damit gegen Ihn wendet, weil Seine Gerechtigkeit nur dem Demütigen Seine Gnade schenkt.

Aus Mangel an Vertrauen zu unserem Himmlischen Vater haben wir mit derartigen Gedanken in unserem Herzen eine Mauer aufgebaut, eine Mauer aus falschen Vorstellungen und Wünschen. Und diese Mauer lässt uns glaubensschwach werden, so dass wir sie erst niederreißen müssen, um Jesus Christus in uns aufnehmen zu können. Und **da Er all unsere Geschicke zum Besten unserer Seele lenkt**, wenn wir dies zulassen, gilt es, im festen Glauben und Vertrauen am Ende unseres Gebetes den Zusatz nicht zu vergessen: ***„Aber nicht mein, sondern Dein Wille geschehe!"***

Selbst Jesus betete seinerzeit als Mensch im Garten Gethsemane zu Seinem Vater, dass die schlimmen Qualen, die Er zu erleiden fürchtete, an Ihm vorübergehen mögen. Und ebenso wie Er haben auch wir ein Recht darauf, unseren Himmlischen Vater darum zu bitten, dass Er die Schwierigkeiten, in denen wir stehen, von uns nehmen möge. Weil wir jedoch meist nicht wissen, welche Bedeutung das Leid, die Not oder die Krankheiten für unsere Seele oder für unsere Umwelt haben, mit denen wir konfrontiert werden, müssen wir es schon der Liebe des Vaters überlassen, was Er damit bezweckt, denn Sein Zweck dient einzig und allein der Vervollkommnung unserer Seele.

Es kommt also darauf an, **solche Worte voller Gottvertrauen** und nicht wegen der erkannten eigenen Ohnmacht traurig oder enttäuscht auszusprechen. Wenn sie aus einem freien und liebevollen Herzen heraus gesprochen oder gedacht werden, wird dem Bittenden die Hilfe auch nicht versagt bleiben, sofern sie seiner Seele nicht schadet. Stellen wir daher den eigenen Willen zurück und lassen unseren Herrn walten, indem wir Ihm auch den Zeitpunkt Seiner Hilfe überlassen. Nur Er allein weiß, wann eine Hilfe für unsere Seele von Bedeutung ist.

Es sind aber **nicht** unsere Worte, die das Herz des Himmlischen Vaters erweichen, sondern **nur unsere Liebe und Demut sowie der Glaube**, um dessen Hilfe wir vertrauensvoll für die Beseitigung von Schwierigkeiten bitten sollen. Und das kann überall geschehen, ob im stillen Zuhause oder unterwegs im tiefsten Menschengewühl, wenn es nur aus dem Herzen kommt. So kenne ich z. B. einen Mann im gesetzten Alter, dessen Leben früher mit mannigfaltigen Schwierigkeiten gepflastert war. Durch den Kauf eines Hauses, der dann gescheiterten Ehe mit einer dem Alkohol zusprechenden Frau, der Versorgung seiner vier kleinen Kinder sowie durch seine spätere Selbständigkeit und den Tod seiner zweiten Frau nach fast fünfzehnjähriger Ehe befand er sich in ständiger seelischer und finanzieller Not. Er hatte zwar an Gott geglaubt und Ihn in der Kirche gesucht, dort jedoch nicht gefunden.

Durch einen Zufall, den es bekanntlich nicht gibt, lernte er später seine jetzige Ehefrau und später den Initiator eines christlichen Hauskreises kennen, der ihn mit der tiefgründigen Wahrheit im Worte Gottes bekannt machte. Dadurch erkannte er das wahre Wesen seines Schöpfers, so dass er Ihn lieben lernte und aus der Stille seines Herzens mit Ihm sprechen konnte, was ihm vorher aus Unkenntnis nicht möglich war.

Vor kurzem gestand er mir, dass sich seiner eine innere Ruhe und eine gewisse Gelassenheit bemächtigt habe, seitdem er sich bemühe, nach Gottes Wort zu leben. Auch verspüre er hin und wieder, dass er geführt werde, so dass er trotz manch verlockender Angebote keinerlei unüberschaubare Risiken mehr eingehe. Und so manche Schwierigkeiten, die er als Selbständiger zwangsläufig noch zu bewältigen habe, kommen durch die Mithilfe des Herrn zu einem guten Ende.

Wer sich also ein möglichst ausgeglichenes Gemüt verschaffen will, der bemühe sich, seinen Glauben an die Allmacht und Allwissenheit des Herrn in sich auszubilden und zu festigen. Dabei dürfen aber die täglichen Gespräche nicht fehlen, in denen man Ihm nicht nur seine Sorgen und Wünsche vorträgt, sondern Ihm auch Dank sagen sollte für das gute Gelingen so mancher Werke. Und wenn einmal etwas nicht nach den eigenen Vorstellungen verlaufen ist, sollte man ruhig nachfragen, ob das Motiv falsch oder sonst etwas am eigenen Verhalten fehlerhaft war. Früher oder später wird uns dann die Antwort ins Herz gelegt, weil nicht alles unserer Seele derart guttut, wie wir es uns vorstellen.

Sobald Sie in gutem Glauben und Vertrauen z. B. die Führung Ihres Terminkalenders Jesus Christus übertragen, wie ich es schon seit Jahren handhabe, wird zukünftig auch alles reibungsloser vonstatten gehen, solange Sie ihr Bestes tun und eines guten Willens bleiben. Wenn Sie **IHN** also nicht nur an Ihrem Privatleben, sondern auch **an Ihrer Arbeit teilhaben lassen**, wird Sie des öfteren ein erwärmendes Glücksgefühl durchströmen, sofern Sie mit dem Herzen, also in Liebe an Ihn denken. Hierdurch steigert sich nun nach und nach Ihre Zuversicht auf ein gutes Gelingen, sobald Sie sich bemühen, trotz mancher äußerer Widerstände das Richtige im christlichen Sinne zu tun.

Wer somit mehr von dem wissen will, was sich in seinem Inneren verborgen hält, der achte auf sein Seelenleben. Die Empfindungen gehen nämlich von der Seele aus, wobei das Gewissen als das Sprachrohr des Geistes die wichtigste Aufgabe hat. Und dabei ist der Verstand der Vermittler zwischen unserer Innenwelt und der Außenwelt.

Der Mensch kann sich deshalb auch immer auf die Empfindungen verlassen, **die von seinem Gewissen ausgehen**, denn dieser göttliche Begleiter wird ihn niemals betrügen. Nur derjenige, der sich selbst belügt, betrügt sich damit auch selbst, so dass er seine Empfindungen mehr und mehr unterdrückt, bis sein Gewissen am Ende so gut wie gar nichts mehr von sich gibt. Das sind dann diejenigen, von denen sich die Mitmenschen wegen ihrer Lieblosigkeit meistens distanzieren.

Der Weg über die Empfindungen des Herzens ist also der einzig richtige. Damit wir ihn recht gehen können, wurde uns **eine gewaltige Hilfe** an die Hand gegeben, mit der uns Jesus in Joh. 14,6, der Bibel sagen lässt: ***„ICH bin der Weg, die Wahrheit und das Leben, wer an Mich glaubt, der wird leben, obgleich er stürbe!"*** **Der Glaube an Ihn ist daher die uneinnehmbare, feste Burg, von der auch der Reformator Dr. Martin Luther seinerzeit des öfteren sprach.**

Sollten Sie jedoch an einem **Kreuzweg** stehen und Entscheidungs-Schwierigkeiten haben, so vergessen Sie die Worte Jesu in Matth. 7,7, sowie Lukas 11,9 + 10 nicht:

*„Bittet - so wird euch gegeben. Suchet - so werdet ihr finden. Klopfet an - so wird euch aufgetan!"*
**Das sind keine leeren Worte, sondern Versprechungen und feste Zusagen unseres Herrn und Heilands an jeden**, der davon ernsthaften Gebrauch macht. Und je liebevoller Ihr tätiger Hilfswille ist, desto effektiver wird auch Ihnen im Laufe der Zeit materiell und/oder seelisch geholfen werden.

Klagen wir aber Gott nicht an, wenn wir mit Ihm hadern oder verbittert sind, denn kein Mensch geht über die Erde, den Er nicht liebt. Es ist meistens der Mangel an Nächstenliebe, der uns hin und wieder solche Situationen beschert, die uns nicht behagen. Die Gerechtigkeit Gottes bürdet nämlich keinem Menschen eine Last auf, die er nicht tragen kann. Und wenn wir zu einer anderen Auffassung gekommen sind, so haben **wir uns selbst** übermäßig belastet.

Die von den Menschen zu tragenden Lasten dienen in erster Linie dazu, ihre falschen Veranlagungen zu erkennen und ihrer Herr zu werden. Und dazu müssen sie den ernsten Willen aufbringen, wenn es ihnen besser gehen soll. Ihre Seelen haben bei der Verkörperung als Mensch nämlich so manche schlechten Eigenarten mit in ihr Erdenleben hinübergenommen, die sie seinerzeit in ihren Vorstadien hätten ablegen können. Deshalb ist es jetzt ihre Aufgabe, sich zu läutern, um kristallklar die Erde zu verlassen. Das ist ihnen jedoch nur möglich, wenn sie die Demut in sich entwickeln, die ihnen hierzu die richtigen

Erkenntnisse gibt. Aber gerade diese Erkenntnisse machen ihnen die größten Schwierigkeiten, weil sie jetzt **ständig mit ihrem Eigenwillen (Ego) ringen müssen**, mit dem auch ich heute noch zu kämpfen habe.

Daher dienen die Lebensumstände den Menschen oft dazu, in ihnen eine Willens- und Wesenswandlung herbeizuführen. Und das ist nur durch den inneren Kampf gegen ihre Unzulänglichkeiten oder durch dienende Nächstenliebe möglich. Dabei ist das Dienen jedoch leichter als das Kämpfen, denn wer seinen Mitmenschen gegenüber immer ein dienender Bruder ist, der stößt auf weit weniger Widerstand als derjenige, der sich die Selbstüberwindung zum Ziel gesetzt hat. Ihm wird von Seiten der Mitmenschen nicht die Geduld und Liebe entgegengebracht, die sich der Dienende durch sein Verhalten recht leicht erwerben kann. Auch werden ihm die schweren inneren und äußeren Kämpfe oft erspart bleiben, die der Kämpfende ständig zu bestehen hat.

Weil aber die Selbstüberwindung das A und O unseres Erdenlebens ist, leben wir vergeblich, wenn wir am Ende unserer Erdentage nicht zumindest einen Teil unserer Fehler und Schwächen überwinden konnten. Dann haben wir die Gnade nicht genutzt, die uns der Himmlische Vater schenkte, um uns die einst verlorene Seligkeit zurückzugeben.

*„Wer sich daher kleiner macht, als er ist,*
*der ist in jedem Falle größer als alle,*
*die sich größer machen, als sie sind."*

„Solange der Mensch noch glaubt, dass alles, was ihm begegnet, zu hart ist, dass er ungerecht von Gott und den Menschen behandelt wird, so lange befindet er sich noch **im Zustand der Selbstbemitleidung** – und dieser Zustand ist **das Gegenteil der Selbstüberwindung**", schrieb der damalige Druckleger der Duddekundgaben, **Wolfgang Kühner**, 1982 als Vorwort zu seinem 2. Heft mit dem Titel "Selbstüberwindung", in dem er die entsprechenden Kundgaben von B. Dudde zusammenfasste. Und weiterhin schrieb er:

„Die Selbstüberwindung setzt voraus, dass wir erkennen, dass unsere **eigene Sündenschuld die Ursache unserer Unseligkeit** ist. Nur wer erkennt, dass er bisher auf dem falschen Weg war, und wer erkennt, dass es auch einen richtigen Weg gibt und gewillt ist, diesen Weg zu gehen - und das ernstlich, trotz vieler Steine und Schwierigkeiten - nur der wird auch das Ziel erreichen.

**Der Weg ist die Nachfolge JESU, das Ziel aber ist die himmlische, ewige Seligkeit**. Mit der Hilfe JESU ist dieses Ziel zu erreichen. Doch ER will um die nötige Kraft gebeten sein. Bitten wir Ihn daher darum, dass ER uns an die Hand nimmt und uns so führt und leitet, dass wir **uns mit Seiner Hilfe überwinden** können. Nur durch unsere Willenswandlung, durch unser aufrichtiges "Dein Wille geschehe!", finden wir wieder die Seligkeit, die wir einst durch unseren falschen Willen verloren haben."

Was immer die Menschen bedrückt und welche Fragen sie auch haben mögen: Jesus kennt all' ihre Wünsche, Sorgen, Ängste und Nöte sowie ihre charakterlichen Fehler und Schwächen, egal, ob sie an Seine Worte glauben oder nicht. Doch Er will auch **ernsthaft** um Seine Hilfe gebeten werden. Dass viele Menschen von den festen Zusagen ihres Herrn nichts wissen oder dass sie bisher kaum einen Beweis für diese Zusagen bekamen, liegt somit an ihnen selbst. Sie müssen sich entweder falsch verhalten oder nicht tief genug über sich und ihr bisheriges Leben nachgedacht haben, denn **Gott schenkt** vor allem **dem Demütigen Seine Gnade**.

Hin und wieder hilft Er jedoch nicht so, wie es sich der Mensch wünscht. Dann gilt es, Geduld und Gottvertrauen zu üben, denn **der Glaube und das Vertrauen auf Jesu Hilfe** muss vorhanden sein. Ohne diese Überzeugungen kann die Hilfe nicht richtig wirksam werden, denn jede Hilfe muss bei Gott zugleich **eine Hilfe für die Seele** sein. Der Mensch, der über sein Herz bei Ihm anklopft und um Hilfe bittet, muss dies daher in aller Demut tun und den Vater auch **demütig wie ein Kind bitten**, denn Er kann nur dem helfen, der an Ihn glaubt und auf Seine Hilfe hofft.

Unser größter Fehler ist es jedoch, **nur** diejenige Hilfe anzuerkennen, die wir gerne hätten. Dann kreisen unsere Gedanken allein um **ein** Ziel, das aber nicht immer das rechte sein muss. Dies ist wohl auch der Grund dafür, warum so mancher Mensch oftmals keine Hilfe bekommt oder sie sich nicht so auswirkt, wie er sich das gedacht hat. Erhält er sie aber dennoch, obwohl seine

Motive falsch sind, können die Hilfen nicht von Gott kommen, so dass er damit in die Irre geführt werden soll. Und Gott lässt das zu, weil ein solcher Mensch wohl nicht anders zur Erkenntnis zu führen ist als über bittere Erfahrungen. Sind Sie also klug und überprüfen alles, was man Ihnen rät, denn der beste Rat zum unrichtigen Zeitpunkt ist vergebens. Ein guter Rat zur richtigen Zeit kann aber entscheidend sein.

Heutzutage wird uns derart viel als angebliche Wahrheit „verkauft", dass selbst ein Fachmann nur noch **vermuten** kann, weil er nicht mehr weiß, was davon wirklich richtig ist. Gehen Sie daher in sich und befragen Ihr Gewissen, wenn Sie der Zweifel an dem Schönen befällt, das Ihnen hier und da geboten wird. Meistens sind es weltliche Lockmittel des Gegners, die uns betören und vom geistigen Streben abhalten oder abbringen sollen, denn

> „schöne Worte sind zumeist nicht wahr,
> und wahre Worte sind oft nicht schön!"

In diesem Zusammenhang darf ich Ihnen die Vorträge und Bücher der Psychologin und Management-Trainerin **Vera F. Birkenbihl** empfehlen, die einst im „Alpha-Programm" des Bayerischen Fernsehens sagte, dass der Mensch zunächst für eine kurze Zeit (15 Minuten) in eine absolut gedankliche Neutralität gehen müsse, wenn er die Wahrheit erkennen, neue Impulse erhalten und neue Ideen finden möchte. Dies mag man wohl ein gedankliches Trainings-Programm nennen, kann es aber auch als stilles Gebet oder als Meditation auffassen. Das Ergebnis ist jedoch immer das gleiche: **Erst durch die gedankliche Neutralität bekommt der Mensch neue Gedanken und damit auch neue Ideen, neue Impulse und neue Kraft.**

Deswegen sagt man auch hin und wieder zu dem, der überfordert ist: *„Schalte doch endlich einmal ab!"* Wenn er das aber nicht kann oder will, kreisen seine Gedanken immer wieder um dieselben Probleme, so dass er keine rechte Antwort und damit auch keine rechte Hilfe bekommen kann. Eine Folge dieser falschen Verhaltensweise ist z. B. das Burn-out-Syndrom, die neue Modekrankheit, durch die sich der Mensch am Ende völlig erschöpft und wie ausgebrannt fühlt.

Das Bitten und Anklopfen ist also auch heute immer noch aktuell, wenngleich ein jeder davon ganz unterschiedlichen Gebrauch macht. Diese Unterschiedlichkeit birgt jedoch ein Risiko, weil **nur die Tiefe der Liebe und des Glaubens an die Hilfe "von Oben" den Erfolg bestimmt.** Ist der Glaube nämlich nur ein seichter, wird auch das Gebet zu Gott nicht mit der rechten Tiefe und Innigkeit geführt, wie es erforderlich ist, um erhört zu werden.

Gott achtet weniger der Worte, sondern vielmehr der Hingabe im Gebet, die wiederum nur ein tiefer Glaube bewirkt. Er liest im Spiegel der menschlichen Seele und weiß um alles. Wo immer ein inniges Gebet zu Ihm geführt wird, ist Jesus auch stets zur Hilfe bereit. Die gläubige Zuversicht auf Gebetserhörung wird dann den rechten Erfolg eintragen, denn **Gott lässt den starken Glauben eines Menschen niemals zuschanden werden.** Er segnet alle, die Ihm nach Seiner Verheißung ihre Sorgen und Nöte in aller Demut und Innigkeit vortragen, denn "an Gottes Segen ist alles gelegen!" So betete eine Tante meiner Frau täglich zu Gott, dass sich ihr Bruder wieder mit seinen fünf Geschwistern versöhnen möge. Es dauerte zwar fast sechzehn Jahre, bis ihre Gebete erhört wurden, doch müssen die Friedensgeister den freien Willen jedes Menschen berücksichtigen, um auf den richtigen Zeitpunkt hinarbeiten zu können.

Wenn es im 1. Paulusbrief an die Tessalonicher 5,17, der Bibel heißt, dass wir oh'n Unterlass beten sollen, so ist darunter im Grunde zu verstehen, dass wir uns so oft wie möglich gedanklich mit Gott verbinden und ständig nach der Lehre Jesu leben und handeln sollen. Dann beten wir wahrhaftig ohne Unterlass, so dass uns allzeit gegeben werden kann, wessen wir bedürfen.

Hierzu sah ich z. B. am 29. 08. 11 eine Fernsehsendung, in der Überlebende des Anschlags vom 11. Sept. 2001, die sich zur Zeit der Katastrophe in den mittleren Teilen der beiden New Yorker Hochhäuser befanden, darüber berichteten, dass sie auf der Flucht durch die Treppenhäuser im Stillen vor Angst betend die Treppen herunterliefen und sich und andere dadurch retten konnten. Augenscheinlich wurde diesen Menschen durch ihren Glauben und ihre Gebete **auf ungewöhnliche Weise geholfen.**

Das sicherste Hilfsmittel im Leben ist somit der tiefe Glaube, durch das Wort Gottes die Wahrheit zu besitzen. Und diese Wahrheit kann sich der Mensch jederzeit in Erinnerung bringen, indem er sich ernsthaft mit der Bibel und den Neuoffenbarungen Gottes beschäftigt. Dann kann er voller Zuversicht auf den Beistand und Trost Jesu Christi hoffen, weil Gott Sein Wort mit Seiner Kraft gesegnet hat.

Der Glaube an die Lehre Jesu und das Vertrauen auf Ihn ist also der größte Reichtum, den ein Mensch besitzt. **Mit Ihm kann er alles erreichen und alles bewältigen**, solange er in der Liebe lebt und sich in der Demut übt, denn **bei Gott ist kein Ding unmöglich**. Und da Sein Wort gleichzeitig auch kraftspendend ist, wird es jegliche Glaubensschwäche verjagen. In diesem Fall ist ein starker Glaube eine besondere Gnade, die zwar allen gewährt, doch nur von wenigen genutzt wird. Erbittet sich der Mensch aber diese Gnade, so wird er auch glauben können, weil Gott dann seinen guten Willen segnet. Damit ist schon jede geistige Not von ihm genommen, so dass es ihm im Grunde fortan kaum noch an etwas mangeln wird, solange er mit dem Herzen bei Gott verbleibt, auch wenn sich so manche Entlastung oftmals erst später zeigt.

In den USA geschehen manchmal Dinge, die unserer

Zeit vorauszueilen scheinen. So wurden dort im vorigen Jahrhundert bereits von atheistischen Wissenschaftlern Versuche an sterbenden Personen unternommen, mit deren Hilfe man herauszufinden suchte, was bei dem Übergang vom Leben zum Tode im menschlichen Gehirn vor sich geht. Dies war nur möglich, indem die Wellenlängen und die Stärke der menschlichen Gehirnströme gemessen wurden. Daher stellten die Wissenschaftler seinerzeit unmerklich ein hochempfindliches Aufnahmegerät in das Sterbezimmer ausgesuchter Personen, die nichts von diesem Experiment wussten, und brachten über deren Bett zusätzlich noch ein hochempfindliches Mikrofon an. An den Aufzeichnungsgeräten, die im Nebenraum standen, in denen sich auch die Wissenschaftler befanden, konnten die Zeiger bis 500 Grad in positiver Bewertung und bis 500 Grad negativ ausschlagen.

Als der letzte Augenblick einer Sterbenden gekommen war, hörten sie im Nebenraum, wie die Frau zu beten begann und Gott dankte für Seine Kraft und Hilfe in Leid und Not und für die Gewissheit, Eigentum der Liebe Jesu Christi sein zu dürfen, wobei aus ihren Worten eine unbeschreibliche Wonne zu entnehmen war.

Die Wissenschaftler, die sich bei diesen Worten ihrer Tränen nicht schämten, hörten mehrere Male ein klikkendes Geräusch an ihrem Anzeigegerät und sahen, dass der Zeiger bei 500 Grad **positiv** ausschlug und immer wieder gegen die Abgrenzung tippte, weil die von der Liebe der Frau zu Jesus Christus angezogene Kraft derart hoch war, dass sie von dem Apparat nicht mehr gemessen werden konnte.

Für das nächste Experiment wählte man einen nahezu geisteskranken Mann aus, der von einer Krankenschwester etwas gereizt wurde. Dieser reagierte mit Schimpfen und Fluchen und missbrauchte dabei den Namen Gottes auf lästerliche Art. Dabei schlug jedoch der Zeiger der Apparatur bis zur Begrenzung auf 500 Grad **negativ** aus. Jetzt wurden allen vorher Ungläubigen klar, was vor sich geht, wenn von einem Menschen das Gebot der göttlichen Nächstenliebe nicht beachtet wird, da es gelungen war, auf wissenschaftlichem Wege sowohl die positive Kraft Gottes als auch die negative Kraft Seines Widersachers einwandfrei zu beweisen. Dieses Experiment wurde nun aus wissenschaftlichen Gründen im Laufe der Zeit mehrere Male mit anderen Personen wiederholt und zeigte stets dieselben Ergebnisse. Auf diese Weise bestätigt es die Aussage des Versuchsleiters und **Nobelpreisträgers Dr. med. Carell**, der seitdem behauptete: *„Das Gebet ist die stärkste Form erzeugbarer Energie."*

Nicht nur die Anhänger der großen Religionen, sondern auch die ausgestorbenen Indianerstämme Nordamerikas beteten zu Gott, den sie „Manitu" nannten, was „Großer Geist" bedeutet. Und weil sie sehr naturverbunden lebten, drückte sich ihre Naturverbundenheit auch in ihren Gebeten aus. So beteten z. B. die Sioux-Indianer nach einer Überlieferung:

*„Großer Geist, dessen Stimme ich in den Winden vernehme und dessen Atem der ganzen Welt Leben spendet, erhöre mich.*
*Ich trete vor Dein Angesicht als eines Deiner vielen Kinder. Siehe, ich bin klein und schwach; Ich brauche Deine Kraft und Weisheit.*
*Lass mich in Schönheit wandeln und meine Augen immer den purpurroten Sonnenuntergang schauen. Mögen meine Hände die Dinge achten, die Du geschaffen hast, und meine Ohren Deine Stimme hören!*
*Mache mich weise, damit ich die Dinge erkennen kann, die Du mein Volk gelehrt hast, die Lehre, die Du in jedem Blatt und jedem Felsen verborgen hast.*

*Ich sehne mich nach Kraft, nicht, um meinen Brüdern überlegen zu sein, sondern um meinen größten Feind - mich selbst - bekämpfen zu können.*
*Mache mich stets bereit, mit reinen Händen und aufrichtigen Augen zu Dir zu kommen, damit mein Geist, wenn das Leben wie die untergehende Sonne entschwindet, zu Dir gelangen kann, ohne sich schämen zu müssen."*

**Sollten wir uns daran nicht ein Beispiel nehmen?**

**FAZIT**: Nur derjenige, der sich von seinem Gewissen leiten lässt, geht den für ihn vorgesehenen Weg, an dem auch der Herr Seine Freude hat, weil er in der göttlichen

Ordnung liegt. Ein solcher Mensch überdenkt stets seine Vorhaben, lässt sie von seinem Gewissen beleuchten und bitten den Vater um Klarheit, indem er sich **vor** und **nach** dem Schlafenlegen und des öfteren auch **während des Tages** in Liebe mit Dem gedanklich verbindet, Der der Geber, Lenker und Leiter des Lebens sowie aller Gaben ist. So erhält er die Impulse und Intuitionen, die ihn darauf hinweisen, welche Richtung er einschlagen und was er machen soll. Solche Weisungen sind aber sehr leise, so dass er schon ein gewisses Gefühl und Gespür dafür entwickeln muss, um sie überhaupt wahrzunehmen.

Wenn sich der Mensch jedoch dagegen sträubt, wird ihn ein gewisses Maß an Leid dazu anzuregen versuchen, sich mit seinem Schöpfer in Verbindung zu setzen. Und sobald er mit dessen Hilfe manche Schwierigkeit gemeistert hat, verwandelt sie sich in Freude und Dankbarkeit, wenn er verspürt, dass er daran wachsen konnte. Damit ist er bereits auf dem Wege zu erkennen, dass der Schöpfer alles zu seinem Besten gestalten möchte, es aber auf seinen Willen ankommt, wie sich sein Leben entwickelt.

Ein jeder sollte sich daher stets bemühen, nur das Wahre, Gute und Schöne anzustreben. Dann wird er alles erhalten, um was er bittet, sofern dies seiner Seele nicht schadet, auch wenn es manchmal etwas dauern kann. Sollte die Erfüllung einer Bitte aber hier und da ausbleiben, dann war sein Wunsch für die Seele wohl doch nicht förderlich.

## 10. Die Hauptaufgaben des Menschen

### a) Besinnung und Einkehr

Kennen Sie sich schon so gut, dass Sie in jeder Situation die richtige Einsicht und Verhaltensweise an den Tag legen? Das Naheliegendste und Wichtigste für jeden Menschen sollte es nämlich sein, sich selbst **genau** kennenzulernen. Die meisten praktizieren aber das Gegenteil davon und richten ihre Blicke nicht nach innen, sondern fast nur nach außen und auf andere Menschen. Den Rest besorgt dann der Lärm der Welt, so dass bereits mancher Jugendliche hörgeschädigt ist. Würden sie sich jedoch mehr um ihr Innerstes kümmern, könnten sie nach einer Weile feststellen, dass sie solange geführt werden, wie sie eine solche Führung zulassen.

Doch nicht nur die Gläubigen, sondern auch die Ungläubigen werden nach ihrer Gesinnung geführt, weil auch sie als seinsollende Kinder des Allmächtigen darauf ein besonderes Anrecht besitzen. Ihr Weg kann aber recht steinig sein und sie letztlich in die Irre führen, wenn sie nicht der Stimme ihres Gewissens folgen, weil sie ihr keinen Wert beimessen.

Wer jedoch sein Innerstes zu erforschen beginnt, der steht meist einer ihm völlig unbekannten Welt gegenüber. Dementsprechend verhält er sich auch gleich einem Kind, das noch nicht viel von sich versteht und deshalb noch nicht zu unterscheiden vermag. Die meisten blenden aber alles aus, was ihnen ihre Innenwelt sagen will, weil sie mit dieser geheimnisvollen Welt nichts anzufangen wissen. Wer jedoch **ernsthaft** über sich und sein Wesen nachdenkt, für den lichtet sich der geistige Nebel seiner Gefühle und Eingebungen, so dass er dadurch so manche Frage von innen beantwortet bekommt. Deswegen sagt uns ein bekanntes Sprichwort auch: *„In der Ruhe liegt die Kraft!"*

Es ist daher eine große Bereitschaft sowie eine gewisse Besinnlichkeit nötig, um intuitiv der leisen inneren Stimme lauschen zu können. Inmitten des irdischen Treibens kann sie sich aber nicht äußern und ist deshalb in der äußeren Welt der Sinne auch nicht wahrnehmbar. Der Mensch jedoch, der sich in die Stille seines Innenlebens zurückzieht, wird sie gedanklich vernehmen können, weil sie nur tief im Herzen vernehmbar ist. Übt sich ein solcher Mensch nun in Geduld, kann er auf diese Weise sogar unvorstellbare Erfolge durch den Kontakt mit seinem Innenleben erzielen.

Das Reich Gottes und Seine Gerechtigkeit ist nämlich nicht im Äußeren zu finden, sondern nur im Inneren des Menschen. Es liegt in seinem Geist verborgen, der aus Gott ist. Deshalb müssen wir es auch **in uns suchen**. Und wir werden es finden, sobald wir das Suchen und Forschen mit großer Geduld gelernt haben. Damit erwecken wir den Geist in uns, der nun wieder der Herr in uns wird, wie er es bereits vor dem Fall unserer Seele war. Und wenn wir ihn erwecken konnten, wird er unserer Seele in einer Stunde mehr lehren, als wir in tausend Erdenjahren erlernen könnten.

Erst die geistige Welt garantiert uns daher den **Zugang zu dem Wissen**, das wir benötigen, um unser Erdenleben zu meistern, und nicht die Wissenschaft. Durch ein Leben in wahrer Liebe öffnet sich nämlich **des Menschen Pforte zum eigentlichen Leben**, so dass er in Gebiete einzudringen vermag, die seinem Verstand und erst recht einem wissenschaftlichen Studium verschlossen bleiben.

Wenn Sie aber jetzt noch unseren Herrn und Heiland suchen, so suchen Sie Ihn **nicht im Äußeren**, also bei den Menschen oder bei selbsternannten Führern, denn diese können Sie derart in die Irre leiten, dass Sie den Blick für das Wahre und Gute verlieren. Laufen Sie also keinem nach und helfen auch niemanden auf den Schemel, sondern wenden Sie sich Ihrem Inneren zu. Dort wohnt der Geist Gottes, der Christus in Ihnen, der Sie den rechten Weg führen will.

**Im Inneren Ihres Herzens befindet sich das Licht des Herrn als ein Tempel**, den Ihnen niemand nehmen kann. Und den sollen Sie für sich erschließen, damit Sie nun in aller Fülle das Licht erhalten können, dass Sie zum Allerhöchsten führen will. Dieses Licht wird Sie zu unterscheiden lehren, jedoch nicht zu trennen, weil der Vatergeist der Liebe mit allem eins ist. Daher sollte niemand seine Mitmenschen verurteilen, wenn sie andere

Wege gehen. Viele müssen erst durch das Leid hindurch, bevor sie die Tiefe der Liebe Gottes erkennen, die es nur gut mit ihrer Seele meint.

Wir befinden uns in einer Zeit der Prüfungen, auf die wir schon seit langem vorbereitet wurden. Deshalb lässt der Herr auch vieles zu, was einen Gläubigen von Jesus Christus abbringen kann, um **die Standhaftigkeit seines Glaubens zu testen**. Wer jedoch den Herrn in seinem Herzen trägt, der weiß, was richtig und was falsch, was also Wahrheit und was Lüge ist. Er weiß auch, wo wir die Wahrheit finden, weil den Ort der absoluten Wahrheit ein jeder nur in dem Teil seines Herzens finden kann, in dem Gott zu Hause ist.

Deshalb sollte sich der Mensch am Anfang des Tages mit seinem Schöpfer besprechen, wie er sich den Tagesverlauf vorstellt, um damit gestärkt in den Tag zu gehen, sofern er nicht die Zeit und die Ruhe hat, seinem Herrn den Tagesablauf zu überlassen. Und an dessen Ende sollte er ebenfalls gefühlsmäßig **mit sich selbst** und damit auch mit seinem Vater die **„innere Zwiesprache" halten** und sich und sein Handeln einer Selbstkritik unterziehen. Dabei muss er aber stets das Beste nicht nur für sich, sondern auch für seine Mitmenschen erbitten. Nur so wird er sich nach dem Willen Gottes gestalten können und immer öfter gedankliche und mit der Zeit vielleicht sogar auch tönende Antworten auf seine Fragen erhalten. Je mehr ihn die Außenwelt jedoch noch an der inneren Einkehr hindert, desto schwerer wird es ihm gelingen, über seinem Geist mit seinem höheren Selbst, also mit Gott, in Verbindung zu treten.

Die meisten Menschen sind sich aber dessen nicht bewusst, wie mangelhaft sie noch gestaltet sind, weil sie ihren Seelenzustand nie einer Selbstkritik unterzogen haben. Sie geben sich damit zufrieden, wenn die äußere Welt auf ihre Wünsche und Vorstellungen reagiert. Dadurch kann man sich sehr schnell selbst belügen und ins eigene Wohlgefallen verlieren, wenn man sich keine Rechenschaft darüber ablegt, ob sein Denken und Handeln richtig ist.

Erst durch die innere Selbstbetrachtung wird man die Fehler, Schwächen und Mängel in seiner Seele erkennen, die nun immer klarer hervortreten. Solche Erkenntnisse dürfen den Menschen nicht davon abhalten, sich weiter zu erforschen, denn jede Selbstanalyse ist sehr wichtig und muss ernst genommen werden, weil sie die Grundlagen für eine innere Besserung schafft. Die daraus hervorgehenden guten Vorsätze dürfen jedoch nicht nur als Gedanken in uns verbleiben. Sie müssen im freien Willen und **ohne äußere Einflüsse** in die Tat umgesetzt werden, wenn sie helfen sollen, uns geistig voranschreiten zu lassen, damit wir unseren Erdenlebensplan erfüllen.

Der Mensch muss also dazu bereit sein, sein wahres Wesen zu erkennen, bevor er sich der göttlichen Liebe zuneigen kann. Nur dann wird er den **geistigen Fort-**

**schritt erzielen**, der ihm ein zufriedenstellendes Erdenleben und letztendlich auch ein angenehmes Jenseits beschert. Die abendliche innere Selbstbetrachtung, die in Verbindung mit einer Analyse des vergangenen Tagesablaufes konform gehen sollte, ist deshalb für die Entwicklung der Seele sehr wichtig, weil sie den Menschen zur Selbsterkenntnis führt.

Allein die Selbsterkenntnis ist für ihn die Türe, durch die er zur Vollkommenheit gelangt. Diese Tür kann aber nur mit dem Schlüssel der wahren Liebe geöffnet werden, mit dem der Mensch sogar bis ins Herzens-Zentrum Gottes kommen kann. *„Willst du vollkommen werden, so muss du dich entdecken, und es darf kein Hehl in deiner Seele sein; erst wenn alles Unordentliche aus dir heraus ist, kannst du an der Vollendung zu arbeiten beginnen"*, bemerkt der Herr im GEJ, Bd. IV, Kap. 63.

Wer also Gott in seine Gedanken, Aufgaben und Pflichten stets mit einbezieht, dessen Probleme werden meistens von höherer Hand gelöst. Es ist ein geistiges Gesetz, das besagt, dass derjenige, der sein Herz zu Jesus Christus erhebt und bei Ihm verbleibt, seine Arbeit gesegnet bekommt, so dass ihm die sich um ihn befindenden Engel Gottes helfen, seine Schwierigkeiten zu lösen, solange er ebenfalls sein Bestes hierfür gibt.

Auf Erden sind die meisten Menschen jedoch noch zu weltlich eingestellt. Das hat zur Folge, dass die uneigennützige Nächstenliebe nur selten geübt wird, weil der

Mensch immer zuerst an sich selbst denkt, wenn er mit der Welt noch zu sehr verbunden ist, ehe er sich um seinen Nächsten kümmert. Ist es ihm aber ernst mit der Nächstenliebe, wird er sich auch tolerant seinen Schwestern und Brüdern gegenüber verhalten. Er wird sich nun offen und ehrlich seine Unzulänglichkeiten einzugestehen versuchen und dagegen angehen, um eine Wesenswandlung zum Guten herbeizuführen. Und so wird es ihm auf die Dauer auch gelingen, ein Vorbild im Glauben und in der Liebe für seine Mitmenschen zu werden. Doch nur der ernste Wille dazu sichert ihm den Erfolg, während Lauheit und Gleichgültigkeit einen Erfolg für die Seele verhindern.

Der ernste Wille zum liebevollen Wirken ist also das Wichtigste, denn nur der Wille in Verbindung mit der Tat wird von Gott gewertet, und zwar auch dann, wenn er durch widrige Umstände nicht zur Ausführung kommen kann. Erst, wenn sich ein Mensch selbst erkennt, wird er fortan den rechten Weg beschreiten können. Dann erfüllen sich an ihm auch die Worte Jesu in Matth. 11,30: *„Mein Joch ist sanft und Meine Bürde ist leicht!"* Gott hilft ihm nun auf seinem Wege, indem Er Dinge geschehen lässt, die den Menschen von seinem weltlichen Denken abbringen und dem Geistigen zuführen. Und dadurch, dass er sich bemüht, die Liebe zu leben, strebt er in immer stärkerem Maße sein wahres Ich an, so dass er die sich in seinem Herzen befindende Liebe Gottes auch an seine Umwelt weitergeben kann. Deshalb ist jeder Tag auch wie ein Wertpapier, dessen Kurs wir selbst bestimmen.

Zwar fällt es dem Menschen hin und wieder schwer, den einen oder anderen zu lieben, doch erhalten wir die Fähigkeit dazu, wenn wir unseren Herrn um die nötige Willenskraft bitten, unsere **Voreingenommenheiten gegen jedermann aufzugeben.** Sein Segen wird uns durchfluten, wenn wir uns auf dem Wege befinden, wieder die Kinder Seines Herzens werden zu wollen, die Er an Sich ziehen möchte. Deshalb sollen wir Seine Liebe annehmen, Seinen Willen tun und an unsere Brüder und Schwestern weitergeben. Gerade in der Jetztzeit bedürfen sie besonders der Liebe in Worten und Taten, damit das geistige Licht auf der Erde verstärkt wird, das sonst zu verlöschen droht.

Wer aber kennt schon den genauen Willen des Vaters? Den kann nur derjenige kennen, der die **rechte** Liebe zu Ihm entwickelt hat, denn wo eine solche Liebe ist, ist auch die rechte Erkenntnis. Deshalb liegt es nicht im Willen des Vaters, wenn sich jemand über den anderen erhebt oder sich gar niedriger fühlt als sein Gegenüber.

**Vor Gott sind wir alle gleich.** Das erkennt man schon daran, dass Er die Engel ebenso liebt wie uns Menschen, denn das Kleinste ist vor Ihm nicht mehr als das Größte. Daher lässt unser Vater auch niemanden vor der Türe stehen, der aus der Dunkelheit in's Licht möchte. Er wird **jedem** umkehrwilligen Kind seine Sünden vergeben und es den sanftesten, sichersten und kürzesten Weg zu seinem Ziel beschreiten lassen, damit es bald seine geistige Wiedergeburt erreichen kann.

Und wenn ein solches Kind nach langer Zeit Eingang ins Himmelreich gefunden hat, wird Er es auch liebevoll in Seine Arme schließen, damit es wieder seinen Frieden und die ewige Glückseligkeit findet.

Bis dahin hat der Mensch aber noch so manche segensreiche Aufgabe zu erfüllen, die die Gegenseite jedoch zu torpedieren versucht. Und wenn er seine Aufgaben mit Gottes Hilfe gemeistert hat, darf er sich nicht überschätzen, sondern muss in der Demut verbleiben, weil jetzt die besondere Gefahr besteht, hochmütig zu werden und sich so den finsteren Mächten zu öffnen. Wenn ein Mensch aber weiß, dass nicht er es ist, sondern **Gott der Herr die Werke für ihn vollbringt**, solange er eines guten Willens ist und sich mit Jesus Christus verbindet, wird er auch den größten Versuchungen der Finsternis widerstehen können und Frieden mit allen Menschen schließen.

Oftmals sind wir jedoch der Ansicht, dass bei manchen Katastrophen, kriegerischen Ereignissen, Unglücksfällen usw., in denen viele ihr irdisches Leben lassen müssen, die Liebe Gottes entweder versagt oder machtlos ist. Beide Auffassungen entbehren jeglicher Grundlage. In solchen Fällen sind uns Menschen Grenzen gesetzt, weil Gottes Wege nicht unsere Wege sind und wir deshalb auch nicht alle Zusammenhänge kennen. **Er allein weiß**, warum in der letzten Zeit verstärkt Dinge geschehen, die uns fälschlicherweise als Folgen des Klimawandels erklärt werden.

Durch die Johannes-Offenbarung der Bibel wissen wir aber, dass sich die Menschheit in der Endzeit befindet, auf die sie schon vor ca. 2.000 Jahren aufmerksam gemacht wurde, denn die meisten derzeitigen Geschehen sind endzeitbedingt. Deswegen sprechen auch die Medien heute nicht selten von apokalyptischen Katastrophen.

Wie Sie wissen, ist der Mensch jedoch der Mit-Schöpfer seiner Umwelt und des gesamten Weltgeschehens. Trotzdem ist es dem geistig Wissenden manchmal unverständlich, warum bestimmte Personen plötzlich und unerwartet krank werden und von der Welt scheiden müssen, während andere weiterleben dürfen. So monierte einmal einer meiner früheren Vorgesetzten, der als Ingenieur auf einem Kriegsschiff diente, das im Atlantik versenkt wurde, dass die meisten Kameraden, die nach seiner Auffassung gute Menschen waren, dabei ihr Leben verloren, während viele der seiner Meinung nach charakterlich „schlechten" nach der Versenkung gerettet wurden.

Nur Gott allein weiß, welche Aufgaben diese Menschen noch zur Läuterung ihrer Seelen auf Erden zu bewältigen hatten. Diejenigen aber, deren Erdenlebenszeit zu Ende war, gelangten in die ihrem jeweiligen Bewusstseinszustand angepassten geistigen Schulungsstätten. Die Vorgänge in einer solchen Schulungsstätte, die als „Die blaue Insel" bekannt wurde, durfte uns die Engländerin **Estelle Stead** im vergangenen Jahrhundert in ihrer bereits erwähnten gleichnamigen Broschüre beschreiben. Da sie ihre Informationen direkt nach dem **Untergang der „Titanic"** von ihrem leiblichen Vater empfangen hatte, nachdem dieser mit dem Schiff untergegangen war und in Europa noch niemand von der Kollision der "Titanic" mit einem Eisberg wusste, war es daher eine Gnade Gottes, dass Vater und Tochter dazu bewegt wurden, den Menschen etwas zu verkünden, was kaum jemand für möglich hielt, da dieses Schiff seinerzeit als unsinkbar angesehen wurde.

Heutzutage stehen wir jedoch zu Anfang einer Zeit, die Großes von uns verlangt: Großes im Durchhalten und in der Aufklärung sowie in der Hilfe für unsere Mitmenschen und auch Großes im Glauben und Vertrauen auf Gott. Deshalb macht uns Jesus in der Kundgabe Nr. 4623 von B. Dudde auch darauf aufmerksam:

*__Ihr habt eine Zeit vor euch, die eure ganze Kraft erfordert, wollet ihr allen Anforderungen gerecht werden, die das Leben an euch stellt__. Das muss Ich euch immer wieder sagen, um es euch verständlich zu machen, dass ihr selbst das Maß von Kraft vermehren könnet und dass ihr selbst es bestimmet, ob das Erdenleben für euch schwer oder leicht tragbar ist. Darum lasse Ich euch oft durch Mühsal und Not gehen, um euch zu erziehen für diese Zeit, wo ihr nur das Leben meistern werdet, so ihr euch die Kraft von Mir holet, so ihr sie euch erbittet oder erwerbet durch Liebewirken am Nächsten.*

*Ständig gemahne Ich euch an diese Zeit, indem Ich*

*euch in Lagen bringe, wo ihr euch hilflos und verlassen fühlt, um euren Blick und euer Herz zu Mir zu lenken, der Ich euch immer als Führer und Berater zur Seite stehen will, doch stets euer Gebet vonnöten ist, das den Willen zu Mir bekundet. Denn wider euren Willen bedenke Ich euch nicht mit Kraft, weil ihr dann untauglich würdet für den Kampf um's Dasein in der künftigen Zeit; doch der leiseste bittende Gedanke an Mich ruft Mich zu euch, und dann wird euch auch fühlbar die Kraft durchfluten, und euer Glaube wird gestärkt werden, was Ich bezwecke.*

***Nur der innige Zusammenschluss mit Mir wird das Leben für euch erträglich machen**, denn dann drückt euch keine irdische Sorge, weil ihr alles Mir anheimstellt und wahrlich dann nicht schlecht bestellt seid, weil ein Kind, das bedingungslos dem Vater vertraut, auch niemals von Ihm enttäuscht wird. Und so könnet ihr auch jeder Hilfe gewiss sein, so ihr nur an Meine Liebe und Allmacht glaubt, denn Ich lasse wahrlich nicht in der Not, der zu Mir seine Zuflucht nimmt.*        Amen"

**FAZIT**: Alle Menschen werden unter Berücksichtigung ihres Willens von Gott geführt. Doch nur derjenige, der des öfteren in die Stille geht und in Liebe über seine Denk- und Handlungsweisen nachdenkt, kann die gedanklichen Impulse erhalten, die ihm das Licht der Erkenntnis schenken. Und im Laufe der Zeit wird er seinen wahren Charakter und seine Gesinnung erkennen und auch dazu bereit sein, mit Christi Hilfe gegen seine Fehler und Schwächen anzugehen. Dann werden sich so manche seiner Probleme wie von selbst lösen, weil Gott die Tätigkeit eines solchen Menschen solange segnet, wie er eines guten Willens bleibt. Und dabei wird er auf dem sichersten, sanftesten und kürzesten Weg zu seinem geistigen Ziel gelangen.

## b) Lebet die Liebe

Aus der Kundgabe Nr. 4623 von B. Dudde ersehen Sie wiederum die unendliche Liebe und Weisheit, die Barmherzigkeit und Geduld Gottes. Und da aus Seiner Liebe sämtliche Schöpfungen und alles Leben entstand, soll sich nach diesem Grundgesetz auch das Wesen der Menschen verändern, deren Ziel nicht die Welt ist, sondern das Reich, das wir seinerzeit freiwillig verlassen haben. Somit ist die Ausbildung der in den Menschen wohnenden wahren Liebe auch ihre wichtigste Lebensaufgabe. Nicht umsonst heißt es deshalb in der Bibel, dass man Gott über alles und seinen Nächsten wie sich selbst lieben soll (Matthäus 5,43), denn nur das führt uns zu unserem **wahren Ziel**. Und dies hat Jesus auch immer wieder Seinen Jüngern gelehrt und vorgelebt..

Er stellte Seine Lehre stets so dar, dass allein durch bloßes Lesen oder Hören des Evangeliums niemand auf den Grund der Wahrheit gelangen kann, sondern nur durch liebevolles Handeln. **Wer also Gott durch die Liebe in der tätigen Nächstenliebe sucht**, der sucht Ihn im Geiste und in der Wahrheit, denn das allein ist Gottes Reich! Deshalb kann sich **der** Mensch auch glücklich schätzen, der die Liebe **vor** seinem Ehrgeiz kennengelernt hat.

Nach ihres Leibes Tode wird eine Seele nicht danach "gefragt", welche irdischen Reichtümer sie besaß oder wie oft sie z. B. gelogen, gestohlen und betrogen hat. In der Rückschau ihres Lebens kann sie aber erkennen, wie oft sie anderen Menschen wehe getan und wieviel Leid sie um sich verbreitet hat. Und wenn sie sich noch eines Fünkchens wahrer Liebe bewusst ist, wird sie auch ihre falschen Handlungen bereuen und wieder gutmachen wollen. **Daher gehört es zu unseren wichtigsten Aufgaben, den Mitmenschen liebevoll beizustehen**, so dass sich durch unsere Mithilfe bei ihnen noch so manches zum Guten ändern kann.

Zwar ist es einfach, die Menschen zu lieben, mit denen wir uns gut verstehen, jedoch schwer, ebenfalls diejenigen zu lieben, die uns Schwierigkeiten bereiten. Doch gerade **an diesen Schwierigkeiten sollen wir wachsen**, weil wir durch deren Bewältigung das meiste lernen können. Deshalb sind auch solche Menschen, die uns oftmals in den Weg gestellt werden, für unsere Eigenerkenntnis und damit für unsere innere Entwicklung enorm wertvoll.

Unsere Freunde aber sind uns nur zur Seite gestellt, um uns beizustehen und zu helfen. **Die Aufgaben jedoch, die wir zu bewältigen haben, um an ihnen zu lernen und zu wachsen, werden wir nur bei den Menschen finden, die uns Schwierigkeiten bereiten**.

Damit nun jeder weiß, was Gott unter der wahren Liebe versteht, erläuterte Jesus im Bd. VII, Kap. 223, des GEJ Seinen damaligen Zuhörern, unter denen sich seinerzeit auch einige hochgestellte Römer befanden,

**die wohl wichtigsten Grundlagen der göttlichen Liebe**: *„Die wahre, reine und lebendige Liebe ist in sich höchst uneigennützig; sie ist voll Demut, ist tätig, voll Geduld und Erbarmung. Sie fällt niemals jemandem unnötig zur Last und duldet alles gerne. Sie hat kein Wohlgefallen an der Not ihres Nächsten, aber ihre rastlose Mühe ist, dass sie **helfe jedermann, der einer Hilfe bedarf**. Also ist die reine Liebe auch im höchsten Grade keusch und hat keine Freude an der Geilheit des Fleisches, aber desto mehr eine größere Lust an der reinen Gesittung des Herzens. Wenn des Menschen Seele durch ihr Streben und Trachten also beschaffen sein wird, dann ist sie schon gleich ihrem Geiste und in Gott vollendet."*

Eine solche Vollendung kann der Mensch schon auf Erden erzielen, weil alle Ideale der Liebe in seinem Herzen schlummern. Sie warten nur darauf, von ihm erweckt und gelebt zu werden. Daher entzündet nur die wahre Liebe im Menschen das Licht der Erkenntnis, und deshalb wandelt auch kein Mensch in der Finsternis, der in der Liebe lebt.

Die Liebe muss sich in ihm jedoch frei entwickelt haben, so dass er nicht durch äußere Umstände oder durch seine Mitmenschen dazu genötigt wird, etwas lieben zu sollen, was er nicht wahrhaft kennenzulernen wünscht. Und auch dessen Liebe ist eine falsche, der zwar das Gute erkennt, es aber nur um eines Lohnes wegen tut, denn **das ist Eigenliebe**. Deshalb sind dem

Herrn auch diejenigen Menschen am angenehmsten, die Ihn wahrhaftig erkennen möchten, Ihn in ihrem Herzen aufsuchen und somit von Herzen lieben lernen. Solche Menschen hat Jesus Christus besonders lieb. Er wird alles tun, ihnen ihre aufwärts gerichteten Wege so leicht wie eben möglich zu machen.

Vor unendlichen Zeiten erschuf sich Gott Kinder zu Seiner und ihrer Freude. Und diese Freude ist am größten, wenn einer dem anderen dient und ihm gibt, was ihm selbst begehrenswert erscheint. Somit soll des Menschen Liebe auch hingebend und nicht begehrend sein.

Wir bezeichnen jedoch so oft etwas als Liebe, was im Grunde lediglich die Liebe unserer Sinne ist. Das ist zwar auch eine Art Liebe, die aber noch weit entfernt ist von dem, was wir uns zu den Grundlagen unseres Lebens machen sollen. Durch die sinnliche Liebe, und zwar insbesondere der sexuellen Liebe, wird nämlich die wahre Liebe in uns eher zerstört als gefördert. Nicht von ungefähr heißt es daher auch:

*„Sieh' doch, was Liebe ohne Liebe tut:*
*Sie lässt mich meine Liebe töten*
*und deine Liebe auch!"*

Wenn wir uns nicht gegen die sinnliche Liebe wehren, nehmen wir an dem Ränkespiel des Bösen teil. Es ist wahrscheinlich sein wirksamstes Mittel, dem gar zu oft die menschliche Seele erliegt. Dabei begibt sich der Mensch unbewusst in die Welt seines Seelenfeindes, wenn er sich nicht gegen die Begierden seines Körpers wehrt, denn es ist die Eigenliebe, die in erster Linie besitzen möchte, doch nie und nimmer einen Menschen veredeln kann. Wir müssen deshalb auf der Hut sein, wenn wir nicht durch pures körperliches Verlangen unsere Seele und deren Fortschritt stark gefährden wollen. Es ist nämlich weitaus schwerer, gegen seine Begierden anzukämpfen, sobald man ihnen einmal verfallen ist, als sie zu unterdrücken, solange man ihnen **noch nicht** erlegen ist.

Die Liebe eines Menschen, der nur irdische Vorteile sucht, ist daher auch nicht echt, weil sie seiner Eigenliebe entspringt. Und die kommt ebenfalls vom Gegner, hat also auch keinen guten Ursprung. In solch einem Fall konnte der Widersacher Gottes nur deshalb ein falsches Gefühl in das Herz des Menschen legen, weil dieser allzu sehr auf das Begehren seines Körpers achtete. Dadurch ist sein Wille zum Widerstand bereits stark geschwächt. Und somit wird er nur nehmen wollen, aber kaum zum Geben bereit sein, weshalb eine solche Liebe auch vor Gott nicht recht sein kann.

Gott hat die **wahre** Liebe als ein schönes Gefühl in unser Herz gelegt, das die Zusammengehörigkeit der Menschen fördern soll. Eine Liebe, die jedoch nicht zu geben bereit ist, gilt deshalb nur der Erfüllung menschlicher Wünsche. Sie ist allein auf irdischen Erfolg eingestellt und liegt nicht im göttlichen Sinn, da Gott nur auf die Empfindungen des innersten Herzens achtet. Sobald sie aber uneigennützig ist und - ungeachtet des eigenen Vorteils - immer **nur Liebe geben** will, werden uns solche Liebeswerke auch den Lohn eintragen, der in ihnen liegt, indem sie zur innigen Verbindung mit dem göttlichen Heiland führen.

Alles, was aus Gott ist, soll demnach wieder zusammenfinden und gemeinsam zu Gott streben, um sich auf dem Weg nach oben auch gemeinsam auf Christus zu stützen, wozu geistige Hauskreise am besten geeignet sind. Und dazu sollte unser Herz voll der Dankbarkeit unserem Schöpfer gegenüber sein, Der uns stets mit Seiner Vaterliebe entgegenkommt, damit die Liebe der Menschen zueinander auch gute Gedanken gebiert, aus denen wiederum gute Handlungen hervorgehen. Dann entspricht unsere Liebe ganz dem Willen Gottes, weil sie beglückt und erhebt, nichts verlangt und nur gibt. Und da eine solche Liebe aus Gott geboren ist, führt sie auch unweigerlich wieder zu Gott zurück.

*„Die Liebe ist daher das einzige Konto*
*im Menschenherzen,*
*das man niemals überziehen kann."*
(K. H. Karius)

Leben wir die Liebe in Demut und Sanftmut, so fällt es uns nicht allzu schwer, auch unsere geistige Wiedergeburt zu erreichen, derentwegen wir uns auf der Erde befinden. Hierzu muss unsere Seele jedoch von neuem geboren werden, also völlig entschlackt werden von den ihr noch anhaftenden Fehlern und Schwächen, indem wir unseren **Egoismus in Mitgefühl und tätige Nächstenliebe umwandeln.** Solches erläuterte Jesus zu seiner Zeit auch dem Nikodemus, als dieser ein Oberster unter den Juden war (Joh. 3,1 – 9). Dass eine solche Entschlackung nicht so ohne weiteres vonstatten geht, können Sie sich wohl denken, denn sie bedeutet entweder ein ständiges Dienen in Liebe oder einen immerwährenden Kampf mit sich selbst, wenn wir der Gottesliebe näherkommen wollen. Deshalb heißt es auch in Matth. 11,12, der Bibel sinnbildlich, dass man das Himmelreich nur „mit Gewalt" an sich reißen kann!

Je nach Alter liegen zwar noch eine Menge guter und schlechter Wegstrecken vor uns, für die wir uns entscheiden müssen, doch gesellen sich im Laufe unseres Erdenlebens im Auftrage des Herrn - Gott sei Dank – auch noch allerlei weltliche sowie geistige Ratgeber und Helfer zu uns, die uns die wahre Liebe **vorleben.** Aber auch die Gegenseite ist nicht untätig, um uns zu verführen und unsere Liebe für die Schätze der Welt zu erwekken und damit Unfrieden und Zwist zu säen, um uns von der göttlichen Liebe fernzuhalten. Demnach sollte sich der Mensch unbedingt mit der Wahrheit auseinandersetzen und alles prüfen, was auf ihn zukommt, um sich für das Wahre, Richtige und Gute, also für die Lehre Gottes entscheiden zu können.

Tut er das, so geht Jesus mit ihm über die Erde, alles wissend, alles spürend und miterlebend. Er will unseren Willen zum Kampf gegen das sich in uns befindliche Unwahre, Falsche und Schlechte stärken, damit wir das Erdenleben meistern können. Und das geht nur, wenn wir uns Seiner Liebe zuwenden, damit wir von innen erleuchtet werden. Daher lässt Er uns auch in der Heiligen Schrift durch Seinen Evangelisten Lukas in Kap. 17,21, sagen: *„Das Reich Gottes ist inwendig in euch!"*

Weil diese Aussage zweifelsfrei stimmt, werden alle Menschen unter Beachtung ihres freien Willens geführt. Dies müssen vor uns bereits einige Weise erkannt haben, sonst hätte niemand den Spruch geprägt:
*„Der Mensch denkt, und Gott lenkt!"* Sobald wir nämlich nach dem Sinn und Zweck unseres Erdenlebens **ernsthaft** zu suchen beginnen, wird uns Gott auch zu den Erkenntnissen verhelfen, die nur darauf warten, von uns angenommen zu werden.

Die wahre Liebe ist mehr als nur ein Gefühl, denn sie ist unser Leben und das Gesetz Gottes. Seine Ordnung, Kraft und Macht, Seine Sanftmut und Demut sowie Seine Geduld und Barmherzigkeit sind dadurch auch der Kern aller Weisheit. Der Weisheit aber sind nicht alle Dinge möglich, weil sie nur einen gewissen Weg zu gehen vermag und sich mit dem, was unrein ist, nicht befassen kann. Nur der Liebe sind alle Dinge möglich. Sie ergreift auch das, was verworfen ist, mit derselben Innigkeit wie das, was in sich selbst schon das Reinste ist. Die Liebe kann alles gebrauchen, die Weisheit jedoch nur, was die Liebe bereits gereinigt hat ("Robert Blum", Bd. II, Kap. 157, von J. Lorber).

Matthäus, ein Jünger Jesu, wusste schon, warum er in seinem 7. Evangelium in Vers 8 schrieb: *„Wer da **bittet**, der empfängt, und wer da **suchet**, der findet, und wer da **anklopft**, dem wird aufgetan."* Und wer es ernst mit seiner Suche meint, der wird im Laufe der Zeit auch das Urvertrauen in die Führung seines liebevollen geistigen Vaters wiedererlangen, das er seinerzeit in Seinem Reich inne hatte und aus eigener Schuld verlor.

Weil sich der Mensch aus eigenem Antrieb aber meist nur mit dem beschäftigt, was er liebt, sobald er dazu in der Lage ist, muss seine Liebe **nicht immer gutartig** sein. Allein sein Wille entscheidet darüber, ob er sie egoistisch oder uneigennützig ausrichtet. An den Folgen seiner Handlungsweisen kann er dann erkennen, ob er seinen Nächsten wie sich selbst zu lieben bereit ist oder sich mehr liebt, als alles auf der Welt. Deshalb lässt Gott dem Menschen auch seine Freiheit, so dass er oftmals das tun kann, was ihm gefällt, denn wird er in seiner Handlungsfreiheit beschränkt, so wird er auch in seiner Liebe eingeengt.

*„Alle Liebe begehrt und will haben, aber im Zwecke des Habens liegt eben eine unendliche Kluft, und das scheidet Himmel und Hölle für ewig auseinander"*, sagt uns der Herr im GEJ, Bd. I, Kap. 205. *„Die göttliche*

wahre Liebe sammelt bloß des Widergebens willen, während die höllische Liebe für den eigenen Rachen raubt und nichts wieder hergeben will."

Und in "Himmelsgaben", Bd. I, S. 238, von J. Lorber, steht ergänzend hierzu: *„Daher sage Ich jetzt wie allezeit: Wachset in Liebe, so werdet ihr wachsen in allem! Denn* **die Liebe vergibt alles, und die Liebe gibt alles!"**

Ein jeder handelt somit in der Gottesliebe, wenn er seinem Nächsten das gibt, wessen er bedarf, sofern es ihm möglich ist. Werden Sie jedoch um die Nahrung für einen Säugling gebeten, wie es meine Frau an der Kasse eines Supermarktes erlebte, so dass sie der bittenden Ausländerin zwei Tüten Milch geben wollte, die diese aber ablehnte und auf den Kaffee in ihrem Einkaufswagen zeigte, dann sollten Sie ruhig Ihren gesunden Menschenverstand gebrauchen.

Je größer unsere Eigenliebe ist, desto größer werden daher oftmals auch unsere weltlichen Schwierigkeiten sein, weil sich jede falsche Denk- und Handlungsweise ebenso an uns auswirkt, auch wenn es manchmal etwas dauern kann. Will man jedoch die negativen Folgen seiner Lebensweise nicht erkennen, so hat man noch keine Abneigung gegen das Falsche und Schlechte entwickelt. Deswegen dauert es oftmals auch seine Zeit, bis der Mensch das Verwerfliche in seiner falsch gerichteten Liebe erkennt und sich zu ändern bereit ist. Derjenige aber, der seinen Mitmenschen ihre Unzulänglichkeiten verzeiht, ihnen ehrlich und mit wahrer Herzlichkeit entgegenkommt, indem er ihnen Gutes tut, wenn sie in Not geraten, dessen Liebe wird auf die Dauer auch die kältesten Herzen erwärmen und sich Freunde für's Leben schaffen.

> *„Je größer wir also*
> *das **DU** schreiben*
> *und je kleiner das Ich,*
> *desto reicher wird unser Leben!"*
>
> (K. Walter)

Leider gibt es jedoch noch eine Menge Menschen, die nur wenig gute Eigenschaften in sich entwickeln konnten, weil ihnen eine liebevolle und gemütsbetonte Kindheit fehlte. Ihnen muss man mit viel Geduld und gütigem Verständnis begegnen, denn im Grunde ihres Herzens sind sie unglücklich und unzufrieden. Sie finden nicht das wahre Glück und die tiefe Zufriedenheit, die sie schon seit ihrer Jugend unbewusst suchen. Auch sind sie meist noch nicht in sich gegangen, trotzdem sie spüren, dass ihnen noch etwas Wichtiges fehlt, was die Wissenden „uneigennützige Nächstenliebe" nennen.

Stattdessen haben sie sich in die „Freuden der Welt" gestürzt, um dem Leben alles abzugewinnen. Dadurch wurden sie in immer stärkerem Maße von der Gegenseite dazu getrieben, sich das **angeblich** Fehlende stets aufs neue solange einzuverleiben, bis es in ihnen völlig fad, öde und leer aussah. Haben sie sich nun treiben lassen und dieser Art von Leben keinen Widerstand entgegengesetzt, wird sie die Welt immer stärker gefangen nehmen, so dass sie zuletzt von ihr beherrscht werden.

Sollten Sie einmal einem solchen Menschen begegnen, so haben Sie Mitleid mit ihm. Denken Sie in diesem Falle an das, was uns der Herr im GEJ, Bd. VI, Kap. 227, zu verstehen gibt: *„Wenn aber einer kommt, dem du schon einige Male Gutes getan hast, der aber deine Güte missbraucht, so ermahne ihn mit guter Rede; aber die Liebe enthalte ihm nicht vor! Bessert er sich, so hast du an ihm ein doppelt gutes Werk getan; bessert er sich nicht, so werde ihm darum nicht gram - denn neben der äußeren Armut gibt es auch eine geistige, die größer und bedauernswerter ist als die äußere."*

*„Es kann aber niemand seinem Nächsten etwas geben, was er selbst nicht besitzt"*, bemerkte Jesus hierzu im GEJ, Bd. X, Kap. 90. *„Wer in seinem Bruder die Liebe erwecken will, der muss ihm mit Liebe entgegenkommen, und wer in seinem Nebenmenschen Demut erzeugen will, der muss mit der Demut zu ihm kommen. So erzeugt die Sanftmut wieder Sanftmut, die Geduld, die Güte und die Barmherzigkeit wieder Barmherzigkeit."* Und das ist u. a. auch unter der **gelebten** Nächstenliebe zu verstehen. *„Deshalb kann Gutes auch niemals aus Lüge und Gewalt entstehen"*, sagte einst **Mahatma Gandhi**, der erste Ministerpräsident Indiens.

In der Nächstenliebe besteht die Kunst jedoch darin, das **rechte Maß** einzuhalten, weil alles, was darüber oder darunter liegt, unrecht oder gar schlecht sein kann. Ein Zuviel ist hier nämlich ebenso falsch wie ein Zuwenig. Wer z. B. einen Armen mit Wohltaten überhäuft, der macht ihn auf die Dauer träge und von sich abhängig. Und wer bei Frost einem Obdachlosen die ihn wärmende Mahlzeit und Unterkunft verweigert, kann ihn damit töten.

Gem. Lukas 9,16, sollten wir uns aus Liebe zu unseren Nächsten auch Freunde mit dem „ungerechten" Mammon machen, wenn wir ihn besitzen, indem wir damit Gutes tun. Was wir nämlich den Armen in Christi Namen zukommen lassen, das haben wir auch Gott getan. Und wenn wir Almosen verteilen, so sollten wir dies im Stillen tun und kein Aufhebens davon machen, weil sich Gott von einem um Ihn buhlenden „Bewerber" voller Gräuel abwendet.

Somit ist es verständlich, dass nicht jeder Liebesdienst von Gott positiv gewertet wird, weil es allein auf die Motive ankommt, die den Menschen zum Handeln bewegen. Ist sein Wille gut, wird er einen schlechten Gedanken automatisch abwehren. In jedem Fall wird er das, was seiner Liebe entspricht, aufgreifen und weiterverfolgen, solange es möglich ist. Entspricht sein Wille nun der Ordnung Gottes, werden sich daraus auch gute Taten mit guten Folgen entwickeln, während im entgegengesetzten Falle schlechte Taten auch schlechte Auswirkungen haben.

Jede Tat hat also eine Ursache und eine Wirkung. Weil die Ursachen jedoch den Gedanken und Ideen entstammen, die unserer Liebe entsprechen, sollte man sich ruhig einmal prüfen, ob man das Wahre und Richtige liebt, das gut ist, oder das Unwahre und Falsche, das schlecht ist, denn danach richtet der Mensch seinen Willen aus. Demzufolge ist er der alleinige Schöpfer seiner Innenwelt, die er sich **nach seiner Liebe** gestaltet. Deshalb kann er später auch nicht in einen Himmel oder in eine Hölle gelangen, die außerhalb seiner Seele liegt, weil im Jenseits das Innere seiner Seele auch zugleich sein Äußeres ist, so dass sich hier niemand mehr verstellen kann.

Wohin unsere Seele nach ihrem Leibestode auch gelangen wird, fest steht jedenfalls, dass der Mensch gem. Matth. 5,48, dazu berufen wurde, das zu werden, was sein Vater im Himmel ist, nämlich VOLLKOMMEN!
Und dazu benötigen wir ein reines Herz und ein liebevolles Wesen, damit wir wieder als Seine Kinder sorgenlos durch's Leben gehen können. Gott liebt alle Menschen, weswegen wir Ihn ebenfalls über alles lieben sollen, was allerdings nur dann glaubwürdig ist, wenn wir auch unseren Nächsten wie uns selbst lieben (Matth. 5,43). Verschenken wir also unsere Liebe an die Nächsten, die unsere Brüder und Schwestern sind, werden im Laufe der Zeit Neid, Groll und Hass in unserem Umfeld verschwinden, da wir Jesus Christus nachzufolgen beginnen. Damit werden Ruhe und Frieden in unser Herz einkehren, weil wir begonnen haben, den Herrn in

Liebe zu erfassen. Und je demütiger wir vor Ihm und unseren Brüdern und Schwestern sind, desto mehr des wahren Himmels bildet sich in uns aus.

**Weil die wahre Liebe aber sehr eng mit der Demut verbunden ist, ist es auch verwerflich, wenn wir uns über andere erheben. Da alle Menschen aus derselben Quelle hervorgegangen sind, kennt der wahre Christ keine Feinde, sondern nur Geschwister.**

Wir sollen uns jedoch darüber klar werden, dass Sympathie und Antipathie aus den bisher in unserer Seele gespeicherten Vergangenheits-Erfahrungen heraus entstanden sind. Deshalb sollten wir nicht nur demütig sein vor Gott, sondern auch demütig vor unseren Nächsten, indem wir **jeden** Menschen lieben und achten. Solche Demut hat aber nichts mit Unterwürfigkeit zu tun, sondern ist die Krönung der Liebe. Daher sagt uns Jesus auch in der Bergpredigt (Matth. 5,5), dass die Sanftmütigen das Erdreich besitzen werden. Doch gerade die Sanftmut, das duldende Stillhalten, fällt uns meist besonders schwer. Deshalb ermahnt uns der Herr zusätzlich noch im GEJ, Bd. IV, Kap. 7:

*„Alles, was dir in deinem Leben von Menschen Ärgerliches, Bitteres und Unangenehmes begegnet, bekämpfe mit aller Geduld und Sanftmut (in dir!). Und wer dir Übles tut, dem tue nicht wieder dasselbe, sondern das Gegenteil - auf dass Friede und Einigkeit zwischen euch sei und bleibe!"*

Da alle Menschen jedoch der Liebe bedürfen, kann es nicht gut sein, wenn wir uns nur diejenigen aussuchen, die wir lieben **wollen**. Wer Jesus nachfolgen möchte, der muss alle gleichermaßen lieben, denn Er liebt uns mehr als sich selbst, sonst hätte Er sich nicht **für uns kreuzigen lassen**. Hierfür erntete Er aber keinen Dank, sondern nur Hohn und Spott, was einem jeden bei der Verbreitung der christlichen Lehre auch passieren kann. Darunter wird die **wahre** Liebe jedoch niemals leiden, denn sie ist stets uneigennützig und macht das Leben erst dann lebenswert, wenn wir sie leben. Und dazu gehört auch, dass wir die Tiere und die gesamte Natur sowie die Schöpfung um, unter und über uns gem. Mose 1,28, achten. Sie stammt - wie wir Menschen - von Gott, weshalb wir sie lieben und nicht missbrauchen oder zerstören sollen.

Auch uns selbst dürfen wir lieben, aber nicht mehr als unsere Mitmenschen. Wenn wir uns nicht so lieben könnten, wie wir sind, wie wollten wir denn unsere Nächsten lieben? Lieben wir jedoch das Göttliche in uns und in unseren Nächsten, werden wir auch Gott Seiner selbst Willen lieben und wieder zu Ihm zurückfinden.

Deshalb müssen wir versuchen, uns unserer Unzulänglichkeiten zu entledigen, denn dazu sind wir hier. Und das ist nur durch Dienen in wahrer Nächstenliebe oder durch den inneren Kampf mit der Hilfe Christi möglich, Der in die Welt kam, um uns die Liebe Gottes zu lehren. Reichen wir Ihm daher unsere Hand und bitten

Ihn, uns zu führen, zu lenken und zu leiten. Bitten wir Ihn ebenfalls von Herzen, dass Er uns helfen möge, das Ziel unseres Erdenlebens zu erreichen, **weil wir es allein nicht schaffen** können.

Hierzu muss der Mensch zunächst an Gott glauben wollen und sich an Den wenden, Der alles in Seiner Liebe erschaffen hat. Er kann aber nur dadurch den rechten Glauben gewinnen, wenn ihm seine Liebe ein inneres Licht entzündet, das ihm das Licht der Erkenntnis, also das Licht der Wahrheit schenkt. Es muss somit etwas in seinem Inneren verborgen sein, dass durch die Liebe erleuchtet werden und ihm das nötige Licht der Erkenntnis zur Wahrheit geben kann. Dazu verhilft ihm der Geistfunke in seinem Herzen, den er von Gott geschenkt bekam. Dieser Liebefunke kann entzündet werden, sobald er sich an die Quelle der Liebe wendet. Dann fällt ein Liebestrahl unseres Schöpfers in sein Herz, der es entzündet, so dass seine geistige Wiedergeburt nun beginnen kann, weil ihm die Liebe, verbunden mit der Weisheit, den rechten Weg zeigen wird. Nun wird er dazu inspiriert, seinen Mitmenschen das Gute zu tun, was er möchte, dass es auch ihm getan werde, wenn er sich in einer schwierigen Situation befinden würde. Und dabei wird er mit dem Herzen denken lernen und somit buchstäblich die Liebe in sich spüren.

Gibt der Mensch also seinem inneren Drängen nach, öffnet er sein Herz, so dass auch in ihm ein Licht aufleuchtet, das ihm klarste Erkenntnis verschafft, die dann durch sein Verhalten aus ihm hervorstrahlt. Jetzt wird sein Glaube durch die Liebe lebendig, während es zuvor nur ein purer Verstandesglaube war, der zwar die Existenz Gottes bejaht, jedoch der wahren Liebe nicht nahe kommen konnte. Der Verstand hingegen kann niemals alle Zusammenhänge richtig ergründen, die die Liebe im Herzen eines Menschen mit Leichtigkeit erfasst. Außerdem wird ein Glaube ohne Liebe sehr leicht wieder dahingegeben, während ein durch die Liebe lebendig gewordener Glaube ewig nicht mehr aufgegeben werden kann. Ein wahrhaft Gläubiger sagt dann nicht mehr: „Ich glaube", sondern: „Ich weiß", weil er von der Richtigkeit seines Glaubens felsenfest überzeugt ist.

Der Glaube eines Menschen ist aber nicht entscheidend für sein Seelenheil, sondern allein, ob er in der Liebe denkt und handelt, weil vor Gott nur die von ihm **gelebte Liebe** zählt. Derjenige also, der die Liebe lebt, folgt Jesus Christus nach, und zwar auch dann, wenn er Ihn noch nicht kennt, wie z. B. die sog. Heiden. Deshalb haben im Jenseits auch nur die Gedanken und Taten reiner, selbstloser Liebe Bestand, und nicht die Zugehörigkeit zu einer bestimmten Religionsgemeinschaft. Nur die wahre Liebe bestimmt die Sphäre und Stufe, in die eine Seele nach ihres Leibes Tode gelangt. Über die **gelebte Liebe** hat ein jeder Mensch daher auch den kürzesten Weg zur Ewigen Liebe eingeschlagen. Ein durch die wahre Liebe gestärkter Glaube ist somit unzertrennlich mit Gott verbunden, weil Gott und Sein Reich nur Liebe ist.

Wer also die Liebe hat und sie lebt, der befindet sich bereits auf dem Wege zur Gotteskindschaft. Wer sie jedoch nicht hat und deshalb missachtet, der ist vor Gott auch ein Fremder. Trotzdem lässt Christus mit Seinem Bemühen niemals nach, auch ihn für die Liebe zu gewinnen. Und weil die Liebe der einziger Schlüssel ist, mit dem ein jeder in das Zentrum des Herzens Gottes gelangen kann, bittet uns Jesus ständig, Ihm in Liebe und Demut nachzufolgen, um auch uns am Ziel in Seine Arme schließen zu können.

Dass es in Deutschland noch Menschen gibt, die auch bei harten Schicksalsschlägen im Glauben an Gott stark bleiben und nach christlichen Grundsätzen leben, bewies uns der Moderator R. Beckmann in der ARD-Sendung vom 18. 04. 2011, in der sich dieser mit den Eltern eines ermordeten Schülers aus Grefrath unterhielt. Der Täter ist für sie auch ein Mensch, so dass sie ihn in ihre Gebete einbezogen und ihn gesegnet haben. Auch will die Mutter dieses Jugendlichen Wochen vor der Tat in sich eine Stimme gehört haben, die sie fragte: *„Sandra, bist du bereit, mir Mirco zu geben?"* Und da sie fest daran glaubte, dass ihr Kind in Gottes Hand am besten geborgen ist, war sie auch dazu bereit, obwohl sie in der Diskussion keineswegs den Eindruck machte, leichtfertig mit dem Schicksal ihres Sohnes umzugehen. Dahinter steht jedenfalls ein starker Glaube, der mit einem absoluten Vertrauen auf die Liebe Gottes verbunden ist.

Wenn der Glaube eines Menschen zusätzlich noch von vielen guten Werken begleitet wird, erhält er auch Verstärkung durch seinen Geist. Dann teilen sich ihm seine Ratgeber hin und wieder durch das Geistwirken Gottes über das sog. „Innere Wort" mit. So erhielt z. B. ein mir unbekannter Wortempfänger aus Karlsruhe seinerzeit eine Kundgabe, in der es u. a. heißt (Auszug): „ ...*Wesentlich für euch Menschen ist, dass ihr das Leben, die Heilige Kraft Gottes, nicht im Äußeren sucht, nicht im Formglauben und in Dogmen, nicht in Steinhäusern, sondern im lebendigen Haus des Heiligen Geistes, in eurem Seelen-Haus...*

*Tretet ein in dieses ewige feinstoffliche Gebilde, und euch wird der Ewige Geist, das himmlische Licht, belehren und führen, denn das ist der Weg jeder einzelnen Seele. Macht euch auf und seid bereit, Gott in eurem Herzen anzubeten, das innere Leben zu verherrlichen und euch als Söhne und Töchter Gottes zu fühlen, denn ihr seid alle Brüder und Schwestern! Erwachet in eurem Herzen! Lasset die Liebe sprechen! Betet und gebet Zeugnis von dem inneren Geist. Zerstört **im Geiste** eure Landesgrenzen. Traget eure **Gebete für alle Menschen** in die Welt hinaus, einerlei, ob es im Äußeren Christen oder Nicht-Christen sind, denn alle Menschen sind eure Brüder und Schwestern ..!*"

Dazu ist der Herr Selbst als unser Vater, Bruder und Freund auf die Erde gekommen und hat uns Sein Evangelium geschenkt, damit wir wieder dazu übergehen, die christliche Liebe zu leben, denn die Liebe ist das Feuer, von dem Er in Lukas 12,49, der Bibel spricht, *„dass Er gekommen sei, es* (im Menschenherzen) *anzuzünden,* *und wolle, dass es schon brenne."* Solange Jesus auf Erden wandelte, galt Seine Sorge den Notleidenden, Armen, Kranken und Bedrückten. Und da wir alle Seine Nachfolger und somit auch wieder zu Kindern Gottes werden sollen, müssten wir uns eigentlich ebenfalls auch um solche Personen kümmern.

Niemand kann jedoch auf diesen Gebieten ohne Christi Hilfe erfolgreich sein, weil die Menschen meist zu wenig geistige Kraft besitzen, um sich direkt mit ihrem Herrn in Verbindung zu setzen. Sie benötigen noch viel Licht, Kraft und Gnade, bevor sie mit Ihm so innig verbunden sind, dass sie der Heiland mit Seinem Strom ewiger Liebe durchstrahlen kann, damit es ihnen besser geht. Weil aber alle Menschen die geistige Gnadenzufuhr unseres Herrn benötigen, ist jeder gute Wille schon ein segnender Gedanke, so dass der Herr auch **dem** Schutz und Hilfe gewährt, der Ihm in Liebe das Schicksal der Menschen ans Herz legt.

Deswegen sollten wir keinen Tag beginnen oder enden lassen, ohne den Segen des Himmlischen Vaters erbeten zu haben, und auch **nichts unternehmen, ohne Seinen Segen** zu erbitten. Wenn wir Ihn **inniglich** um Seinen Segen für unsere Mitmenschen bitten, so wird Er Seine Gnadenzufuhr auch denen zuwenden, für die wir Seinen Segen erbeten haben. Und da der Segen Gottes reine Liebe ist, können wir oftmals schon seine Wirkung an uns verspüren, wenn wir z. B. mit dem Herzen den Satz denken oder sprechen: **„Im Namen unseres Herrn**

**Jesus Christus segne ich ..."** In diesem Falle streben Sie bereits der Liebe Ihres Herrn zu, so dass sich Ihre Liebe nun mit Seiner Liebe verbinden kann.

Manchmal wird es aber eine geraume Zeit dauern, bis Sie unseren Herrn aus Liebe um Seinen Segen bitten, wenn Sie z. B. in Zorn geraten sind oder ein schlechtes Gewissen haben, da Sie sich erst innerlich wieder beruhigen müssen, damit Seine Liebe auch zu Ihnen strömen und von Ihrem Herzen aufgenommen werden kann. Doch wenn Sie sich bemühen, eines guten Willens zu sein, wird sich Ihr Gemüt auch beruhigen, sobald Sie Ihren Kontrahenten im Namen des Herrn mit dem Herzen segnen, weil ein solcher Segen die Liebe unseres Himmlischen Vaters in sich trägt. Sie strömt nun dort hin, wo ebenfalls das Licht der wahren Liebe zu finden ist, denn je mehr liebevolles Licht in die Dunkelheit eines Menschenherzens fällt, desto eher ist seine Seele zur Versöhnung bereit.

Jesus Christus liebt jeden Menschen, ganz gleich, wie er sich auf Erden verhält. Deshalb liebt Er auch jeden Täter, verachtet jedoch seine schlechte Tat. Wenn es aber das Bestreben einer menschlichen Seele ist, durch die geistigen Tiefen zu gehen, um die Wirkung der in ihm liegenden Irrtümer und Falschheiten in dieser Welt auszuprobieren, **so dient er damit auch denen, die nicht durch die Tiefen gehen** und sie daher auch nicht sühnen müssen. Solche Personen dienen uns als abschreckendes Beispiel, aus denen wir die Erkenntnisse über das gewinnen können, **was nicht wahr, nicht richtig und nicht gut is**t.

Haben Sie deshalb Mitleid mit allen Sündern, indem Sie für sie beten und sich bemühen, auch sie zu lieben und im Namen des Herrn zu segnen. Solche Menschen gehen nicht nur für ihre Eigenerkenntnis über die Erde, sondern auch, damit wir Menschen das Unwahre, Falsche und Schlechte deutlich zu erkennen vermögen. Deshalb sollten Sie solche Personen nicht verurteilen oder richten, sondern für sie beten und zu ändern versuchen, denn

„das Maß der Liebe
ist die Liebe ohne Maß!"

(F. von Sales)

So besuchte der verstorbene Papst Johannes Paul II. den Attentäter, der ihn seinerzeit durch einen Pistolenschuss schwer verletzt hatte, später in dessen Gefängnis. In dem Gespräch, in dem er ihm seine Tat vergab, erfuhr er, dass der Schütze von innen her dazu gedrängt worden war, auf ihn zu schießen. Ob das nun die Wahrheit ist oder nicht, fest steht jedenfalls: Wenn der Attentäter seine Tat bereut und sich mit der Bitte um Vergebung an Gott wendet, wird ihm ebenso vergeben werden, wie ihm Johannes Paul II. vergab.

Sobald wir also seelisch oder weltlich helfen können und tun es nicht, sind wir keine rechten Nachfolger des Herrn, und zwar auch dann nicht, wenn wir uns Christen nennen. **Gott bewertet nur die Erfüllung Seiner Liebegebote**, weil alles andere - also ein tiefer Glaube, das Erkennen der Wahrheit, die guten Werke, die Vereinigung mit Ihm und zuletzt die Seligkeit - aus der Liebe hervorgeht und daher auch nicht ohne Liebe gewonnen werden kann. Wer somit die **wahre** Liebe pflegt, der ist auch von Herzen demütig und sanftmütig. Er wird wohl kaum in eine große Not geraten, weil sich der Herr nicht von ihm abwendet.

Deshalb gibt es im lichten Jenseits auch nur eine Religion, und die heißt Liebe! Also spricht der Herr zu Bischof Martin im Kap. 50 des gleichnamigen Buches von J. Lorber:

*„**Die Liebe lehrt dich** (demnach),*
*allen Wesen wohlzutun.*
***Die Demut lehrt dich**,*
*klein zu sein und dich über*
*niemanden hochmütig zu erheben.*
***Die Sanftmut lehrt dich**,*
*jedermann stets gleich wohlwollend*
*zu ertragen und aus dem innersten*
*Herzensgrund bemüht zu sein,*
*jedem zu helfen, wo es nottut."*

Also kann die Lösung aller irdischen und menschlichen Probleme nur mit Hilfe der wahren Liebe verwirklicht werden. Die Menschen müssen daher wieder zur Liebe finden, wenn sie einen weltweiten und dauerhaften Frieden erreichen wollen, denn nur in Frieden und Freundschaft können sie zu der Harmonie gelangen, die ihnen ein zufriedenes und glückliches Leben gewährleistet. Daher kennt die **wahre Liebe** weder hochgestellte Persönlichkeiten noch Konfessionen oder Sekten. Im Geiste der Wahren Liebe gibt es nur Verbrüderung und Einheit, in der allein eines gilt: "Einer für alle und alle für einen". Und dieser Eine ist Jesus Christus!

Weil die **wahre** Liebe auf Erden aber in immer stärkerem Maße erkaltet, herrscht hier eine so große geistige Not, so dass die Menschen stets glaubensloser werden und im Irrtum dahingehen. Wenn sie dann im Jenseits die Wahrheit erkennen, ihre Fehler bereuen und ausrufen: „Hätte ich das auf Erden gewusst, so hätte ich anders gehandelt!", ist es vorerst zu spät. Die Wandlung eines Charakters in der geistigen Welt ist nämlich wesentlich schwerer und langwieriger als auf der Erde.

Demnach zählt bei Gott nur die wahre, also die selbstlose Nächstenliebe in Verbindung mit der Demut und Hingabe, und somit nur das, was wir aus tiefstem Herzen an liebevollen Taten und wahrer Barmherzigkeit aus unserem Mitgefühl heraus vollbringen. All dies nehmen wir mit in unser geistiges Reich, um es dem Herrn zu hinterlegen, und **nur das ist unser Lohn**: Es sind die Perlen und Edelsteine, die unser himmlisches Kleid als Braut Christi dereinst schmücken sollen.

Bis dahin müssen wir sämtliche weltlichen Interessen aus unserem Herzen verbannt haben, **die dem Eigendünkel und der Eigenliebe dienen**. Deshalb sollen wir auch möglichst unbeschwert leben und die Machenschaften verachten, die uns in die Welt einbinden wollen. Hierzu müssen wir jedoch die allerunterste Stufe der Außeninteressen unseres Herzens erreichen, wenn wir Jesus nachzufolgen beabsichtigen, Der seinerzeit für sich Selbst das Niedrigste erwählt hat.

Somit reicht es nicht, allein den Herrn um Schutz und Hilfe zu bitten, damit alles im Leben gut werde und man in den Himmel eingehe. Nur derjenige, der Jesus Christus aus vollem Herzen liebt und sich dafür entscheidet, **Ihm auch nachzufolgen und den Mitmenschen selbstlos zu dienen**, kann zu Ihm kommen. Zwar gelangen eines Tages auch die Sünder zu Ihm, sobald sie bereut, sich zu Christus bekehrt und Wiedergutmachung geleistet haben, doch werden die Zeiträume sehr lang sein, die jene in ihrem Jenseits für ihren Erkenntnis- und Wiedergutmachungsweg benötigen.

Damit die Menschen aber einen solch weiten Weg nicht gehen müssen, sagt uns der Herr in Kap. 3 des Buches „Die natürliche Sonne", von J. Lorber: *„Menschen, welche auf dieser Erde in die reine Liebe zu Mir übergegangen sind und aus dieser Liebe heraus alles Weltliche und Materielle abgelegt haben und nichts anderes wollen als nur alleine Mich, – diese haben sich dadurch den weiten Weg jenseitiger Vollendung stark abgekürzt, denn diese* *sind wahrhaft Meine Kinder und wahrhaft Meine Brüder und Schwestern und kommen daher nach der ihnen freudigen Ablegung des materiellen Leibes alsogleich zu Mir, - und zwar in den obersten, allerhöchsten Himmel, allda Ich Selbst wohne wesenhaft."*

Nicht von ungefähr steht deshalb geschrieben, dass wir den Herrn, unseren Gott, über alles lieben sollen und unseren Nächsten wie uns selbst, denn wenn wir uns selbst nicht lieben könnten, besäßen wir kein Leben. Hiermit wird zugleich auch die Frage nach der Eigenliebe beantwortet, weil uns ein gewisses Maß an Eigenliebe von Gott aus zugebilligt wird, doch nicht mehr, als wir an Liebe anderen entgegenbringen. Und das ist auch auf unsere Mitmenschen übertragbar, so dass es im 1. Timotheus 4,12, der Bibel heißt: **„Sei ein Vorbild den Gläubigen im Wort, im Wandel, im Glauben und in der Liebe!"**

Hierzu erläutert uns der Herr im Bd. I, Kap. 98, des Buches „Die geistige Sonne", von J. Lorber: *„Liebe ist das einzige Band zwischen Mir und dir! Sie ist die allein wunderbar allmächtige Brücke zwischen Mir, dem ewig allmächtigen, unendlichen Schöpfer, und dir, Meinem endlichen Geschöpfe. Auf dieser Brücke kann Ich zu dir und du zu Mir kommen, wie da kommt ein lieber Vater zu seinen Kindern und die Kinder zu ihrem lieben Vater.*

*Die Liebe ist auch des Geistes inwendigste und schärfste Schusswaffe, mit welcher allein du in Meine göttli-*

chen Wundertiefen blicken kannst, während der Verstand und die Weisheit (des Kopfes) nicht einmal den Saum Meines auswendigsten Kleides anzurühren imstande sind."

„Ich glaube, dass Gott drei Dinge will:
Gott will, dass wir Ihn lieben.
Gott will, dass wir uns lieben.
Gott will, dass wir einander lieben!"

(J. Bordat)

*Also ist die Liebe allein das Maß, mit dem wir dereinst gemessen werden. Und wenn Gott den Menschen messen würde, so legte Er sein Maßband nicht um dessen Kopf, sondern um sein Herz.* (aus Irland)

Die Liebe unseres Himmlischen Vaters zu Seinen Kindern ist derart groß, dass ich Seine Sehnsucht zu **unserer** Rückkehr in Sein herrliches Reich nicht beschreiben kann. Deshalb möchte Er auch so gerne mit uns sprechen und uns - wie in früheren Zeiten - helfen, den kürzesten Weg zu Ihm zu beschreiten. Hierzu müssen wir aber unser "Ja" sagen, und das kann nur mit einem guten Willen und einem gläubigen Herzen geschehen. Deshalb steht der Vater auch oftmals - bildlich gesprochen - mit ausgebreiteten Armen vor uns, Seinen Kindern, und ruft liebevoll: "Wer kommt in Meine Arme?"

Er ist unser Lebensquell, das Alpha und Omega, der ewig und unentwegt sprudelt und in uns fließt. Es liegt jedoch an unserem freien Willen, zum Quell der Liebe zurückzukehren, der seinerzeit für alle Menschen von Jesus am Kreuz neu erschlossen wurde, so dass die Liebe zu jedem strömt, der sein Herz für Ihn öffnet. Und somit warten noch viele Menschen auf die Anregungen, die wir ihnen geben können, indem wir sie auf die Ewige Wahrheit aufmerksam machen.

Nehmen Sie deshalb die Fackel des Lichts, die Ihnen mit dieser Schrift geschenkt wird, und halten Sie sie recht hoch, damit sie weithin leuchtet. Stellen Sie sie nicht unter den Scheffel, denn viele Menschen sehnen sich nach dem Licht der Liebe Gottes. Sie brauchen nur den richtigen Anstoß um zu verstehen, dass ihr Himmlischer Vater nicht in der Ferne zu suchen ist, sondern sich in eines jeden Menschen Herzen befindet.

Erledigen wir nun alles mit Jesus, dann lassen wir uns auch nicht von der Hektik dieser Zeit unterkriegen. Und wenn wir zwischendurch immer wieder mit dem Herzen denken: **"Vater, mit Dir!"**, wird unsere Arbeit auch gesegnet, so dass die Personen, mit denen wir bei unseren Tätigkeiten zusammenkommen, in ihrem Inneren berührt werden und vielleicht ebenfalls nach dem Sinn und Zweck ihres Lebens zu suchen beginnen. **Haben Sie deshalb keine Bedenken, das reine Wort des Herrn mit aller Vorsicht zu verbreiten.** Es ist voller Liebe und Wahrheit, so dass Sie sich davor nicht zu schämen brauchen.

Jesus Christus sorgt schon für die Seinen, indem Er auch Ihnen Sein Licht mit der Bitte schenkt, es anzunehmen und weiterzugeben. Wenn Sie das tun, spüren Sie, wie Ihr Herz erleuchtet wird, so dass es gemeinsam mit den anderen Interessierten zu strahlen beginnt. Und wenn Ihre Seele nun im Laufe der Zeit ganz Licht und Liebe geworden ist, werden Sie auch die Dunkelheit in Licht umwandeln können, die sich noch um Ihre Nächsten befindet.

Sind Sie daher mutig und glauben an das in die Unendlichkeit strahlende Licht unseres Herrn, denn es erleuchtet auch Ihnen den Weg, den wir alle gehen sollen, um wieder Seine Kinder zu werden. Auf diesem Wege erhalten wir die wunderbare Energie, die wir benötigen und die uns derart stärkt, dass wir gemeinsam mit anderen Lichtboten unser Erdenlebens-Ziel erreichen können, denn **der Liebe ist alles möglich**.

**FAZIT**: Die Ausbildung der im Menschen wohnenden wahren Liebe ist unsere wichtigste Lebensaufgabe. **Deshalb soll die Liebe auch hingebend und nicht begehrend sein**, weil die äußere Liebe, also das pure körperliche Verlangen unserer menschlichen Sinne, die Seele derart verdunkelt, dass es finster in ihr wird. Und das bewirkt die Eigenliebe, die nur besitzen will, während die **wahre** Liebe, die uns Gott in's Herz gelegt hat, den Menschen veredelt und die Seele erleuchtet.

Eine Liebe, die nicht zu geben bereit ist, dient nur der Erfüllung menschlicher Wünsche. Und da sie sich allein auf irdischen Erfolg ausrichtet, ist ihr Verlangen auch widergöttlich. Sobald ein Mensch jedoch ungeachtet seines eigenen Vorteils immer nur die wahre Liebe geben will, werden ihm seine Werke auch den Lohn eintragen, der in ihr liegt. Ein solcher Mensch wird recht bald zu Christus finden und Ihm nachfolgen, weil die wahre Liebe auch die rechte Liebe anzieht. Und mit solche einer Nachfolge wird er niemals in die Irre gehen können.

Haben Sie aber Mitleid mit solchen Menschen, die bar jeder Liebe sind. Oftmals fehlt ihnen eine gute, gefühlsbetonte Kindheit, so dass sie nur die Eigenliebe in sich ausgebildet haben, weil sich in ihnen durch den schlechten Umgang kein Verständnis für die wahre Liebe entwickeln konnte. Im Grunde ihres Herzens sind sie daher unglücklich und verzweifelt. Deshalb sollte man ihnen mit gütigem Verständnis und viel Geduld entgegenkommen, damit sie an einem solch vorbildlichen Verhalten lernen können, die wahre, selbstlose Nächstenliebe zu erkennen, weiter zu erforschen und zu praktizieren.

## c) Der Weg zur Gotteskindschaft

Viele Menschen sind der Ansicht, dass sie sich nur um ihres Lebens Willen auf Erden befinden. Das ist aber ein gewaltiger Trugschluss, denn **das Erdenleben ist kein Selbstzweck, sondern lediglich ein Mittel zum Zweck**: Es ist die „geistige Hochschule", die uns ein herrliches Leben in der Ewigkeit garantiert, sobald wir die Voraussetzungen dazu erfüllt haben. Hierfür müssen wir jedoch alle hiesigen Prüfungen bestehen, die uns die geistige Wiedergeburt bescheren und uns unweigerlich zur Gotteskindschaft führen.

Solche Prüfungen sind deshalb notwendig, weil unseren Seelen noch so mache Unzulänglichkeiten anhaften, die der Erringung dieses Erbes im Wege stehen. Also müssen wir erst ausreifen, bevor wir dazu in der Lage sind, das Erbe der Gotteskindschaft anzutreten. Ausreifen können wir jedoch nur, indem uns unsere Fehler und Schwächen im Leben ständig begegnen. Dann erst werden wir auf sie aufmerksam, so dass wir unsere Gesinnung verbessern können, wenn wir dies wollen.

Viele Menschen wollen davon jedoch nichts wissen, weil sie sich scheuen, entweder den Kampf gegen ihre Belastungen aufzunehmen oder ihren Mitmenschen liebevoll und uneigennützig zu dienen. Beides gehört aber zu unseren Lebensaufgaben, da die Unzulänglichkeiten, die noch der Seele anhaften, uns im Diesseits und besonders im Jenseits schaden, weil ihre Hülle dadurch noch mehr oder weniger lichtundurchlässig ist. Deshalb erhalten wir auf Erden auch die Chance, uns von diesen Fehlern und Schwächen zu befreien, indem wir einen Lebenswandel nach dem Willen Gottes führen. Im Jenseits bräuchten wir nämlich hundert- bis tausendmal so lange und oftmals noch länger, um unsere Fehler und Schwächen zu erkennen und auszumerzen.

Derjenige jedoch, der zu feige ist, gegen seine Belastungen anzukämpfen, ist meist auch zu träge, sich ernsthaft mit dem Wort Gottes zu beschäftigen. Er ist und bleibt ein armer Mensch, weil er nicht weiß, dass er den unvollendeten Teil seines Wesens nur mit Hilfe seines Heilandes und Erlösers vollenden kann, **um ein Überwinder der Welt zu werden, womit er schon den ersten Schritt zur Gotteskindschaft getan hätte**. Beten Sie deshalb des öfteren für solch arme Menschen, damit auch ihnen das Licht leuchten möge, das sie zur Erkenntnis der wahren Liebe benötigen, denn wer den Weg der Liebe kennt, wird ihn meist auch gehen.

Damit wir die Prüfungen bestehen können, die uns das Erdenleben abverlangt, werden wir durch die positiven und negativen Erfahrungen geschult, die wir hier machen. Demnach ist es der Sinn und Zweck unseres Hierseins, dass sich die Seele des Menschen höher entwickelt, um demnächst im geistigen Reich im Licht wandeln und selig sein zu können. Für diesen Zweck ist ihr die Welt zwar ein großes Hindernis, doch gilt es, **ge-**

**rade dieses Hindernis zu überwinden**, wenn sie das ihr auferlegte Ziel erreichen will.

Durch sein Ringen und Kämpfen mit sich selbst und mit den guten und schlechten Erfahrungen, die ein Mensch in der Welt macht, kann sein Wille durch die himmlischen Kräfte derart gestärkt werden, dass er dazu in der Lage ist, seine Seele zu reinigen und sich zum Wahren und Guten zu wandeln. Dann wird er auch die geistige Wiedergeburt erreichen, die Voraussetzung zur Erlangung der Gotteskindschaft ist. Deshalb kann das alleinige Ziel unseres Erdenlebens nur die Gotteskindschaft sein, die wir jedoch nicht geschenkt erhalten, sondern uns durch unser Dienen liebevoll erarbeiten oder in Liebe erkämpfen müssen.

*„Wer kämpft, kann zwar verlieren, aber
wer nicht kämpft, hat schon verloren!"*
(B. Brecht)

Sobald wir damit beginnen, unsere Gedanken, Wünsche und Begierden dem Ziel der Gotteskindschaft unterzuordnen, bilden wir unsere Seele zur Reifung aus. Nun erst befinden wir uns auf dem Wege zur Wiedergeburt unseres Geistes. Doch der Geist hält sich vorerst solange zurück, bis der Mensch sich dazu entscheidet, das Falsche und Böse zu meiden und das Wahre und Gute zu tun, um nach den Gesetzen der wahren Liebe zu leben.
Wer nun das Falsche und Böse meiden will, muss es

zuvor erkennen. Und dazu ist es nötig, **die Liebe zur Wahrheit in sich auszubilden**, da sie einzig und allein die Erkenntnisse fördert, die für die Ewigkeit tauglich sind. Und weil unser Herr die Wahrheit ist, kann uns auch nichts Gravierendes geschehen, solange wir in tiefer Liebe mit Ihm verbunden bleiben.

Um nun das, was der Mensch liebt, in sich erkennen zu können, ist es erforderlich, sein Innerstes auch nach außen zu kehren, denn an der Resonanz seiner Denkungs- und Handlungsweise in seiner Umwelt kann er erkennen, ob er seine Liebe richtig oder falsch ausgerichtet hat. Das kann zwar ein langwieriger Prozess werden, doch ist es nicht so schwer, die eigenen Unzulänglichkeiten zu überwinden, wie Sie vielleicht meinen, solange Sie Christi Hilfe in Anspruch nehmen. Wenn Sie sich also bei allem, was Sie glauben oder zu tun gedenken, **stets testen, ob Ihre Meinung und Ihre Vorhaben auch der uneigennützigen, selbstlosen Nächstenliebe entsprechen und danach handeln**, pflastern Sie sich mit Ihren guten Werken bereits auf Erden den kürzesten Weg zu ihrer geistigen Wiedergeburt. Und weil hierfür die wahre Liebe das Grundelement ist, rät uns auch ein weiser Kirchenmann:
„**Liebe wahrhaftig** - *und dann tu, was Du willst!*"

Hierzu gibt uns der Herr im Kap. 70 des Buches „Erde und Mond", von J. Lorber, die beste Erläuterung:

*„Liebe zu Mir, große Herzensgüte, Liebe zu **allen** Men-*

schen, das ist zusammen das richtige Zeichen der Wiedergeburt. Wo aber dieses fehlt und die Demut noch nicht für jeden Stoß stark genug ist, da nützen weder Heiligenschein noch Kutte noch Geistervision. Solche Menschen sind dem Reiche Gottes oft ferner als manch andere mit einem sehr weltlich aussehenden Gesicht; denn **das Reich Gottes kommt nie mit äußerem Schaugepränge, sondern inwendig, in aller Stille in des Menschen Herz."**

**Somit verstehen wir unter der geistigen Wiedergeburt die Vollendung der liebevollen Entfaltung der uns von Gott geschenkten menschlichen wie geistigen Talente und Fähigkeiten.** Es ist die Einfachheit und Klarheit unseres Lebens, also die Hingabe an die Liebe Gottes, die uns dazu bewegen soll, unsere Wiedergeburt anzustreben, indem auch wir uns zur Liebe wandeln. Damit werden wir eines Tages auch unseren alten Menschen ausziehen und in einen neuen schlüpfen können.

Dieser neue Mensch ist voller Liebe und somit auch ein Gotteskind, so dass Matthäus, ein Jünger Jesu, seinerzeit die Worte des Herrn niederschrieb, die in der Bibel unter dem Abs. 18, 3, festgehalten und Bertha Dudde zu Anfang ihrer Kundgabe Nr. 7165 diktiert wurden:

„Und wenn ihr nicht werdet wie die Kinder, so könnet ihr nicht in das Himmelreich eingehen ... Es ist ein sonderbarer Ausspruch, den Ich getan habe, dass Ich von euch verlangte, zu Kindern zu werden, da ihr doch auf

*Erden ausreifen sollet, wozu Ich euch ein ganzes Lebensalter schenkte, von der Kindheit an bis in das Greisenalter. Aber es ist nicht das Unfertige, Verständnislose eines Kindes, das ihr euch zum Beispiel nehmen sollet, sondern die kindliche Zutraulichkeit dem Vater gegenüber ist es, die euch Mein Vaterherz erschließet, die Ich nicht zurückweise, die euch das Himmelreich öffnet.*

*Es ist der wahrhaft kindliche Glaube, den ein Kind seinem Vater entgegenbringt. Es sind die zutraulichen Bitten, die Ich nicht unerfüllt lasse; es ist die Demut eines Kindes, das darum Gnaden empfangen kann im Übermaß. Und wird wohl je eine Liebe reiner und uneigennütziger sein als die des Kindes zum Vater? Ein Kind erwägt nicht erst in seinem Verstand die Gefühle, die es für den Vater empfindet; es ist das Herz, das es hintreibt zum Vater, und allein das Herz nimmt den direkten Weg zu Mir und gibt sich Mir ganz hin. Und wo eine solche Liebe das Herz eines Menschen bewegt, dort findet Mein Wort seine Bestätigung, denn dieser wird wahrlich eingehen in Mein Reich, denn Ich lasse ihn nun nimmermehr aus Meinen Armen, Ich ziehe das Kind an Mein Herz und schenke ihm ein ewiges Leben in Seligkeit.*

*Und weiter wollte Ich mit Meinen Worten sagen, dass ihr Menschen mit eurem Verstandesdenken kaum werdet euer Erdenziel erreichen können, dass also die zunehmende Mannesreife, die Lebenserfüllung oder auch verstandesmäßige Folgerungen nicht zu ersetzen vermögen die kindliche Liebe zu Mir, dass das rechte Ver-*

hältnis von euch zu Mir das eines Kindes zum Vater sein muss, denn dieses rechte Verhältnis schließet alles in sich, was zur Erlangung der Seelenreife erforderlich ist: Liebe, Demut und gänzliche Unterwerfung unter Meinen Willen.

Wie wenige Menschen aber stellen dieses innige Kindesverhältnis zu Mir her, wie wenige vermögen, Mich im Herzen anzurufen als Vater, der Sich Seines Kindes in heißer Liebe annimmt und ihm hilft in jeder Not und Gefahr. Doch wie wenige ergreifen Mich mit ihrer kindlichen Liebe und ketten Mich dadurch unauflösbar an sich. Aber diese haben sich das Himmelreich erworben, denn es kommt selbst zu ihnen, wo Ich weilen kann, von der Liebe Meines Kindes gezogen.

Und so auch werdet ihr es verstehen, dass Ich nicht die Großen ansehe, sondern Mich zu dem Kleinen herniederbeuge, dass Ich nicht bewerte, was sich der Mensch schafft oder geschaffen hat in seinen menschlichen Fähigkeiten und deren Ausbildung, sondern dass Ich nur in das Herz sehe, wie es beschaffen ist, und dass Ich Mich erfreue an jedem Liebestrahl, den Ich darin entdecke, denn dieser Liebestrahl hat nichts zu tun mit menschlichen Fähigkeiten, sondern er ist allein durch die innige Bindung mit Mir entzündet worden, die das rechte Kindesverhältnis kennzeichnet. Und es wird darum nur ein "rechtes Kind" Mein Reich in Besitz nehmen, wie Ich es durch Mein Wort verheißen habe.            Amen"

Doch nur das liebevolle Dienen oder der innere Kampf um das Erreichen der Vollkommenheit unserer Seele kann unseren Geist erwachen lassen, der uns zur Gotteskindschaft führen will. Und dazu wollen die **guten** Kräfte des Gewissens in uns die Eigenschaften erwekken, die als liebevolle Ahnungen in der Seele ruhen. Das sind z. B. der Glaube und das Vertrauen zu Jesus Christus, die selbstlose Nächstenliebe in Verbindung mit der Demut und Sanftmut des Herzens, die Veredelung unserer Gefühle sowie die Reinheit unseres Denkens und Handels und das damit verbundene Ausleben der Tugenden.

Somit lässt die geistige Wiedergeburt des Menschen Wesen zur wahren Liebe erstrahlen, so dass es ihm eine Freude bereitet, seinen Mitmenschen uneigennützig zu dienen. Einen solchen Menschen wird die Welt kaum noch interessieren, weil sein Glaube an den Herrn immer unerschütterlicher wird, so dass er sich letztendlich allein von Ihm führen lässt, um gänzlich in Seinen Willen einzugehen. Hierdurch wird er **den** Liebe- und Erkenntnisgrad sowie die Sensibilität erlangen, die es ihm ermöglicht, schon auf Erden eine Brücke zur geistigen Welt zu schlagen, indem ein solcher Mensch nun hellfühlend, hellhörend und/oder sogar hellsehend wird.

Nun darf ich denjenigen trösten, der meint, auf der Schattenseite der Welt zu stehen, obwohl er sich bemüht, nach dem Willen Gottes zu leben. Niemand weiß, wann die **Stunde seiner Erhörung** gekommen ist, da

Jesus Christus von uns sehr viel Geduld und Gottvertrauen fordert, weil wir zuerst unser Lebensprogramm erfolgreich absolvieren müssen, bevor die Gnade des Herrn an uns wirksam werden kann. Der Mensch muss es oftmals erst lernen, Leid und Trübsal in Ergebung hinzunehmen, da es der Ausreifung seiner Seele dient. Vor allem geduldig muss er werden, denn es steht nicht von ungefähr in Matth. 10,22, u. 24,13, sowie in Markus 13,13, der Bibel geschrieben: **„Wer aber beharret bis zum Ende, der wird auch selig werden!"**

Es heißt jedoch auch in Matth. 20,16, dass viele berufen, aber nur wenige auserwählt sind. Hierzu drückte sich die kath. Ordensschwester "**Mutter Teresa**", die in der indischen Hafenstadt Kalkutta ein Hospital für die Ärmsten der Armen gegründet hatte, einmal zutreffend aus:

*„Die Berufung ist die Einladung,
sich in Gott zu verlieben
und diese Liebe unter
Beweis zu stellen."*

Bildet ein Mensch daher die Eigenschaften der **wahren** Liebe und Demut in sich aus, so wird er nicht allzu lange darauf warten müssen, um erhört zu werden. Weil das auf Erden aber keine Selbstverständlichkeit ist, ist der Glaube ohne die entsprechenden liebevollen Werke auch ein toter Glaube. **Folglich sollte der Mensch nicht nur Hörer, sondern auch Täter des göttlichen**

**Wortes sein** (Jakobus 1,22 – 25), **denn der Glaube allein ist nutzlos**. Er muss schon durch die tätige Nächstenliebe zum Leben erweckt werden. Es nutzt also z. B. gar nichts, daran zu glauben, dass man allein durch Trockenübungen das Schwimmen erlernen kann. Ein Nichtschwimmer muss sich schon ins Wasser begeben, wenn er schwimmen lernen will. Und ebenso steht es mit dem Glauben. Mit ihm nimmt der Mensch nämlich lediglich eine Lehre auf, die zu einer bestimmten Tätigkeit anleiten soll. Doch was nutzt ihm eine solche Anleitung, wenn er nicht danach lebt?

Für das christliche Denken und Handeln ist zwar der wahre Glaube die Grundvoraussetzung, weil man ohne ihn seine geistige Wiedergeburt nicht erreichen kann. Doch er nutzt wenig, wenn der Mensch nicht zugleich auch mit der nötigen Einsicht und Reue über seine Fehler und Schwächen nachdenkt und versucht, sie abzulegen. Der Erfolg eines solchen Kampfes hängt nämlich allein von dem ernsten Willen ab, **sich Jesus Christus zu übergeben, weil nur Er uns erretten und von allen Sünden erlösen kann**. Um dies zu erreichen, müssen wir also das Gebot der Nächstenliebe beachten, auf das uns bereits die Bibel aufmerksam macht.

Darum soll der Mensch allen Ernstes an sich arbeiten, so dass seine Seele einen Lichtgrad erreicht, der ihm schon auf Erden die Erkenntnis der Wahrheit bringt. Dann kann er auch im Jenseits sicher aufwärts schreiten, so dass die Gefahr des Rückversinkens in die

Finsternis nicht mehr zu fürchten ist. Solange sich aber noch ungeistige Substanzen in ihm befinden, solange hat auch der Körper noch irdisches Verlangen, so dass die Ichliebe noch nicht gänzlich überwunden ist. Dann muss er ständig dagegen ankämpfen, um den Versuchungen zu widerstehen, die an ihn herantreten.

Nur durch ein Leben in Liebe kann der Mensch also seine Seele derart läutern, dass sie sich einen hohen Reifegrad schafft. Ein solcher Reifegrad erfordert jedoch ein völliges Verzichtleisten auf irdische Güter. Sowie er noch an der Materie hängt, ist eine Verschmelzung mit der Ewigen Liebe unmöglich, denn das Herz ist noch nicht völlig von Begierden entschlackt und somit auch nicht zur Aufnahme des göttlichen Geistes vorbereitet. Dann muss der Mensch oftmals noch einiges an Leid auf sich nehmen, um die letzte Läuterung der Seele zu bewerk-stelligen. Darum werden auch die überaus guten und frommen Menschen hin und wieder Leid auferlegt bekommen, damit die Läuterung ihrer Seelen recht schnell vor sich gehen kann.

Doch die Wonnen der Gotteskindschaft wiegen alles Leid im Erdenleben ums Tausendfache auf. Und die Erdenzeit ist kurz, sie ist wie ein Augenblick im Zeitraum der Ewigkeit. Sowie der Mensch im tiefen Glauben steht, kann er auch stets die Kraft seines Himmlischen Vaters entgegennehmen, denn sein Gebet wird nun inniglich zu Ihm gerichtet sein, so dass Christus ihn stärken und zum Überwinder aller Schwierigkeiten manchen kann.

In einen Auszug aus der Kundgabe Nr. 7627 von B. Dudde schenkt uns der Herr dazu einen groben Überblick über das Leben, das uns erwartet, sobald wir wieder in Seine himmlische Ordnung eingetreten sind:

„*Es ist wahrlich ein herrliches Los, das euch erwartet, wenn ihr die Vereinigung mit Mir eingegangen seid. Das Lichtreich öffnet sich euch wieder, ihr könnet wirken in Kraft und Licht und Freiheit nach eurem Willen, der aber doch auch Mein Wille ist. Ihr werdet Seligkeiten genießen können, von denen ihr euch nichts träumen ließet, ihr werdet schauen und hören, was eure Augen und Ohren noch nie geschaut und gehört haben auf Erden, denn Ich habe allen unermessliche Seligkeiten bereitet, die Mein sind, die Mich lieben und darum sich mit Mir verbunden haben auf ewig.*

*Die Liebe ist es, die dieses innige Band schlingt um Vater und Kind, die Liebe, die in euch sich entzünden soll während eures Erdenwandels und die dann das Menschenherz so durchstrahlt, dass es die Bindung mit Mir, als der Ewigen Liebe, herstellt, dass der Mensch nun sein Urwesen wieder annimmt, dass er wird, was Ich Selbst bin von Ewigkeit:* **Liebe!**"

„*Willst du ein Kind Gottes sein, so wisse, die ganze Regel ist diese: Sei von ganzem Herzen demütig, liebe Gott aus all deinen Lebenskräften über alles, und erfülle in dem Seinen Willen, dass du deine Brüder und Schwestern liebst und achtest mehr denn dich selbst! Wenn du solches tust, so bist du ein Kind Gottes*", sagt uns der

Herr in dem Buch „Die geistige Sonne", Bd. II, Kap. 59, von J. Lorber.

*„Somit ist allein die Liebe die Leiter, worauf wir zur Gottähnlichkeit emporklimmen können"*, schrieb bereits seinerzeit der bekannte dt. **Dichter Friedrich von Schiller.**

Wer sich danach richtet und wem es gelingt, die Welt und ihre argen Machenschaften zu überwinden, indem er sich innerlich von **allen** weltlichen und körperlichen Zwängen frei macht und ebenfalls von jeglichem Irrtum, der hat bereits den richtigen Weg zu seiner geistigen Wiedergeburt in der Nachfolge Christi eingeschlagen. Wer jedoch keine Liebe zu Gott und dem Nächsten in sich entwickeln will, dessen geistiges Leben ist dunkel, öd und leer und voller Gefahren, in die Welt zu versinken und umsonst gelebt zu haben.

**Die Erlösung von allen Sünden ist zwar Gottes Geschenk an uns**, aber **die geistige Wiedergeburt muss errungen werden.** Doch ist sie nur mit der Hilfe Jesu Christi möglich, weil eine einmal gefallene Seele nicht mehr die Kraft besitzt, ohne Seine Hilfe die Machenschaften des Gegners zu überwinden. Leider lehrt uns die Kirche nur den ersten Teil und sagt uns nichts von dem Kampf zur Erringung der Gotteskindschaft, obwohl geschrieben steht: *„**Werdet vollkommen, wie euer Vater im Himmel vollkommen ist!**"* (Matth. 5,48). So sind diesen Weg der Nachfolge auch hauptsächlich nur die christlichen Mystiker gegangen.

Es ist insofern ein Irrtum anzunehmen, dass die Erlösung von allen Sünden bereits das Endziel des Menschen sei, so wie die Kirche das lehrt. **Das ist nur der Anfang**, weil wir unser Wesen zur **wahren Liebe** wandeln müssen, und zwar so, wie sie in Jesus Christus zu Hause ist, wenn wir ein Kind Gottes werden wollen. Dieser Anfang ist mit einem Wanderer vergleichbar, der am Fuße eines großen Berges steht. Nun gilt es aber, auch den Gipfel zu erklimmen, und zwar nicht allein, sondern mit dem dafür zuständigen **Bergführer**. Und der heißt **Jesus Christus**! Nur derjenige Mensch also, der sich hier liebevoll, klug und weise in die Nachfolge Christi begibt, erreicht folglich das Ziel seiner Bestimmung, die vollendete Gotteskindschaft.

Die Erringung der Gotteskindschaft hat für die Seele schon deshalb die größte Bedeutung, weil es drei Himmel gibt und nicht nur einen. Das sagen die Neuoffenbarungen Gottes, und das sagt uns auch die Heilige Schrift im 2. Korintherbrief 12,2, des Apostel Paulus. Demnach wird derjenige, der von seinen Sünden erlöst ist, zwar als „verlorener Sohn" (Lukas 15,11-24) wieder in das Gottesreich aufgenommen, das er einst freiwillig verlassen hat, **doch der höchste und innerste Himmel, der Liebe-Himmel, bleibt ihm verschlossen. Nur in ihm findet jedoch seine Vereinigung mit unserem Herrn statt** (Galater 2, 20), die der Seele die Allgegenwart Christi und damit die allergrößte Seligkeit garantiert. In den beiden anderen Himmeln besteht insofern nur eine **Gemeinschaft** mit dem Herrn, weil sie Jesus Christus hin und wieder besucht, dort jedoch nicht stets gegenwärtig ist.

Demzufolge ist es allein eine Seligkeitsfrage, welcher Himmel zu unserer wahren Heimat wird. Das wollen die meisten Konfessionen bis heute aber nicht einsehen, obwohl es christliche Mystiker gab, die sie bereits darauf aufmerksam gemacht haben. **Der Schlüssel zur geistigen Wiedergeburt und somit zur Vollendung liegt daher allein in der Nachfolge Christi**, der leider nicht die rechte Beachtung geschenkt wird, trotzdem Jesus sagt: *„Wer nicht sein Kreuz auf sich nimmt und folget Mir nach, der ist Meiner auch nicht wert!"* (Matth. 10,38, u. 16,24, sowie Markus 8,34 u. Lukas 9,23).

> *„Leben heißt, sich wandeln,*
> *und vollkommen sein heißt,*
> *sich oft gewandelt zu haben."*
>
> (J. H. Newman)

Wer sich jedoch in der Nachfolge Christi übt, der befindet sich bereits auf dem richtigen Wege in die Vollendung. Er wird sein Ich zurückstellen und all seine Wünsche und Begierden um des Nächsten Willen aufgeben sowie ein großes Maß an Leid tragen. Und dazu gehören sehr viel Liebe und Demut. Ein solcher Mensch wird in immer stärkerem Maße auf seine inneren Regungen achten, auf sein Gewissen hören und den Willen des Herrn spüren, Der ihn stets zur Wahrheit und damit auch zur inneren Demut führen will. Und er wird Jesus als den würdigen, der Er in Wahrheit ist: **der Sohn Gottes und Gott**, also der Vater selbst, unser aller Erlöser, Heiland, Lehrer, Tröster, Bruder und Freund. Dann wird ihn die Liebe zu Christus erfüllen und nicht das Verlangen nach der höchsten Glückseligkeit, so dass diese Liebe den Grad seiner Nächstenliebe ständig erhöht. Deshalb wird er fortan auch nichts mehr ohne Ihn unternehmen wollen, weil ein solcher Mensch nunmehr vom göttlichen Licht der Erkenntnis durchflutet wird, das ihm die Kraft schenkt, seinem Vater stets näherzukommen.

Daher rät uns der Herr u. a. im Kap. 183 des Buches „Bischof Martin", von Jakob Lorber: *„Liebet Mich, euren Herrn, Gott und Vater, aus allen Kräften eures Lebens, und liebet desgleichen auch euch untereinander! Ein jeder von euch suche in Meinem Namen dem anderen Dienste zu erweisen. Keiner dünke sich mehr zu sein als da ist sein Bruder und seine Schwester. So werdet ihr gar leicht Meine geliebten Kinder werden und verbleiben auf ewig."*

Und im Kap. 68 desselben Buches heißt es weiter: *„Solange ihr euer Recht (aber) anderwärts suchet als im Wort Gottes, solange ihr noch der Beleidigung Stachel in euch traget, solange ihr der Meinung seid, es geschehe euch in diesem oder jenem ein Unrecht, so lange seid ihr noch Kinder der Hölle, und des HERRN Gnade ist nicht in euch. -* **Gottes Kinder müssen alles ertragen können, alles erdulden. Ihre Kraft sei allein die Liebe zu Gott und die Liebe zu ihren Brüdern, - ob sie gut oder böse sind.** *- Wenn sie darin fest sind, dann sind sie vollkommen frei und fähig, in das Reich Gottes aufgenommen zu werden."*

Somit gehört es zu den Hauptaufgaben des Menschen, bereits auf Erden allen alles zu verzeihen und sich in der Demut zu üben, denn die Demut ist die Krone der wahren Liebe. Deswegen ist unser Herr auch demütiger als der demütigste Mensch. Das hat Er auf Golgatha bewiesen!

*„Wer da sich (jedoch) selbst erproben will, ob er in der Demut ganz vollendet ist, der frage sein Herz, ob er noch durch irgend etwas beleidigt werden kann und ob er seinen größten Beleidigern und Verfolgern leicht aus vollem Herzen vergeben kann und Gutes tut denen, die ihm Arges zugefügt haben, ob er gar keine Sehnsucht nach irgendeiner Weltherrlichkeit dann und wann fühlt, ob es ihm angenehm ist, als der Geringste unter den Geringen sogar sich zu fühlen, um jedermann in allem dienen zu können! Wer das alles ohne Trauer und Wehmut vermag, der ist schon hier ein Einwohner der höchsten Himmel Gottes und wird es bleiben in Ewigkeit; denn durch solch eine gerechte Demut wird nicht nur die Seele völlig eins mit ihrem Geiste, sondern auch zum größten Teil der Leib“*, gibt uns der Herr im GEJ, Bd. IV, Kap. 83, zu verstehen.

Sobald Sie sich also bemühen, hiernach zu handeln, schlagen Sie den richtigen Weg zu Ihrer geistigen Wiedergeburt und der darauf folgenden Gotteskindschaft ein, ohne die es kein Leben in ewiger Seligkeit gibt. Vielleicht haben Sie bisher schon das Reich Gottes gesucht, ohne es zu wissen. Dann werden Sie es auch finden, weil Ihnen dazu alles andere hinzugegeben wird, solange Sie auf dem Wege der wahren Gottes- und Nächstenliebe verbleiben.

Hierzu ist ein jeder Mensch in der Lage, wobei er jedoch den Geist Gottes in sich erwecken muss. Weil sich auch die Jünger Jesu seinerzeit noch nicht völlig darüber im klaren waren, wie das vor sich geht, erläuterte ihnen der Herr u. a. auch das, was Er J. Lorber im GEJ, Bd. XI, Kap. 50 - 52, über die Wiedergeburt von Seele und Geist im Menschen in die Feder diktierte:

*„Wie empfindet ihr euer Denken und Fühlen? Ist dasselbe ein äußeres oder inneres, das heißt, könnt ihr eine euch gestellte Frage nur deshalb beantworten, weil ihr durch das Gedächtnis von eurem Lehrer die Antwort gelernt habt, oder beantwortet euer eignes inneres Ich dieselbe durch Schlussfolgerung?*

*Ihr werdet sagen: ‚Beides kann geschehen!' Wäre der Mensch nun aber bloß Maschine, wenn auch mit einer selbstbewussten Seele begabt, so würde diese nur äußerlich denken können, das heißt, durch Gedächtniseindrücke sich ein Wissen schaffen können, das nur durch Belehrung erlernt ist, ungefähr wie man ein Tier abrichtet.* **Die Schlussfolgerung jedoch ist ein Fragen der Seele an ein im Menschen lebendes inneres Prinzip, welches Antwort gibt auf gestellt Fragen und als Geist in der Seele noch lebt und als solcher, wie Ich euch schon oft gesagt habe, vollendet ist.**

*Daher kann auch im Innern des Menschen ein regelrechtes Frage- und Antwortspiel beginnen.*

*Man wird sagen: ‚Ja, ist der Geist vollendet, warum kommen denn da oft so ungemein törichte Schlussfolgerungen zum Vorschein? Antwortet denn da der Geist nicht immer richtig?' Das tut er schon; aber weil er zunächst im Menschen das Lebensprinzip der Seele darstellt, so kann diese als selbstbewusst auch nach ihrem Wesen wie ein Spiegelbild ähnlich handeln. Geradeso wie ein rechtes Spiegelbild nicht ohne ein vorhandenes Objekt entstehen könnte, das demselben völlig gleich ist, so kann auch die Seele ihre Urteile nur dann als freitätig bekunden, wenn diese vom Geiste als Reflex ausgehen. Wie aber ein Spiegelbild alles verkehrt darstellt, gerade entgegengesetzt dem Objekt, und dennoch wieder wahr ist, so geschieht es auch hier, solange beide nicht ineinander aufzugehen suchen.*

*Nur ein Mensch, der den Geist so weit in sich erweckt hat, dass die Seele keine irdischen verkehrten Reflexe zurückwirft, hat die Wiedergeburt erlangt und steht in der völligen Wahrheit. Diese Schranken zu zerbrechen ist natürlich nicht leicht, weil durch den materiell-irdischen Körper die irdisch veranlagte Seele einen größeren Hang zu diesem hat als wie zu dem sich nur schwach fühlbar machenden Geist, dessen Wirken sie ohne erlernte Unterscheidung gern für ihr e i g e n e s Wirken annimmt.*

Diese Schranken zu durchbrechen ist Meine und eurer Aufgabe sowie aller Meiner Nachfolger, - und den Weg hierzu findet ihr durch euren inneren Geist, den ihr zur Sprache zu bringen habt. **Dieser allein nur ist der einzig richtige Lehrer, weil er mit dem allgemeinen Gottgeist zusammenhängt und von diesem ein Abbild im kleinen ist, demnach alle Wahrheit nur aus ihm schöpft.**

Hat sich die Seele nun völlig seinem Wesen untergeordnet und ist sie dadurch irdisch wunschlos geworden, so dass sie nur noch einzig und allein nach Geistigem strebt und in dem Geistigen demnach als selbstbewusste Seele aufgegangen ist, so hat der vollendetere Mensch eine Stufe erreicht, welche von den indischen Weisen als "Nirwana" bezeichnet wurde, also einen Zustand, in dem jeder Wille, welcher fleischlich-irdische Neigungen bedingt, vernichtet ist, und welcher jedes Leben im Fleische als materielle Existenz ausschließt. Dieser Zustand ist im materiellen Leben möglich, ja soll erreicht werden, damit der **völlige Friede einziehe ins Menschenherz.**

Dieser Wiedergeburt der Seele seid ihr alle nahe. Drüben in Meinem Reiche jedoch gibt es, wenn Ich aufgefahren sein werde, noch eine andere Wiedergeburt: das ist die des Geistes, die sodann in unauflöslicher Gemeinschaft mit Mir besteht. Sodann herrschen die höchste Glückseligkeit der Kinder im Vaterhaus und Freuden, die keines Menschen Herz je ahnen kann, weil sie die reingeistigsten sind, von denen euch vorher auch nicht *der kleinste Abglanz begreiflich gemacht werden kann. Trachtet zuvor danach, dass eure Seele die Wiedergeburt erlange, damit eure Seele nur noch durch des Geistes Auge zu schauen lerne und dadurch sich selbst und ihren Ursprung immer mehr erkenne!*

*Da Ich aber Selbst alle diese Stufen in Mir als Mensch wie ihr erklimmen muss -* **da Ich der Pfadbrecher der Menschheit bin***, die sich immer wieder trotz vieler Abgesandter in Irrtümer verstrickt hat, - so werdet ihr auch wohl endlich begreifen, dass Ich, um euch dieses Aufsteigen zur Vollendung anschaulich und begreiflich zu machen, nicht anders sprechen kann, als es geschieht!*

**Wer nach der Vereinigung mit Gott strebt, wird zuerst trachten, Seinen Willen zu erfüllen und den eigenen unterzuordnen; denn nur der im Menschen lebendig gewordene und tatkräftige Gotteswille kann und wird niemals Schiffbruch leiden. Ist der Mensch aber eigenwillig und sucht etwas auszuführen, ohne sich darum zu kümmern, ob seine beabsichtigte Tat auch dem Willen Gottes entspricht, so darf er sich nicht wundern, wenn diese Tat nicht zu seinen Gunsten ausschlägt.**

*Dieses Kraftgefühl (das zur falschen Tat führt), ist aber oft nichts anderes als ein geistiger Hochmut, der sich vorgedrungen vor anderen Menschenbrüdern fühlt und daher etwas Außergewöhnliches leisten möchte zur eigenen Eitelkeitsbefriedigung oder auch aus Bewunde-*

*rungssucht vor anderen. Hütet euch daher vor diesen Trieben; denn* **Meine Anhänger sollen arm im Geiste sein***, wie ihr wisset, damit sie eben alles von Mir erhalten und Gott wahrhaft schauen können! Die aber, welche sich geistig reich wähnen, das sind eben die, welche meinen, Vollendete zu sein, mit ihrer Selbstüberwindung prunken und voll des geistigen Hochmutes werden.*

*Alle diejenigen aber, welche bereits auf Erden Mir und Meinem Worte nachfolgen, werden dasjenige Ziel erreichen, welches Ich euch schon so oft als die Wiedergeburt der Seele bezeichnet habe: Das ist also ein Hindurchdringen des Geistes in die Seele, die dadurch fähig wird, schon im Leibe in alle höhere Weisheit der Himmel einzudringen und nicht nur Herr ihrer selbst, sondern auch damit Herr ihrer Umgebung zu werden, ja, selbst auch der Natur und verborgenen Kräfte, wenn sie trachtet, Meinen Willen aus Liebe und zum Nutzen des Nächsten zu erfüllen. Die Mittel, um zum Ziele zu gelangen, heißen Glaube und wahre Liebe zum Nächsten.*

*Eine Gemeinschaft mit Mir ist nur möglich durch den Glauben an Mich, dass Ich wahrlich bin Christus, der Gesalbte, dem alle Kraft und Herrlichkeit des Vaters ist gegeben worden, damit die Menschen glücklich und höchst selig werden durch den Sohn. Ich bin die Pforte, - eine andere gibt es nicht! Wer die Wege zum Himmel betreten will, ohne Mich kennen zu wollen, der kann wohl einen hohen Grad von Vollkommenheit erreichen, nie aber in klare, anschauliche Gemeinschaft mit Gott Selbst gelangen."*

Da ein Mensch nicht gleichzeitig zwei Herren dienen kann, also Gott und Seinem Widersacher, muss auch derjenige, der dem Reiche Gottes dienen will, das Reich der Welt aus seinem Herzen verbannen. Erst dann kann sein Geist in ihm frei und somit erweckt werden. Und das geschieht zu dem Zeitpunkt, an dem seine Seele nach geistiger Kost verlangt. Doch da der Geist Gottes völlig rein ist, kann Er erst Einzug in eines Menschen Seele halten, sobald seine Seelenwohnung vollständig von allen Fehlern und Schwächen gereinigt ist.

*„Warum konnte aber so manch ehrlich strebender Mensch nicht zur Wiedergeburt seines Geistes gelangen?"*, bemerkte der Vater im Band V des GEJ, Kap. 160. *– „Weil er alles Gute nur darum tat, um sie zu erreichen. Durch ein solches Motiv setzt der Mensch stets eine wenn auch noch so dünne, aber dennoch das geistige Licht nicht durchlassende Scheidewand zwischen sich und Gott und kann darum nicht völlig eins werden mit dem Geiste Gottes. Es muss aus der Seele jede Art irgendeines Eigennutzes weichen, und der Mensch muss als vollkommen frei dastehen, dann erst kann er das Höchste erreichen."*

*„Gott ist nämlich kein Buchhalter.*
*In Seiner Bilanz eines Lebens zählt auch das,*
*was sich auf Erden nicht rechnet."*
(K. H. Karius)

Der Mensch kann daher nur durch die **Gnade Gottes und nicht durch eigene Verdienste** im Geiste wiedergeboren werden, indem seine Seele und ihr Geist **in den lebendigen Geist der Liebe übergehen**. Dann haben sich seine Eigenschaften mit den sieben Haupteigenschaften Gottes geeint, so dass sie vollkommen Liebe, Weisheit, Willenskraft, Ordnung, Ernst, Geduld, und Barmherzigkeit geworden sind. Dadurch wurde er ein neues Wesen, das als Gottes Kind die völlige Freiheit und Selbständigkeit besitzt. Nun geschieht alles nach seinem Willen, der zugleich auch der Wille Gottes ist, weil dieser Wille sowohl mit dem Wesen als auch mit dem Willen seines Vaters eins wurde.

Durch Seine Kundgabe im Bd. II, Kap. 83, des Buches „Die Haushaltung Gottes", schenkt uns der Herr hierzu ein noch größeres Licht, indem er uns zu verstehen gibt:

*„Wahrlich, es gibt im Himmel wie auf Erden nichts Größeres, Mächtigeres und Erhabeneres als Meine Kinder. Wer somit die Kindschaft hat, der hat mehr, als was alle Himmel umfassen, ja wahrlich, er hat unendlichmal mehr! Denn er hat Mich, Gott, den ewigen, unendlichen, ja den über alles erhabenen Gott voll Macht, Kraft und Heiligkeit, als den liebevollsten, allein nur wahren Vater in sich und ist also völlig in Mir, das heißt in aller Meiner Vollkommenheit, welche da ist Meine unendliche Liebe, Gnade, Weisheit und Stärke. Sehet, das ist sonach die Kindschaft, und diese Kindschaft gebe Ich euch!"*

**FAZIT**: Ein Mensch der seine Fehler und Schwächen überwinden möchte, muss zuerst die Liebe zur Wahrheit in sich ausbilden. Dazu wird ihm die Welt jedoch ein großes Hindernis sein. Doch gerade, um dieses Hindernis zu überwinden, befindet er sich auf dieser Erde. Hier soll er sein Gemüt zur wahren Liebe wandeln, indem er Gott in Jesus Christus erkennt und die ihm geschenkten Talente in sich ausbildet.

Weil wir hierzu aber meist zu schwach sind, müssen wir die Hilfe Jesu Christi erbitten, der allein unseren Willen für das Wahre, Richtige und Gute stärken kann. Und wenn wir das Wesen der Christuskraft annehmen, die stets uneigennützig denkt und handelt, werden wir erkennen, welch tiefe Demut hierin enthalten ist. Dann erst sind wir auch in der Lage, so manchen unserer Mitmenschen in Liebe darauf aufmerksam zu machen, dass es für seinen seelischen Zustand gut wäre, damit zu beginnen, den alten Menschen auszuziehen und in einen neuen zu verwandeln, was die Voraussetzung zur Erlangung der Gotteskindschaft ist. Somit muss sich derjenige, der Gottes Kind werden möchte, auch von seinem Ego befreien, um Gott in sich aufnehmen zu können. Und dazu kann ihm nur die Gnade Gottes verhelfen und nicht sein Wille.

*„Gott will nur eines von dir,
dass du als Geschöpf aus dir
heraustrittst und Gott in dir
Gott sein lässt."*

(Meister Eckehart)

## 11. Was der Mensch sät, das wird er ernten

Um die in uns schlummernden guten geistigen Eigenschaften auf dem schnellsten Wege wieder erwecken und die Gotteskindschaft erringen zu können, bewohnen wir eine Erde, die ein Werk der Liebe, Weisheit und Allmacht Gottes ist. Von Ihm bekamen wir auch allerlei Schätze zur Benutzung, die wir nach Seinem weisen Ratschluss nutzen sollen, ohne uns dabei aber der Welt untertan zu machen.

Leider wird die Erde jedoch von den Menschen seit dem Zeitalter der Industrialisierung in immer stärkerem Maße ausgebeutet und geschädigt. Bald ist das Maß erreicht, in dem die uns von Gott gesetzten Grenzen überschritten werden, denn Seine Naturordnung ist bereits derart gestört, dass sich der Mensch in die Gefahr begibt, sich selbst zu vernichten. Der eigenartige Klimawandel und die zunehmenden Naturkatastrophen sind bereits Folgen dieser verfehlten Entwicklung, die uns aus weisem Grund besonders in der letzen Zeit in steigendem Maße vor Augen gehalten werden.

So haben die Naturkatastrophen nie zuvor so viele Schäden angerichtet wie im Jahre 2011. „Die ungewöhnliche Häufung macht das Jahr bereits nach Ablauf des ersten Halbjahres zum schadensträchtigsten Jahr aller Zeiten, teile die „Munich Re" (Münchener Rückversicherung) mit. Die wirtschaftlichen Schäden von weltweit rund 265 Milliarden US-Dollar bis Ende Juni übertreffen das bisher teuerste Jahr 2005 mit 220 Milliarden US-Dollar (3-Sat, 12. 07. 2011).

Auch die uns bisher unbekannten Krankheiten sind ebenfalls die Folgen der falschen Wege, die wir Menschen heute gehen. Nicht umsonst macht uns deshalb auch die Bibel im Galatherbrief 6, 7, des Apostel Paulus bereits darauf aufmerksam: *„Was der Mensch aussät, das wird er auch ernten!"* Aber nicht alle Menschen sind so gewissenlos veranlagt, dass sie unseren Planeten derart ausbeuten und verschmutzen. Deswegen regen sich wegen dieser verfehlten Entwicklung in den letzten Jahrzehnten unter den Menschen auch immer mehr Widerstände, die allerdings mehr der Rettung der Welt und nicht unserer Seelen dienen. Man bedenkt dabei nicht, dass der Mensch als „Wanderer zwischen zwei Welten" mit seiner oftmals falschen Gesinnung nicht nur der Erde schadet, sondern auch seiner eigenen seelischen Entwicklung, da gerade die Seele heutzutage sehr stark gefährdet ist. Solange sich aber das Gros der Menschheit nicht auf das Wahre und Göttliche besinnt, wird sich auch ihr Umfeld weiter verschlechtern, weil ein jeder Wandel zum Guten ebenfalls vom Menschen ausgehen muss.

Selbst der bekannte englische Schriftsteller und Theaterkritiker **George Bernhard Shaw** schreibt hierzu: *„Ich bekenne, dass ich, nachdem ich 60 Jahre Erde und Menschen studiert habe, keinen anderen Ausweg aus dem Elend der Welt sehe als den von Christus gewiese-*

*nen Weg. Es ist unmöglich, dass die Erde ohne Gott auskommt!"* Deshalb muss derjenige, der zur Quelle (allen Seins) will, auch gegen den Strom und damit gegen den Trend der heutigen Zeit schwimmen!

Solche Schlussfolgerung wird nur derjenige verstehen, der die Hintergründe der geistigen Zusammenhänge kennt, die Ihnen in Band III dieses Werkes ausführlich erläutert werden. Nach den Aussagen dieses Buches tragen nämlich die meisten Menschen eine seinerzeit gefallene Seele in sich, deren Seelenpartikelchen nach dem weisen Ratschluss Gottes in der Natur- und Tierwelt eigentlich vollständig ausreifen sollten, die sie vor ihrer Inkarnierung als Mensch bereits durchlaufen haben. Weil jedoch egoistische und habgierige Menschen immer mehr von der Natur vernichten, in der die Seelenpartikelchen langsam ausreifen (Wald- und Regenwaldvernichtung, Artensterben und -ausrottung usw.), konnten ihre Seelen im Naturreich schon vor ihrem Erdenleben nicht mehr den für ihre Menschwerdung ursprünglich vorgesehenen idealen Zustand erreichen. Die Folge davon ist, dass mehr und mehr Menschen geboren werden, deren Seelen überaus unausgereift die Erde betreten, da ihnen noch übermäßig viele Fehler und Schwächen anhaften.

Deshalb ist es kein Zufall, wenn die Liebe unter den Menschen immer stärker erkaltet und ebenso schwindet (Matth. 24,12). Und es ist auch kein Zufall, dass in unserer sog. Zivilisations-Gesellschaft so manche Menschen Zwangsgedanken unterliegen und Amok laufen, die Gewaltbereitschaft zunimmt und sich einige zusammenrotten, so dass sich Gruppen unter Gleichgesinnten bilden (Hooligans, Punker, Skinhads usw.).

Vor Jahren sagte deswegen auch einmal ein Punker mit Skalplocke im Fernsehen: „Ich such' mein Ich." Das war eine ganz richtige Aussage, denn die gesellschaftlichen Probleme werden nur deshalb größer, weil **vielen Menschenseelen noch einiges fehlt**, um auf der Erde ihre **restliche** Ausreifung vollenden zu können. Da wir uns jedoch in der Endzeit befinden, lässt Gott eine solch' „hausgemachte" Entwicklung auch zu.

Trotzdem haben alle weltlichen und persönlichen Probleme nur einen einzigen Hintergrund, und der liegt darin, dass unsere Liebe zu Gott und zu unseren Mitmenschen immer geringer wird, während sich die Eigenliebe stärker ausbreitet. Die **wahre** Liebe ist aber der Inbegriff aller Ordnung, mehr noch: Sie ist unser Leben, weil sie dem Leben Gottes entstammt. Wenn wir sie verlassen, verlassen wir damit auch Gott, so dass wir uns dann nicht darüber zu wundern brauchen, dass sich die Menschheit nunmehr im freien Willen auf den Abgrund zubewegt.

Gott vergisst jedoch niemanden, da Seine Liebe, Sanftmut und Barmherzigkeit ebenso unendlich ist wie die Unendlichkeit des Universums. Er vergisst noch nicht einmal das Geringste aller Geschöpfe, die er jemals geschaffen hat. Das ist auch nicht möglich, weil **alles** in Seiner Schöpfung von Seiner Liebe ausging und von ihr unterhalten wird.

Da der freie Wille für das irdische ebenso wie für das geistige Leben des Menschen eine immense Bedeutung hat, sagt uns Jesus Christus in der Kundgabe Nr. 5018 von Bertha Dudde darüber folgendes:

*„Es wird euch nur das Schicksal auferlegt, das ihr benötigt zur Willenswandlung, zur Aufgabe des Widerstandes gegen Mich. Wie stark der Widerstand eurer Seele ist, das ersehe Ich allein, und ihm entsprechend gestaltet sich euer Erdenleben.*

*Das Verhältnis des Menschen zu Mir kann so verschieden sein, was vom Mitmenschen nicht zu beurteilen ist, denn Ich erkenne auch die geheimsten Gedanken und Regungen einer Seele, und darum kann ein Mensch Mir kindlich nahestehen, dann wird er gewissermaßen geführt von Meiner Vaterhand, und wahrlich an jedem Abgrund vorbei, und kommt sicher zum Ziel.*

*Andere aber wollen sich nicht führen lassen, sie glauben, allein gehen zu können und vertrauen ihrer eigenen Kraft. Diese lasse Ich zuweilen anrennen, auf dass sie nach einem Führer rufen und Ich ihnen dann nahetreten kann.*
*Wieder andere lehnen Meine Führung ab und bringen Mir Misstrauen entgegen, sie glauben nicht an Mich und*

*gehen allein durch das Leben. Und also widerstehen sie Mir noch, und diese sind es, die Ich hart anfassen muss und denen nichts erspart bleibt im Erdenleben, auf dass sie sich wandeln, ehe es zu spät ist.*

*Nur die Willenswandlung suche Ich zu erreichen, und diese Wandlung kann oft ein Geschehen zuwege bringen, das euch als grausam und lieblos von Mir erscheint, sowie ihr noch nicht wisset, dass ihr nicht nur für dieses Erdenleben geschaffen seid, sondern die ganze Ewigkeit noch vor euch liegt. Und um dieser Ewigkeit willen wende Ich alle Mittel an, je nach der Härte eures Widerstandes.*

*Wer sich aber Mir ergibt, der braucht kein außergewöhnliches Erziehungsmittel mehr, und ihm breite ich Meine Hände unter die Füße, und sein Erdenweg wird leichter passierbar sein, wenngleich auch er noch zur Erhöhung seines Reifegrades Prüfungen benötigt, die ihn zu Mir hintreiben, bis auch der letzte Abstand von Mir überwunden ist, bis er in seliger Vereinigung mit Mir sein Erdenleben beschließen kann.          Amen"*

Seit einigen Jahren erhalten wir über die Medien des öfteren derart entsetzliche Nachrichten, für die der normale Menschenverstand keine Erklärung hat, wenn z. B. in Afrika Kindersoldaten zehntausende Menschen willkürlich abschlachten oder sie deren Machthaber einfach verhungern lassen. Zwar hat es in der Geschichte der Menschheit hin und wieder grausame Ereignisse gegeben, doch nicht so oft und global wie heute, indem fast kein Monat vergeht, wo uns nicht wieder eine Horror-Nachricht erreicht. Wenn man dabei z. B. an das Fernsehen und an die Filmwelt denkt, in der oftmals die Gewalt geradezu „verherrlicht" wird, obwohl dies in machen Ländern verboten ist, und man uns die Sexualität in einem Ausmaße darbietet, von dem frühere Generationen noch nicht einmal geträumt haben, kann man sich denken, dass sich demnächst noch Schlimmeres ereignen wird.

Haltet deshalb Frieden miteinander und schließt ihn mit allen, mit denen Differenzen bestehen, bevor es auch in unseren Regionen ernst wird, denn Gottes Gesetz von Ursache und Wirkung tritt immer deutlicher zutage. Und wenn die Glaubenslosigkeit sowie die damit verbundenen falschen Handlungen der Menschen in unserer Umwelt überhand nehmen, dann ist die Zeit gekommen, in der auch wir um's Überleben kämpfen müssen.

Wie verlogen und schizophren ist doch heutzutage unsere Welt geworden, in der es immer wieder nach spektakulären Ereignissen heißt, dass man keine Erklärung dafür habe. **Erklärungen gibt es dutzendfach**, doch es sind offensichtlich Kräfte am Werk, die das nicht veröffentlichen wollen, denn es könnte sich für sie geschäftsschädigend auswirken. So las ich z. B. davon, dass die britische Kinderschutzexpertin Jennifer Morgan von Afrika bis Lateinamerika viele Waisenhäuser fand, deren

Zweck nur darin bestand, das schlechte Gewissen wohlhabender Europäer zu befriedigen. Der Direktor eines solchen Waisenhauses in Tahiti verwies sie sogar des Grundstücks mit den Worten: *„Hören sie endlich damit auf, Kinder wieder zu ihren Eltern zu bringen. Sie zerstören mein Geschäft!"*

Die meisten Menschen sind sich nicht darüber im klaren, welche geistigen Folgen ihr diesseitiges Verhalten im Jenseits haben kann. Jedermann weiß aber, **dass das „letzte Hemd" keine Taschen hat**. Und da niemand dazu gezwungen wird, sich in der Not vollgläubig an seinen Schöpfer zu wenden, wird es die Seele auch im Jenseits nicht tun, wenn sie dies schon auf Erden nicht gewohnt war. Dort ist sie noch freier als hier, nur mit dem Unterschied, dass sie alles, was sie zu ihrem geistigen Leben benötigt, **nur aus sich selbst schöpfen** kann und deshalb nichts mehr geschenkt bekommt.

Somit lebt die Seele eines Verstorbenen, die unwissend das geistige Reich betritt, zu Beginn ihrer Entwicklung auch meist in der Vorstellung weiter, in der sie die Erde verließ. Wie wird es ihr wohl ergehen, wenn sie auf der Erde in sich keinerlei geistige Schätze angesammelt hat? In ihrer geistigen Welt kann sie sich nur verwirklichen, indem **alles aus ihr selbst** nach ihren Werken und Vorstellungen in's geistige Leben tritt, denn ihre Werke folgen ihr nach (Offenbarung 14,13). **Die Seele besitzt dann nichts anderes mehr als sich selbst und ihren Charakter.** Ihre **neue** Welt ist daher auch allein das Werk ihrer Gedanken und Vorstellungen, **ihrer** Begierden und vor allem **ihres** Willens. Demnach ist sie buchstäblich ihr eigener Baumeister und auch der **alleinige** Schöpfer in der Welt **ihrer** Vorstellungen. Das Jenseits ist nämlich die Welt der Gedanken, in der sich zwar alles Gedachte durch die Schöpferkraft des eigenen Geistes recht schnell verwirklicht, aber ebenso schnell wieder vergehen kann, wenn es nicht der liebevollen göttlichen Ordnung entspricht.

Nun sind Gedanken solche Kräfte, die wir Menschen an uns heranziehen oder von uns weisen können. Je nach ihrer Art erzeugen wir damit positive oder negative Schwingungen, die von der geistigen Welt wahrgenommen und realisiert werden, sobald sie sich mit Gleichartigem oder Ähnlichem vereinigen können und dadurch stark werden. Hierzu wurde mir z. B. bekannt, dass vor ca. 30 Jahren über hundert buddhistische Mönche wegen einer drohenden kriegerischen Auseinandersetzung zweier asiatischer Staaten für einige Monate einen Friedens-Gebetskreis gebildet hatten, so dass der Konflikt - aus welchen Gründen auch immer - während dieser Zeit beigelegt wurde.

Solches könnte heutzutage ebenfalls von großem Nutzen sein, denn wir Menschen stehen derzeit in einer Entwicklung, die wir uns durch unseren Unglauben, den Hochmut und die Eigenliebe selbst geschaffen haben, so dass uns nur noch die Herzensgebete vieler Menschen vor dem Schlimmsten bewahren können. Und da

**die zukünftigen Ereignisse** bereits von Gott vorausgesehen wurden, die wir Menschen durch unsere falschen Denk- und Handlungsweisen verursachen, sind sie uns schon in den „Offenbarungen des Johannes" (Apokalypse) der Bibel in verhüllter und in den Neuoffenbarungen Gottes in oftmals recht deutlicher Form geweissagt worden.

Es ist die Zeit der Trübsal, in der uns - auch mit Hilfe der Elektronik und Computertechnik - eine Scheinwelt vorgegaukelt wird, die eines Tages in sich zusammenfällt. Die verschiedenartigen Naturereignisse zeigen uns heutzutage bereits an, dass wir aus unseren falschen Vorstellungen erwachen und zur Normalität zurückkehren müssen, wenn wir nicht im Sumpf von Hochmut, Egoismus und Materialismus versinken wollen. Deshalb wurde uns auch die Kraft des Gebets geschenkt, mit dessen Hilfe wir das Falsche und Schlechte abwenden können, wenn wir uns wieder liebevoll mit der Allmacht verbinden.

*„Daher gäbe es ohne die Fragezeichen von heute auch nie die Ausrufungszeichen von morgen!"*
(K. H. Karius)

Sollten sich aber Hochmut und Unglauben weiterhin derart ausbreiten, so dass der Mensch immer weniger auf die Tugenden achtet, weil ihn die Welt beherrscht, wird es der Vater unseres Seelenheils wegen zulassen, dass sich der Materialismus mit all seinen weltlichen Folgen überdimensional aufbläht, um danach völlig in sich zusammenzufallen. Dann werden Geld, Edelsteine und Edelmetalle, Immobilien und sonstige Scheinwerte nicht mehr gefragt sein, da zu einem bestimmten Zeitpunkt die Arbeitslosigkeit immense Höhen erreicht hat und die Preise derart ansteigen, dass die Krankenkassen die Leistungen kaum noch bezahlen können, unser Sozialsystem zusammenbricht und durch inflationäre Maßnahmen das Geld nichts mehr wert sein wird.

Wenn das Gros der Menschheit ihre Unzulänglichkeiten jedoch weiterhin nicht erkennen und ausmerzen will, werden durch verschiedene gewissenlose Experimente bis dahin wahrscheinlich auch unsere Gewässer überdimensional verschmutzt, viele Ackerböden verseucht, verstrahlt und somit unfruchtbar geworden sein, so dass selbst die Lebensmittel für die Menschen nun stark belastet und fast unbezahlbar werden. Hieraus entstehen zuerst Protestaktionen, dann Revolten und Aufstände, die vielleicht sogar in bürgerkriegsähnliche Zustände übergehen, so dass die Regierungen nicht mehr Herr der Lage sind und zuerst in den großen Städten und später sogar in allen Regionen das Chaos herrscht.

Dies wiederum kann zur Folge haben, dass die Machthaber eines großen Staates, mit dem niemand mehr rechnet, sich zur Intervention entschließen und sich dadurch eine Art Weltkrieg entwickelt. Sollte es hierzu kommen, wird ein gewaltiges Naturereignis eintreten, das bereits in den Johannes-Offenbarungen 8,10 + 11, der Bibel angekündigt wurde und den Krieg beendet. Nun ist die Zeit des Antichristen gekommen, der jetzt auf den Plan tritt, um die Menschheit unter dem Deckmantel eines Heilsbringers für sein Umverteilungsprogramm zu gewinnen, das jedoch bar jeder Liebe sein wird. Mit solch einem Programm wird er die Großen dieser Welt ködern und sich die Massen untertan machen, um die Weltherrschaft anzutreten, die sich gegen den Glauben an Jesus Christus und die von Ihm seinerzeit verbreitete Liebelehre richtet. Wie Sie aus Band III ersehen, wird er zwar letztendlich nicht siegen, weil dies unser Herr nicht zulässt, doch wird seine Regierungszeit für die wenigen noch im wahren Glauben an Gott erstarkten Menschen mehr als unangenehm sein.

Solange die Superreichen dieser Welt noch eine Gewinnmaximierung durch gesteuerte Spekulationen und andere unlauteren Maßnahmen anstreben, um immer mehr Geld, Gold und Gut für sich anzuhäufen, während das Gros der Menschheit stets ärmer wird und letztendlich in große Not gerät, arbeiten sie auf das soeben geschilderte Szenarium hin.

Wer mit offenen Augen das derzeitige Weltgeschehen betrachtet, der ahnt, dass wir genau in der Zeit leben, die uns schon vor ca. 2.000 Jahren vorausgesagt wurde und die man als "Endzeit" bezeichnet, weil die Ungläubigkeit und der damit verbundene Egoismus immer stärkere Formen annimmt. Ein Indiz dafür fand ich bereits am 18. 10. 2010 in der „Westdeutschen Allgemeinen" (WAZ) in einem Artikel, der hierzu die ersten **öffentlichen** Ansätze liefert: **„Gottesbezug abschaffen"** - Arbeitskreis der Laizisten in der SPD vorbereitet.

Berlin. Sozialdemokratische Kirchenkritiker haben am Wochenende in Berlin die Gründung eines „Arbeitskreises Laizistinnen und Laizisten in der SPD" vorbereitet. Zu dem nichtöffentlichen Treffen im Kurt-Schumacher-Haus wurden rund 50 Teilnehmer erwartet. Eine Sprecherin der SPD sagte am Sonntag, bislang sei beim Parteivorstand noch kein Antrag auf Einsetzung eines solchen Arbeitskreises eingegangen. Im Vorstand gebe es auch „überhaupt keine Bestrebungen", ein Gremium dieser Art einzusetzen. Offiziell galt das Treffen als Vorbereitungsversammlung zu einer Gründung, da in der SPD lediglich der Parteivorstand über die Gründung eines Arbeitskreises entscheiden kann.

In einem Entwurf, der auf ihrer Internetseite steht bzw. stand, fordern die Beteiligten unter anderem die Streichung des Gottesbezuges aus dem Grundgesetz, die Entfernung aller religiösen Symbole aus Gerichten, Parlamenten, Rathäusern, Kindertagesstätten und aus Schulen.

**Sie fordern zudem** die Streichung der Staatsleistungen an die Kirchen, das Ende der Einziehung der Kirchensteuer durch den Staat, die Beendigung der Militärseelsorge und das Ende der Priesterausbildung durch den Staat.

Prominenteste Mitglieder sind Ingrid Matthäus-Maier sowie Rolf Schwanitz."

Wie ich außerdem am 24. 12. 2011 der "Rheinischen Post" (RP) entnahm, will die Links-Partei im Düsseldorfer Landtag einen Antrag einbringen, in dem in der Landesverfassung die "Ehrfurcht vor Gott" gestrichen werden soll, weil dieser Teil angeblich nicht mehr in eine bunte, multireligiöse Gesellschaft passe.

Solche und andere glaubensfeindliche Bestrebungen sind auch der Grund dafür, warum dem einen oder anderen Menschen schon auf Erden sein bisheriges Leben recht kurzfristig vor Augen geführt werden muss, damit er klug werden soll und nicht verloren geht. Hierzu erfuhr ich, dass vor Jahren an einem schönen Sommertag ein Fensterputzer aus dem 4. Stock eines neuen Bürohauses fiel, weil er nicht bemerkt hatte, dass dort eine der bis zum Boden reichenden Fensterscheiben fehlte. Doch hatte er das Glück, auf die hohe offene Ladefläche eines Lkw zu stürzen, die mit Styropor- und Dämmwoll-Abfällen bedeckt war, so dass er nur ein paar blaue Flecken davontrug. Den herbeigeeilten Bauarbeitern erzählte er, dass er in den Sekunden seines Falles sein gesamtes bisheriges Leben ablaufen sah.

Leider kann kein Mensch die Zukunft seiner Umwelt beeinflussen. Aber durch ein Leben in wahrer Nächstenliebe ist er dazu in der Lage, Einfluss auf **seine** Zukunft zu nehmen. Deshalb sagt uns der Herr auch in Bd. I, S. 223, des Buches "Himmelgaben" von Jakob Lorber:
*„Was die "letzten Tage" betrifft, so habt ihr mit dem "Ende aller Zeiten" nichts zu schaffen, sondern nur mit*

der Zeit, in der ihr lebet, denn das ist eines jeglichen "letzte Zeit". – Darum wachet in dieser Zeit und seid emsig in der Liebe, damit diese Himmelskraft euer Anteil werde ewig!"

„Daher ist allein der gegenwärtige Augenblick unser derzeitiges Zuhause. Wenn wir wirklich im gegenwärtigen Augenblick leben, verschwinden unsere Sorgen und Nöte, und wir entdecken das Leben mit all seinen Wundern." (Thich Nhat HanH)

**„Deshalb gehört auch**
die Vergangenheit den Historikern,
die Zukunft den Futurologen und
der Rest den Mutigen!"

(K. H. Karius)

Und Mut brauchen wir, wenn wir in den stets schwerer werdenden Jahren das Wort Gottes verbreiten wollen. Doch den Zeitpunkt dazu sollten wir getrost unserem Herrn überlassen.

Wie wir in der Natur das ernten können, was wir ausgesät haben, so dürfen wir im Laufe unseres Erdenlebens sowie im geistigen Reich auch die entsprechenden Früchte unserer Aussaat verkosten, weil Gott in allem zu finden ist, also auch in unserer Ernte. Diese Ernte kann jedoch keinesfalls immer nur eine gute sein, da sie sich stets nach der Gesinnung der Menschen richtet. Ein anschauliches Beispiel dafür gab einst Jesus Seinen

Jüngern mit dem **Gleichnis vom Sämann**, das in Matth. 13,3, Markus 4,3, und Lukas 8,5, der Heiligen Schrift aufgezeichnet wurde.

Das Gleichnis besagt, dass auch dort, wo guter Samen (die wahre Lehre Christi) ausgestreut wird, die Ernte nicht immer gesichert ist, denn es kommt auf den Boden (also den Menschen) an, der den Samen aufnimmt. Bekanntlich sind manche Böden völlig ungeeignet, um die Saat aufgehen zu lassen und gute Frucht hervorzubringen. Das besagt, dass es viele Menschen gibt, bei denen der Same Gottes auf steinigem Boden fällt, weil durch die Glaubensschwäche und den Mangel an Liebe das Saatgut keine tiefen Wurzeln schlagen kann.

Das sind dann diejenigen, die zwar das Wort Gottes angehört und vielleicht auch gelesen haben, es jedoch nicht bis zu ihrem Herzen dringen lassen, es somit für sie umsonst gesprochen und geschrieben wurde. Damit ist dieser Same völlig nutzlos und vertan, weil er kein lebendiges Wasser, also keine Nahrung bekommt, zugrunde geht und somit auch keine gute Frucht hervorbringen kann. Dies scheint in der heutigen Zeit in immer stärkerem Maße der Fall zu sein.

Manches Saatgut geht aber auch verloren, weil es von den Vögeln in der Natur aufgepickt wird. Das wiederum bedeutet, dass es viele Menschen gibt, die sich leicht alles wieder durch andere Menschen ausreden und somit „wegnehmen" lassen, was ihnen an geistiger Hilfe geboten wurde, denn der „Feind unserer Seele" schläft nicht, weil er nicht will, dass wir durch die Wahrheit geistig erwachen und damit von ihm frei werden.

Schließlich gibt es noch Menschen, die sich bereits auf dem geistigen Weg befinden. Weil ihr Glaube jedoch nicht der rechte ist, verfangen sie sich nun mehr oder weniger im Dickicht und in den Dornen ihres Irrtums, so dass ihr Glaube mit der Zeit langsam von diesem Unkraut überwuchert wird. Auch solche Saat kann sich nicht entfalten, sondern würde ersticken, wenn es hier nicht willige Arbeiter gäbe, die den Boden für die Ernte dennoch urbar zu machen versuchen.

Es muss also der Acker vor der Ernte vom Unkraut gesäubert und begossen werden, indem die vielen falschen Lehren und falschen Ansichten durch rechte Belehrungen berichtigt und die Herzen gereinigt werden, damit sie die gute Saat des Wortes Gottes auch wahrheitsgetreu aufnehmen können. Nur dann kann sie im Menschen wachsen und gedeihen und gute Frucht hervorbringen.

So gibt es in der Welt nur relativ wenige Menschen, bei denen die Saat tatsächlich auf guten Boden fällt, die also alles, was wahr, richtig und gut ist, in ihrem Herzen aufnehmen und diesen geistigen Schatz selbstlos an ihre Mitmenschen weiterreichen. Das sind dann diejenigen, die ihren Glauben durch gute Taten belebt haben, so dass sie durch ihre Liebe zur Wahrheit auch das

Wahre vom Falschen zu unterscheiden vermögen. Sie haben sich durch das Wort Gottes mit der Ewigen Liebe in ihrem Herzen derart verbunden, dass sie dadurch auch die Krafteinwirkung des göttlichen Wortes an sich selbst erfahren.

Damit beherzigen sie die Weisung des Herrn, das Saatgut, welches sie empfingen, in Verbindung mit tätiger Nächstenliebe überall dort zu verstreuen, wo immer sich dafür eine Gelegenheit bietet. Nur da, wo Menschen in ihrer Selbstüberschätzung bereits glauben, alles zu besitzen, werden die Erleuchteten schweigen. Sie wissen, dass solche Personen bestrebt sind, das Licht der Wahrheit zu verlöschen, indem sie andere zu verwirren suchen. In solchen Fällen wird der Himmlische Vater schon dafür sorgen, **dass ein jeder die Früchte Seiner Arbeit auch ernten kann**, um zur richtigen Erkenntnis zu kommen.

Folglich sollte der Mensch sein Leben nicht als Zufall betrachten, sondern stets und ständig in allem, was ihm widerfährt, die Fügung Gottes erblicken, die seinen freien Willen respektiert. Und dabei sollte er immer bedenken: Jede Lieblosigkeit zieht geistige Schwäche nach sich, doch jede Tat in der Liebe wirkt sich in erhöhter Erkenntnis und Kraft aus. Wie der Mensch also ausmisst, so wird ihm dereinst auch zugemessen werden (Matth. 7,2, Mark. 4,24, Luk. 6,38). Und wenn er bestrebt ist, dem Gebot der Liebe zu folgen, so findet er am Ende seine Früchte aus der Aussaat als Ernte vor, und zwar auch dann, wenn Gottes Liebe und Seine Wege nicht immer sogleich von uns Menschen zu erkennen sind. Demnach ist das Kausalitätsgesetz Gottes, also das Gesetz von Aussaat und Ernte, identisch mit Seinem Gesetz von Ursache und Wirkung.

> *„Der Herr stärke daher*
> *einem jeden Menschen*
> **den W i l l e n,**
> *das zu tun, was er tun soll.*
> *Dazu gebe Er ihm auch*
> **die Intelligenz,**
> *das zu meiden, was er nicht tun soll,*
> **und die Weisheit,**
> *beides voneinander zu unterscheiden."*
>
> (Konfuzius)

Da die menschliche Seele unvergänglich ist, möchte uns der Herr schon auf Erden vor solchen Irrtümern schützen, die sich im Jenseits negativ für unsere Seele auswirken. Er weist uns deshalb in der Kundgabe Nr. 8790 von Bertha Dudde darauf hin, dass wir durch die Art, mit der wir unser Erdenleben gestalten, auch unser Los im geistigen Reich bestimmen.

*„Das eine dürfet ihr also ganz gewiss annehmen, dass ein Vergehen eurerseits (Tod der Seele) nicht mehr möglich ist, weil Meine Kraft ewig unzerstörbar ist und ihr doch die Ausstrahlung Meiner Selbst seid. Und wenn ihr solches wisset, so solltet ihr auch alles tun, um die-*

sem Unvergänglichen auch ein schönes Los zu bereiten, denn dieses liegt allein in eurer Macht und eurem Willen. Denn ihr seid wesenhafte Geschöpfe, die empfindsam sind und daher sowohl Qualen als auch Seligkeiten empfinden werden, die aber verringert und erhöht werden können und das eure eigene Angelegenheit ist während eures Erdenlebens.

Weil ihr keine genaue Kenntnis besitzt um den Zustand nach eurem Leibestode, weil ihr nicht einmal von einem Fortleben der Seele überzeugt seid, unterlasset ihr im Erdenleben das Wichtigste. Ihr gedenket **dessen** nicht, was weiterlebt, nämlich eurer Seele, die ihr also in einen seligen Zustand versetzen könnet und solltet, wenn ihr den Zweck eures Erdenlebens erfüllen wollet. Es kann euch die Tatsache eines Weiterlebens nach dem Tode nicht bewiesen werden, um euch nicht zwangsläufig zu eurer Lebensführung zu bewegen.

Und doch könnet ihr selbst euch bei gutem Willen die innere Überzeugung verschaffen, dass ihr unvergänglich seid, d. h. immer nur dann, wenn ihr an einen Gott und Schöpfer glaubet, der alles erstehen ließ, was euch ersichtlich ist. Denn betrachtet ihr jedes einzelne Schöpfungswerk aufgeschlossenen Herzens näher, so könnet ihr an diesen schon kleine Wunderwerke erkennen, die eine überaus weise Schöpfermacht hat erstehen lassen. Und ihr könnet auch zumeist ihre Zweckmäßigkeit erkennen, die wieder Seine Weisheit und Liebe beweiset. Ihr müsset also auf eine vollkommene Gottheit schließen, aus der alle Schöpfungswerke hervorgegangen sind.

Die Vollkommenheit aber kennt keine Begrenzung, die Vollkommenheit ist sowohl in Zeit als auch Raum keiner Begrenzung unterworfen, und also sind auch die Produkte des Gestaltungswillens der vollkommensten Schöpfermacht Ihrem göttlichen Gesetz entsprechend. Auch sie werden unbegrenzt sein, sie werden kein Ende haben, was jedoch immer nur die geistigen Schöpfungen betrifft, wozu die Seele des Menschen zu zählen ist. Auch alle sichtbaren Schöpfungen sind geistige Substanzen, die nur vorübergehend sichtbar bleiben, jedoch auch nach ihrem Auflösen geistig weiter bestehen, nur dass durch Meinen Willen die äußere Form vergeht, eben um das darin sich Bergende freizugeben.

Und so also müsset ihr auch euch selbst, euren körperlichen Leib, betrachten als eine nur vorübergehend bestehende Außenform, die das Geistige, euer eigentliches Ich, birgt, bis der Tod die Außenhülle auflöset und das Geistige darin freigibt, das aber unvergänglich ist und bleibt.

Schon im Erdenleben könnet ihr Menschen ständige Veränderungen an den Schöpfungswerken wahrnehmen und verfolgen. Immer wird aus dem einen das andere erstehen, und alles, was ihr sehet, ist geistig belebt. Es birgt ein winziges Partikelchen geistiger Substanzen in sich, das sich ständig vergrößert und sich *also in immer größeren Schöpfungswerken birgt, bis zuletzt in der menschlichen Seele alle diese Partikelchen sich gesammelt haben, die einstmals als ein „ichbewusstes Wesen" von Mir erschaffen wurden und daher auch ewig unvergänglich sind (siehe Band III).*

*Wenn ihr Menschen den überzeugten Glauben an die Unsterblichkeit eurer Seele, an ein Fortleben nach dem Tode gewinnen könnet, dann wandelt ihr auch sicher eure Lebenswegführung, dann werdet ihr der Seele auch ein erträgliches oder gar seliges Los bereiten wollen und nicht verantwortungslos durch euer Leben gehen. Doch die Menschen sind in der Endzeit völlig gleichgültig. Was sie nicht wissen, begehren sie auch nicht zu wissen und lassen sich genügen am irdischen Tand. Sie beachten nur weltliche Dinge, und ein geistiges Wissen streben sie nicht an, und dann kann die Seele nur in einem erbarmungswürdigen Zustand nach dem Tode des Leibes sich befinden, und sie muss große Qualen ausstehen im jenseitigen Reich.*

*Und diese Qualen möchte Ich euch Menschen ersparen und will euch darum immer wieder Aufklärung geben über eure Unvergänglichkeit, die alles erklärt, was über euch kommt, weil Ich euch zum Nachdenken darüber veranlassen will, woher ihr kommet und wohin ihr gehet. Und wenn ihr plötzlich die Erde verlassen müsset, wenn eure Seele unerwartet von eurem Körper getrennt wird, dann wird es ihr kaum zum Bewusstsein kommen, dass sie in das jenseitige Reich eingegangen ist, denn sie be-*

*findet sich nur in einer anderen Umgebung und weiß es nicht, dass sie nicht mehr (auf Erden) lebt. Und ihr Geisteszustand wird desto verfinsterter sein, je verantwortungsloser sie ihren Lebenswandel führte auf Erden. Aber sie besteht und kann ewig nicht mehr vergehen. Der Gang wird endlos lang sein, den sie dann noch gehen muss, um nur eine kleine Erhellung des Geistes zu erlangen, dass sie einen Schimmer von Erkenntnis gewinnt je nach ihrer Einstellung im jenseitigen Reich zu dem göttlichen Liebegebot, das auch im Jenseits erfüllt werden muss, bevor ihr eine leichte Besserung und eine kleine Erkenntnis geschenkt werden kann.*

*Hat sie aber auf Erden schon den Glauben an ein Fortbestehen der Seele nach dem Tode des Leibes gewonnen, so wird sie doch auch ihr Erdenleben verantwortungsbewusster führen, und der Aufstieg im jenseitigen Reich kann schneller und leichter vonstatten gehen.* Amen"

Sämtliche Umstände im Leben eines Menschen zielen daher darauf ab, ihm das Licht von Erkenntnis und Liebe zu bringen. Damit er jedoch im Laufe der Zeit den Sinn und Zweck seiner irdischen Wege ergründen kann, um das richtige Ziel zu verfolgen, „bleibt an jedem Weg, den er gegangen, auch ein Quäntchen an ihm hangen."

**FAZIT:** Seit dem Zeitalter der Industrialisierung hat das egoistische, materialistische und hochmütige Denken und Handeln mancher Menschen derart zugenommen, dass die Erde dadurch in immer stärkerem Maße ausgebeutet und geschädigt wird. Wenn das so weitergeht, wird sie uns wohl bald nicht mehr ernähren können, so dass wir Gefahr laufen, uns selbst zu vernichten. Solche Tendenzen sind nicht nur an den sich immer stärker ausbreitenden Krankheiten zu erkennen, sondern auch in der Gesinnung mancher Menschen zu finden, die die Eigenliebe statt der Nächstenliebe in sich ausbilden.

Weil wir uns jedoch in der Endzeit befinden, lässt Gott eine solche **hausgemachte** Entwicklung zu, damit die Menschen an deren Folgen erkennen, was sie falsch gemacht haben. Nur durch die Erkenntnis können sie sich wieder eines Besseren besinnen und für einen gerechten Ausgleich sorgen. Streben sie aber einen solchen Ausgleich nicht an, weil sie schwachgläubig oder gar glaubenslos sind und sich von der Gegenkraft Gottes täuschen und verführen lassen, so wird wohl zwangsläufig das eintreten, was uns Johannes, der jüngste Jünger Jesu, seinerzeit im Auftrag des Herrn in seinen Offenbarungen 8, 10 und 11, prophezeite.

Es ist daher sehr wichtig, dass möglichst viele Menschen von den Neuoffenbarungen Gottes Kenntnis erhalten, um sie zu prüfen und zu überdenken, in ihre Herzen eingehen zu lassen und danach zu leben beginnen. Hierzu hat uns die Liebe des Herrn Sein Evangelium geschenkt und zusätzlich noch den Weg der Erlösung gebahnt. Nehmen Sie deshalb nun auch das Kreuz Ihres Lebens auf sich und folgen **damit** Jesus nach, denn **einen besseren Weg gibt es nicht!**

Zwar hat alles auf Erden zwei Seiten, denn wo Licht ist, da ist auch Schatten. Wer jedoch auf der lichten Seite der Welt leben möchte, sollte sich bemühen, immer guten Willens zu sein und seine Mitmenschen liebe- und verständnisvoll zu behandeln. So kann er ihnen dienen und helfen, über ihre Schwierigkeiten hinwegzukommen, so dass sich nun um ihn wahre Freundschaften bilden. Und dieses lichte Umfeld wird auch ihm das Leben erleichtern.

## Nachwort

Diejenigen Leser, die sich der Bibel oder einer ihrer Glaubensgemeinschaften verbunden fühlen, und auch die Anhänger der Neuoffenbarungen Gottes können durch die Bände II – IV dieser Serie sowohl ihre Erkenntnisse als auch ihr geistiges Wissen noch erheblich erweitern. Dabei werden Sie feststellen, dass Sie vielleicht so manches in der Bibel bzw. in den Neuoffenbarungen überlesen oder missverstanden haben.

So sind diese Bände sicherlich eine gute zusätzliche Hilfe für alle Menschen, die **jetzt noch** ungeklärte Fragen haben oder sich im Irrtum befinden. Hierdurch können Sie zu den Erkenntnissen gelangen, die Ihnen Antworten und Trost auf die Unwägbarkeiten **Ihres Lebens** geben. Und damit erhält Ihr Menschsein wieder einen Sinn, so dass Sie die immer schwerer werdende Zeit besser verkraften.

*„Nicht das Beginnen wird belohnt,*
*sondern einzig und allein das Durchhalten!"*
(Katharina von Siena, ital. Mystikerin, 1347 – 1380)

Der Inhalt der CD, die Sie zusammen mit den Büchern bestellen können, umfasst eine Gottesoffenbarung, die ein Wortempfänger am 02. August 2011 in einem kleinen süddeutschen Christuskreis erhielt. In dieser Kundgabe klärt uns der Herr über die Hintergründe auf, die das stärkere Wirken der Gegenkräfte in unserer Zeit bedingen, **die so ernst ist wie nie**!

Band II lautet:

**Der Tote stand an seinem Grab**

Sein Inhalt umfasst folgende Kapitel:

1. Der Mensch - Bewohner zweier Welten
2. Löse dich von deinen Bindungen
3. Von erdgebundenen Geistwesen
4. Der Geist des Julius Cäsar berichtet
5. Wiedersehen im Jenseits
6. Prüfet alles, und das Gute behaltet
7. Geistige Einflüsse
8. Jenseitige Beweise
9. Vom Leben in der geistigen Welt
10. Der Wegweiser zum Licht
11. Warum lässt Gott so vieles zu?
12. Wir sind nur Gäste auf Erden


Im Band III werden Sie über folgende Themenkreise informiert:

**Von der geistigen Vergangenheit
bis zur Zukunft der Menschheit**
- Er wird später aufgelegt. -

Band IV trägt den Titel:

**Erwachen und Entwicklung im Jenseits**

Diesen Band sollten Sie ebenfalls nicht versäumen, da er Ihnen u. a. einige Details aus den sieben Himmelsstufen verrät, aber auch die unteren Regionen nicht außer Acht lässt.

- Er erscheint nach Band III. -


Alle Bände können bezogen werden vom

Verlag Sonnenschein

Nelkenweg 3

47475 Kamp-Lintfort